·海疆鎖鑰·

故宮檔案與
清代臺灣史研究
（三）

莊吉發 著

文史哲學集成
文史哲出版社印行

國家圖書館出版品預行編目資料

故宮檔案與清代臺灣史研究 / 莊吉發著. -- 初版. --
臺北市 : 文史哲,民 108.04
冊: 公分. -- (文史哲學集成; 715)
ISBN 978-986-314-459-5 (第 1 冊；平裝)
ISBN 978-986-314-460-2 (第 2 冊；平裝)
ISBN 978-986-314-461-8 (第 3 冊；平裝)
ISBN 978-986-314-462-5 (第 4 冊；平裝)

1.清史 2.歷史檔案 3. 臺灣史

655.5 108006616

文史哲學集成 717

故宮檔案與清代臺灣史研究(三)

著 者：莊 吉 發
出 版 者：文 史 哲 出 版 社
http:// www.lapen.com.tw
e-mail：lapen@ms74.hinet.net
登記證字號：行政院新聞局版臺業字五三三七號
發 行 人：彭 正 雄
發 行 所：文 史 哲 出 版 社
印 刷 者：文 史 哲 出 版 社
臺北市羅斯福路一段七十二巷四號
郵政劃撥：16180175 傳真886-2-23965656
電話 886-2-23511028 886-2-23941774

第 3 冊定價新臺幣四八〇元

民國一〇八年（2019）四 月 初 版
民國一〇九年（2020）二月初版三刷2

ISBN 978-986-314-461-8 01717

故宮檔案與
清代臺灣史研究
（三）

目　　次

北門外接官亭改建為公園

日據時期接官亭拆除後，闢建為泉町公園及馬路，嗣為改善北門交通決定興建北門高架道路跨越中華路、延平北路鐵路平交道，減少交通瓶頸，民國六十五年拆除公園。興建北門高架，在兼顧傳統與現代下，終保留承恩門使歷史綿延不絕，再創新元。

北門公園景象圖為北門高架道未建前
（民國六十五年攝）

宮中太監

——嘉慶年間臺灣人在北京

臺灣林爽文之役，自乾隆五十一年（1786）十一月二十七日天地會黨攻陷大墩正式豎旗起事開始，至乾隆五十三年（1788）二月初五日清軍平定臺灣南北路止，前後歷時一年又三個月。其應行解京緣坐犯屬年在十五歲以下者，則分起陸續解交內務府閹割，充當太監，以供內廷灑掃之役。

林爽文所領導的天地會，其主要編制，包括：元帥、副元帥、將軍、軍師、都督、提督、先鋒、千總、同知、知縣等等。其中宣略將軍林達，原籍福建省漳州府南靖縣，東渡臺灣後，徙居諸羅縣，林爽文起事後，加入了天地會的陣營。清軍平定臺灣後，林達之子，緣坐解交內務府閹割，充當太監。因臺灣鎮總兵官拏獲假藉太監林表，揑造准充噶瑪蘭業戶部照的劉碧玉等人，而查明嘉慶年間（1796-1820）內務府太監的活動。

噶瑪蘭，乾隆年間（1735-1795）彩繪臺灣地圖作「哈仔蘭」，原圖標明「哈仔蘭內有三十六社，漢人貿易，由社船南風入，北風起則回。」雍正九年（1731），割大甲以北之三貂嶺下遠望坑刑名錢穀諸務，歸淡水同知管轄。嘉慶十五年（1810），又以遠望坑迤北而東至蘇澳止，計一百三十里，增設噶瑪蘭通判，並經閩浙總督方維甸奏准開闢。

康熙二十三年（1684），清朝政府領有臺灣後，臺灣土地所有制形成，主要為官地、民地及番地。民地多由私人開墾官地或番地而來，開墾者就是業戶，有向官府納賦的義務，墾戶有大墾戶及小墾戶之分。大墾戶多係獨資墾闢，小墾戶多係自籌資本招佃開墾的。

內務府將內監林表、林顯及林表之弟林媽定押解送刑部，奉旨令軍機大臣會同刑部審訊。軍機大臣董誥等遵旨將案犯連日逐加研訓。其中林表、林顯即林險、林媽定即林長鈴，又名林交椅，都是林爽文案內業經凌遲林達之子，林表、林顯應行緣坐，均未及歲，解京閹割，充當內監。林達犯案後將林媽定交堂叔林琴為嗣漏網。嘉慶十六年（1811），林表在圓明園水磨地方置有房屋，與人夥開米舖，乏人照料，託荔枝貢差千總陳龍光帶信喚林媽定入京，替他娶妻盧氏，希圖生子立後。過門時，林表欲令林媽定夫婦叩拜父母，復寫立其父母神主木牌，旁寫其兄弟林表、林顯、林媽定三人之名奉祀，每遇中元年節，隨時焚香供奉。嘉慶十九年（1814），林表姑夫劉碧玉因臺灣噶瑪蘭地畝，經地方官議照官庄科則徵收銀穀，毋庸設立業戶，劉碧玉希圖牟利，指稱入京打點，求充業戶。同年七月十五日，劉碧玉至水磨地方，尋找林媽定，同至福園門外花洞會見林表，送給佛手、番薯粉、龍眼肉等物，並將噶瑪蘭地畝之事，向林表商辦。林表因事大，不敢經管，留劉碧玉暫住花洞外門房，未及與林顯見面。劉碧玉向林媽定討取藏香頭數根，並索取林表炕桌抽屜內繕單、戲單。數日後，林表在雜貨攤上買得舊福字橫披單條數件，送給劉碧玉帶回臺灣。又另送靴插一個、銀錁等物，並給盤費銀十餘兩，催令劉碧玉回臺灣。劉碧玉臨行時，因林表不肯代辦地畝之事，而將帶來的田單賬簿，交與林媽定，囑其遇便託人商辦，允諾事成後謝給番銀一千圓，林媽定應允。

林媽定供稱，其本生父林達，生有六個兒子，大哥、二哥自幼死了。三哥林豆、四哥林表、五哥林顯，林媽定是第六，林媽定從四歲上過繼給小功服叔林琴為子。其後林媽定生父林達加入天地會起事，問擬凌遲，將林豆、林表、林顯解京，林豆半路病故，林表、林顯充當太監。因林媽定自幼出繼，沒有問罪。林媽定是小名，學名叫做林長鈴。嘉慶十六年（1811）四月間，林媽定從家裡起身，九月到北京，在花洞見了林表、林顯。林表留林媽定在花洞住了一個多月，就叫林媽定在掛甲屯賃房居住。林表又託人替林媽定說媒，定了盧廚子的女兒。同年十二月十一日，迎娶過門，用的是花轎，吹鼓手四對燈籠，本來定了執事，因聽見有官人要查拏，就沒敢用，並未傳林媽定到官。林媽定供出，他從臺灣入京，「原是我哥哥林表寫信叫我來的。」「我原是應行緣坐的人，當初犯案的時候，我父林達把我過繼林琴為子。這林琴曾充義民長。」「我自幼在嘉義縣先曾童養鄭享的女兒為妻，我二十歲上成過親了，生過兩個子女，沒有長成，抱養江姓之子為子，取名鮮紅，今年八歲了，現在母親妻子俱在嘉義縣臺島村住着呢！」

據林表供稱，「我十一歲上進京，那時我年紀幼小，不大記得事，家中並沒有近支親族。」「我在花洞當差，與各衙門並無交手事件，從無認識部中書吏。」「林媽定娶親的時候，我原要預備執事，因其時本管首領常進忠向我說若用執事，恐都司查拏，不要連累他，我所以將執事趕着撤了。」「米舖房子一所是我買的，我夥同張姓、王姓、佘姓、李姓、蔣姓六人公出本錢三十吊，開設米舖，房契現因手乏，向福園門外買家烟舖陳姓押錢使用。這水磨住房，上年四月間，是我向樹村放賬的王姓買的，議定房價六百吊，現在未曾對給契紙。」「我開米舖的本錢，向西留村李老借的。」「我於十一年上託陳龍光帶信叫林媽定來京，原是我在京無家，叫他來京娶房媳婦給他，我們早晚漿洗衣服，也便宜些。媽定娶親時，須拜父母，我所以買了兩個木主，就煩木主舖內寫了父林達，母劉氏姓氏名字，旁寫我同兄弟林顯、林交椅奉祀字様。林交椅就是媽定名字。我父親林達是個逆犯，我們供的木主遇時過節上供，又給媽定娶妻想他生子為嗣，這實是糊塗該死，是實。」據林媽定供稱「這林交椅原是林達給我取的名字。至媽定是林琴給我取的小名，長銓是林琴給我取的學名。」

嘉慶二十年（1815）七月初五日，軍機大臣會同刑部提訊太監林表等人，據林表供稱：

> 我現充澄心堂太監，年三十九歲，上年七月十四、五日，有福建臺灣府人劉秉義及劉碧玉來至圓明園天福茶館內打聽我在何處當差，要見我的面。經天福館內的人叫我堂弟林媽定引他至福園門西邊花洞見我後，他說他是臺灣人，姓劉，名秉義，是我姑夫，我却實在不認得他。後來他又送我佛手一包，番薯粉一包，龍眼肉一包，并糖果、荷包等物。我因他說與我有親，並送許多禮物，我就留他在花洞子外門房內居住。這日晚上，他說現在噶瑪蘭荒地甚多，要我替他辦理，拏出銀票一張，並簿子一本，又名單一紙，說名單上都是情願打點管業的人。我因不敢包攬，就當面回復說我是个太監，這等犯法的事，我不敢管。這劉秉義

住了幾天，我就攆他回去。我曾送他橫披一張、單條一張、福字一幅、天下太平萬壽無疆大字一幅，又有《舊縉紳》一部，他也要去了。我又送靴插一个，內有小銀錁幾个，記不得數目了。至大香兩段、雕龍燭一對，係與我同在花洞當差太監郭慶送他的，我實沒有什麼象牙圖章交給他做什麼寫信的憑據，只求將劉秉義提來與我質對，如果我給過他象牙圖章，我情願加倍認罪。他的路費三十兩，是他自己賣藥料的價值，是什麼藥，我不記得了，我實沒有給他銀子，也沒送他皮襖馬褂。他在花洞時，我桌子上原存有繕單、戲單，想是他看見拏去了，我實沒有給他。至除夕儀注，我也沒給過他。我棹上字紙甚多，或係別人放在字紙堆裡的，他翻看時隨手撿去，亦未可知。蒙問我周光遠、吳光裔、劉桂、楊入老這四個人，我實不認識。那紅紙信是臺灣人候補郎中吳春貴向我借馬寫來的。這吳春貴我原不認得他，是他先到花洞拜我，說是同鄉。我見他時，曾說有馬，要他寄養，原是閒話。後來他寫信來借馬，我實沒借給他。這白紙紅格子上信，是福建千總陳龍光五、六年前來進荔枝貢與我認識。彼時我堂弟林媽定說要來京，我原託過他照應。這信是上年從荔枝貢差上寄來的。內中託我向兵部打點什麼事，我不認得兵部人，實沒有替他辦理，也沒寫回信。吳春貴衹係問我借馬，陳龍光衹託我向兵部打點事情，這劉秉義託我辦的噶瑪蘭荒地一事，伊二人均不知情是實。

太監林表供詞，具有重要史料價值。嘉慶二十年（1815），林表三十九歲，林顯三十六歲，在淳化軒充當太監，林媽定三十五歲，可以推算出在乾隆五十三年（1788），林表五歲，林顯二歲，林媽定一歲。林表、林顯雖然在內務府充當太監，但來去自如，亦不安靜。入京充當太監後，為求生子為嗣，曾託福建千總陳龍光帶信叫堂弟林媽定入京，替他娶親，也託陳龍光照應林媽定。陳龍光則託林表向兵部打點事。其姑夫劉碧玉因噶瑪蘭開墾荒地而入京要林表替他辦理。內務府嚴禁太監與外廷官員結交往來。在林表什物內却有營員都司高明德名條，投刺往來。林表又購買房子，開設米舖，此外，也收受禮物。住家中存放膳單、戲單、橫披、福字、天下太平萬壽無疆大字，桌上字紙甚多。還有臺灣同鄉吳春貴到花洞拜見林表，林表還曾說有馬要吳春貴寄養。由此可以說明林表應該是一個相當富裕，不受約束的內監。

嘉慶皇帝像　《清仁宗睿皇帝御製文集》

○刑部奏審

擬林表等一案得旨此案林表林顯林媽定
均係臺灣逆匪林達之子例應緣坐林表林
顯因年未及歲解京閹割充當內監本屬免
死之犯理宜安靜守法乃喚令伊弟林媽定
來京又擅留伊戚劉碧玉在花洞居住將大
內膳單戲單聽其攜至臺灣借勢招搖林媽
定漏網倖免緣坐林表等輒為娶妻冀圖生
子延後林媽定復將劉碧玉留給噶瑪蘭田
簿託人打點種種不法林表林顯林媽定均
著照律斬監候歸入本年朝審情實辦理已
革侍衛林寅登身係職官與林表等往還並
將林媽定所交噶瑪蘭田簿攜回寓所不行
送官究辦僅擬杖流尚覺輕縱林寅登著改
發伊犁俟劉碧玉等解到質訊後再行發遣
已故織造和明之子內務府員外郎慶琛曾
給林顯紗料候補主事普琳於林媽定過蘇
州時付給銀三十兩均屬不合慶琛著降為
主事普琳著降為筆帖式餘依議

《清仁宗睿皇帝實錄》，卷 308，嘉慶二十年己亥

軍機大臣　字寄
閩浙總督汪　福建巡撫王　嘉慶二十年七
月初五日奉
上諭昨據武隆阿等奏拏獲假籍太監名色揑造部
照之劉碧玉等當經降旨飭令該督撫將劉碧玉
等五犯派委妥員迅速押解來京將太監林表等
交軍機大臣會同刑部審訊復於林表行李內起
獲福建都司陳龍光信一件開寫現奉制軍奏補
邵武右營都司煩為查經事之當該先生託其應
成於到京之日自當言謝等語訊據林表供稱陳
龍光係福建千總五六年前進荔支貢與之認識
寄來書信託向兵部打點伊不認識兵部之人未
經應許等語陳龍光以現任職官乃因差便與內
監交結往來實屬大膽又於奏陞一事囑託打點
兵部書吏均干法紀著該督撫即傳旨將陳龍光
革職拏問先行研訊錄供具奏一面派員將該革
員押解與前旨飭解之劉碧玉周光遠吳光裔劉
桂楊入老五犯一併迅速解交刑部歸案審辦將此由
五百里諭令知之欽此遵
旨寄信前來

《寄信上諭》，嘉慶二十年七月初五日

嘉慶二十年七月初六日奉
上諭前日據武隆阿等奏拏獲假借太監林表名
色揑造部照之劉碧玉等一案當將太監林表
交軍機大臣會同刑部審訊究出郎中吳春貴
曾在天津經伊同鄉糖客徐綜觀將林表家信
托其帶京交付等情隨傳訊吳春貴供稱徐綜觀
每年自臺販糖至天津售賣寓在天津府城外針
市街棧房本年徐綜觀已自臺灣起身七八月間
總可到津等語著傳諭廣惠即派員查訪一俟徐
綜觀到津即拏解刑部收審可也先行具奏將此傳諭知之
欽此
軍機大臣遵
旨傳諭長蘆鹽政廣惠

《傳諭》，嘉慶二十年七月初六日

林媽定供我是福建臺灣府人年三十五歲太
監林表林顯都是我堂兄十六年四月我因貧
苦進京找尋林表們到京後在花洞居住後來
我就搬在水磨地方居住有臺灣人劉秉義來
尋林表們說是要辦噶瑪蘭荒地林表不肯應
允到二十一日就打發他起身走了這劉秉義
原送過林表禮物林表也送過劉秉義橫幅單
條等物實沒見林表有什麼象牙圖章交給劉
秉義做寫信的憑據至花洞原存有舊
膳單戲單各一分是我送給劉秉義的林表並不
知道我却沒將除夕儀注送給他我也沒見過
除夕儀注至林顯他實沒與劉秉義見過面劉
秉義走後將噶瑪蘭地畝賬簿一本交我收存
我就放在我水磨寓所炕桌上本年五月有三
等侍衛林寅登看見拏去打聽能辦與否至今
尚未送還是實
七月初五日

林媽定供詞之一　嘉慶二十年七月初五日

林表供我現充
澄心堂太監年三十九歲上年七月十四五日有
福建臺灣府人劉東義即劉碧玉來至
圓明園天福茶館內打聽我在何處當差要見我
的面經天福館內的人叫我堂弟林媽定引他
至
福園門西邊花洞見我後他說他是臺灣人姓劉
名東義是我姑夫我却實在不認得他後來他
又送我佛手一包番薯粉一包龍眼肉一包并
糖果荷包等物我因他說與我有親並送許多
禮物我就留他在花洞子外門房內居住這日
晚上他說現在噶瑪蘭荒地甚多要我替他辦
理拏出銀票一張並簿子一本又名單一本說
名單上都是情願打點管業的人我因不敢包
攬就當面回復說我是个太監這等犯法的事
我不敢管這劉東義住了幾天我就攆他回去
我曾送他橫披一張單條一張福字一幅天下
太平萬壽無疆大字一幅又有舊縉紳一部他
也要去了我又送他靴𧜘一个內有小銀錁幾

个記不得數目了至大香兩段雕龍燭一對係
與我同在花洞當差太監郭慶送他的我實沒
有什麼象牙圖章文給他做什麼寫信的憑據
只求將劉東義提來與我質對如果我給過他
象牙圖章我情願加倍認罪他的路費三十兩
是他自己賣藥料的價值是什麼藥我不記得
了我實沒有給他銀子也沒有送他皮襖馬褂
他在花洞時我桌子上原存有
縉紳、戲單、想是他看見拏去了我實沒有給他至
除夕候挂、我也沒給過他我棹上字紙甚多或
係別人放在字紙堆裏的他翻看時隨手撿去
亦未可知蒙問我周光遠吳光裔劉桂楊入老
這四個人我實不認識那紅紙信是臺灣人候
補郎中吳春貴、向我借馬寫來的、這吳春貴我
原不認得他是他先到花洞拜我、說是同鄉我
見他時曾說有馬要他寄養原是閒話後來他
寫信來借馬我實沒借給他這白紙紅格子上
信是福建千總陳龍光、五六年前來進荔枝貢、與
我認識、彼時我堂弟林媽定說要來京我原託

過他照應這信是上年從荔枝貢差上寄來的
內中託我向兵部打聽什麼事我不認得兵部
人實沒有替他辦理也沒寫回信吳春貴祇係
聞我借馬陳龍光祇托我向兵部打聽事情這
劉東義托我辦的噶瑪蘭荒地一事伊二人均
不知情是實

七月初五日

林表供詞　嘉慶二十一年七月初五日

林顯供我在
淳化軒充當太監年三十六歲我常在園內當差
不能出來上年七月臺灣有什麼姓劉的來我
我哥哥林表我實不知道我哥哥也沒有告訴
我說過只求問林表就知道了是實

七月初五日

林顯供詞　嘉慶二十一年七月初五日

林妈定供我本生父林達生有六個兒子我大哥二哥自幼死了三哥林亞四哥林表五哥林顯我是第六從四歲上過繼與小功服妹林琴為子後我生父林達從逆造反聞拏淩遲將林亞林表林顯解京林亞半路病故林表林顯充當太監因我自幼出繼沒有聞罪我還有個學名叫林長鈴這妈定是我的小名我於十六年四月間從家裏起身九月到京我到花洞見了林表林顯林表留我在花洞住了一個多月就叫我在掛甲屯賃房居住林表又託人替我說媒定了盧廚子的女兒是年十二月十一日迎娶娶過門用的是花轎吹鼓手四對燈籠本來定了執事因聽見有官人要查拏就沒敢用後來曾否有人告我我不知道也並沒傳我到官至上年徐綜觀託吳春貴帶來的家信實是我母親陳氏寄給我的現存在我家內頂櫃抽屜裏可以查起得的徐綜觀是我同鄉我在家裏就認識他他做糖行買賣每年到天津一次所以我母親託他帶信給我至水磨的米鋪是我哥哥林表合張姓等六股開的共房十六間前面開米鋪後面是張姓住家這房子是林表買的房價多少我並不知道至米鋪本錢共有多少我也不曉得底細只求問我哥哥林表就知道了至佟府地方花兒局是我向林顯借得五百吊錢開的共房十六間這房原是李姓的作錢四百吊入在本錢內也算他的一股我哥哥林表林顯共有多少銀錢有無別處買賣他們都沒向我說過我不知道現在我們弟兄同住水磨地方的住房共十間是林表出錢六百吊於去年三四月間向王姓買的別處並無取租的房子嵩給我瞧的這篇白紙信字是臺灣縣住的當家子哥哥林三歡寫給我的十七年夏間我送京裏回家到了廈門遇見素好的臺灣人黃佛賜因黃佛賜又認識廈門城外竹椅街西頭路北和義藥鋪裏掌櫃張先生賒了人參三

枝約重三錢定價銀三十換帶到臺灣去賣我
在嘉義本縣賣不去我就將參寄與林三歡銷
賣後林三歡寫信將參寄還他信上說不是人參
是高麗參難以銷買這給我瞧的信字就是林
三歡寄還參的書信我收回人參總沒賣去到
了十八年五月我帶了原參三枝從臺灣搭糖
船放洋直到天津未收廈門口子沒有將參還
張先生就帶到京裡現在這三枝參放在花洞
裡一隻金花紅皮臺灣箱子內林三歡信上用
的圖記我不認得是什麼字我也不知道林三
歡別的名字是實

林媽定供詞之二　嘉慶二十年七月初七日

海疆鎖鑰

——清代臺灣行政區域的調整

清朝的治臺政策，雖然有其消極性及矛盾性，但是，也有它的積極性。康熙二十三年（1684），清廷將臺灣納入版圖後，仍保存臺灣的郡縣行政制度，設府治，領臺灣、鳳山、諸羅三縣，並劃歸廈門為一區，設臺廈道，臺灣府隸屬於福建省，開科取士，實施和福建內地一致的行政制度，就是將臺灣作為清朝內地看待，未曾置於東三省、新疆、西藏之列，確實含有積極意義，對臺灣日後的歷史發展，影響深遠。

雍正元年（1723），巡視臺灣御史吳達禮奏請將諸羅縣北半線地方，分設知縣一員，典史一員，淡水增設捕盜同知一員。同年八月，經兵部議准，並定諸羅分設一縣為彰化縣[1]。臺灣一府四縣的土地制度，並不一致。雍正年間，福建總督高其倬具摺時已指出，臺灣一縣的田地，都是鄭成功時代查過的定額，清初領有臺灣後，臺灣縣的田額，就是以舊時為底徵收。諸羅、鳳山二縣，田土多隱匿。新設立的彰化縣，荒地甚多，可以開墾增賦。孫魯、俞遵仁先後充任知府，孫魯才短，俞遵仁為人謹慎，老成歷練。原任彰化縣知縣張縞，為人才短。新任彰化縣知縣湯啓聲和新任臺灣縣知縣張廷琰，居官俱好。諸羅縣知縣劉良璧，人頗勤慎。鳳山縣知縣

---

1 《清世宗憲皇帝實錄》，卷 10，頁 7。雍正元年八月乙卯，據兵部議覆。

蕭震，在任年久，辦事最勤，人亦質樸。林亮、陳倫炯先後簡放臺灣鎮總兵官，陳倫炯為人謹慎，比林亮操守謹嚴，約束操練兵丁，頗得上心[2]。鳳山縣所轄瑯𤩝，地勢險要，林亮在臺灣鎮總兵官任內曾移咨福建巡撫，議開瑯𤩝之禁，而移巡檢於崑麓，設汛兵於社寮港，開墾生界原住民鹿場[3]。林亮雖然是武職人員，但他已洞察臺灣歷史的發展趨勢。

乾隆年間，林爽文之役以後，福康安等條陳臺灣善後事宜，整頓吏治，添調佐雜各員，以落實基層行政革新工作。國立故宮博物院現藏乾隆年間《宮中檔》硃批奏摺，含有福康安等人奏請調整臺灣地方行政組織的資料。南路鳳山縣城移建埤頭街後，其原有舊城，因地處海濱，所以將下淡水巡檢一員移至鳳山舊城駐箚。下淡水在東港上游，南達水底寮，於是將阿里港縣丞一員移駐下淡水。其阿里港地方，因與埤頭街新移鳳山縣城相近，一切可歸鳳山縣知縣管理，稽查較易。北路斗六門地當衝要，原設巡檢一員，官職卑微，另添設縣丞一員，歸嘉義縣管轄。大武壠山內村庄甚多，形勢險要，除安設汛防撥兵駐守外，仍將原設斗六門巡檢一員移駐大武壠。臺灣道府向係三年俸滿，乾隆四十九年（1784），改為五年。因臺灣為海疆重地，必需久任，乾隆五十三年（1788），福康安等人又奏請將各廳縣同知和知縣比照道府成例，一律改為五年報滿，俾能多歷歲時，以盡心民事。臺灣向來僅派御史前往巡視，職分較小，不能備悉地方情形，有名無實。自乾隆五十三年（1788）二月起正式將巡臺御史之

2 《宮中檔雍正朝奏摺》，第 8 輯（臺北，國立故宮博物院，民國 67 年 6 月），頁 468。雍正五年七月初八日，福建總督高其倬奏摺。

3 《宮中檔雍正朝奏摺》，第 5 輯（民國 67 年 3 月），頁 832。雍正四年四月二十一日，福建巡撫毛文銓奏摺。

例停止，改由閩浙總督、福建巡撫、福州將軍及福建水師陸路兩提督每年輪派一人前往稽察。臺灣道一員，向係調缺，福建督撫及各官因臺灣道出缺，視為利藪，往往夤緣徇情。為釐剔弊端，乾隆皇帝格外賞給臺灣道按察使銜，俾有奏事之責，遇有地方應辦事件，即可專摺奏事。臺灣郡城相距各廳縣治所，路程遼遠，遇有緊急要事遞送公文時，信息難通，福康安等人又奏請仿照內地安設舖遞，每三十里一舖，以遞送文報[4]。

噶瑪蘭，乾隆年間彩繪臺灣地圖作「哈仔蘭」，原圖標明「哈仔蘭內有三十六社，漢人貿易，由社船南風入，北風起則回。」雍正九年（1731），劃大甲以北至三貂嶺下遠望坑刑名錢穀諸務，歸淡水同知管轄。嘉慶十五年（1810），又以遠望坑迤北而東至蘇澳止，計地一百三十里，增設噶瑪蘭通判。由臺灣行政沿革，確實可以反映人事、天時、地利轉移的現象。

嘉慶十五年（1810），噶瑪蘭收入版圖後，又經原任總督方維甸奏准開闢。道光六年（1826），閩浙總督孫爾準奏陳開闢未盡事宜案內聲明東勢頂和西勢頂荒埔可墾耕地面積，飭令噶瑪蘭廳通判每年勘報。道光二十三年（1843），署噶瑪蘭通判事候補同知朱材哲到任後，親赴各處相度形勢，倡捐廉俸，勸募業戶墾荒。次年七月間，設立總局，飭委署頭圍縣丞周晉昭駐局督辦墾荒事宜，使移民實邊的政策，更加落實。

同治末年，因琉球事件，日人窺伺臺灣。同治十三年（1874）四月，清廷命沈葆楨巡視臺灣，兼辦各國通商事務。

---

4 《軍機處檔・月摺包》，第2778箱，161包，38873號，乾隆五十三年五月初九日，福康安等奏摺錄副。

沈葆楨為鎮撫地方，防範窺伺，他決定在鳳山縣瑯𤩝築城設官，增設行政區。同年十二月十三日，沈葆楨率同臺灣府知府周懋琦等人由府城起程。十二月十八日，抵瑯𤩝。夏獻綸、劉璈等人先已勘定車城南十五里的猴洞可以作為縣治。國立故宮博物院藏有《月摺檔》，內含沈葆楨奏摺，原奏指出猴洞山勢迴環，一山橫隔，中廓平埔，周圍約二十餘里。沈葆楨所擬定的縣名叫做「恆春縣」，他建議先設知縣一員，審理詞訟，並撥給親勇一旗，以資彈壓地方[5]。

淡水廳因治所設在竹塹城，所以清代官方文書間亦作竹塹廳。同治年間，淡水廳所轄地界，仍較遼闊。在清代前期，淡水廳城郊，地方空曠，村落稀疏，田野未闢，閩粵移民，戶口稀少。其後，一方面由於臺灣移墾重心的向北轉移，南路人口逐漸向北發展，一方面由於八里坌、滬尾正式開設口岸，對渡福州五虎門，以及對外開港通商，使北淡水日益繁榮，因此，荒地漸闢，閩粵內地流動人口多進入北淡水，以致戶口日增。

在移墾社會裡，人口的變遷，與行政區域的調整，關係極為密切。根據《淡新檔案（三）》同治十三年分淡水廳戶口清冊的記載，淡水廳境內四門，194 庄閩粵籍移民共計 6,439 戶，24,811 人。但據沈葆楨等人奏報，北淡水地區經歷百餘年的休養生息，荒壤日闢，口岸四通，戶口大增，據同治十二年（1873）統計，除噶瑪蘭外，北淡水人口已達 42 萬人之多，鑒於外防內治難周，沈葆楨等人於光緒元年（1875）奏請調整行政區域。國立故宮博院物院現藏《月摺檔》含有沈

5 《月摺檔》，光緒元年正月十二日，辦理臺灣等處海防兼理各國事務沈葆楨等奏摺抄件。

葆楨等人奏摺抄件，節錄一段如下：

> 臺地所產，以靛、煤、茶葉、樟腦為大宗，而皆出於淡北年〔之〕荒山窮谷，栽種愈盛，開稟愈繁，洋船盤運，客民叢積，風氣浮動，嗜好互殊，淡南大甲一帶，與彰化毘連，習尤獝〔獷〕悍。同知半年駐行〔竹〕堡衙門，半年駐艋舺公所，相去百二十里，因奔馳而眡〔曠〕廢，勢所必然。況由竹暫〔塹〕而南至大甲，尚百餘里，由艋舺而北至滬〔滬尾〕、雞籠，尚各數十里，等案層見迭出。往往方急北轅，旋憂南顧，分身無術，枝節橫生，公事之積壓，巨案之諱飭〔飾〕，均所不免。督撫知其缺之難，必擇循吏能吏以膺是選。而到任後，往往覽聲頓減，不副所望，則地為之也，其駕之馭之難周又如此。此淡蘭文風為全臺之冠，乃歲科章試廳產時，淡屬六、七百人，蘭四、五百人，而赴道者，此不及之〔？〕分之一，無非路途險遠，寒士艱於資斧，裹足不前，而詞訟一端，則四〔？〕均受其害，刁健者詞窮而遁，捏情控府，一奉准提，累月窮年，被誣者從〔縱〕昭雪有期，家已為之破，矯其獘〔弊〕者，因噎廢食，摠〔？〕不准提，則廳案為胥吏所把搏〔持〕，便無可控訴，而械閧〔鬥〕之釁，萌蘖乎其中。至徒流以上罪為定讞後解郡勘轉，需費繁多，淹滯歲月，賠累不貲，則消弭不得不巧，官苦之，民尤苦之，其政教之難齊，又有如此者。所以前者臺灣道夏獻綸有政〔改〕淡水同知為直隸州，改噶瑪蘭為知縣，添一縣於竹塹之請。臣鶴年、臣凱泰等正飭議試辦，委〔倭〕事旋起，因之暫停，而倭人當騷動

臺南之時，既有潛窺臺北之意，經夏獻綸馳往該處，預拔機牙，狡謀乃息。海防洋輒〔？〕，瞬息萬變，恐州牧尚不足以當之。況去年以來，自噶瑪蘭之蘇澳起，經提臣罪〔羅〕大春撫番開路，至新城二百里有奇，至秀姑巒又百里有奇。倘山前之布置尚未周詳，則山後之經營何從藉手圾〔？〕。就今日臺北之形勢策之，非區之縣而分治之，則無以專其責成，非設知齊〔縣〕以統轄之，則無以挈其綱領。伏查艋舺當雞籠、龜崙而大山前之間，沃壤平原，兩溪環抱，村落衢市，蔚成大觀。西至海口三十里，直達八里坌、滬尾兩口，並有觀音山、大屯山以為屏障，且與省城五虎門遙對，非特淡、蘭扼要之區，實全臺北門之管〔鑰〕，擬於該處創建府治，名之曰臺北府。自彰化以北，直達後山，胥歸控制，仍隸於臺灣兵備道。其附府一縣，南劃中櫪〔壢〕以上至頭重溪為界，計五十里而遙，北劃遠望坑為界，計一百二十五里而近，東西相距五、六十里不等，方圍折算，百里有餘，擬名之曰淡水縣。自頭重溪以南至彰化界之甲〔大甲〕溪止，南北相距百五十里，其間之竹塹即淡水廳舊治也，擬裁淡水同知，改設一縣，名之曰新竹縣。自遠望坑迤北而東仍噶瑪蘭廳之舊治疆城，擬設一縣，名之曰宜蘭縣。惟雞籠一區，以建縣治，則其地不足，而通商以後，竟成都會，且煤輙〔？〕方興未拔之民四集，海防既重，訟事尤繁，該處而未設官，亦非佐雜微員所能鎮壓。若事事受成於艋舺，則又官與民交因〔困〕，應請改噶瑪蘭通判為

臺北府分防通判，移駐雞籠以治之[6]。

前引沈葆楨奏摺抄件，因原奏經過輾轉抄錄，以致頗多錯別字。但從前引內容，仍可了解沈葆楨奏請調整行政區域的原因。北淡水是產米之區，煤炭、樟腦等亦多產於北淡水，滬尾即淡水口對外開放通商後，更加促進北淡水地區的繁榮。從沈葆楨原奏可知同光年間臺灣北路的重要性，已經與日俱增，調整行政區域，確實刻不容緩。夏獻綸在臺灣道任內已有改淡水廳為直隸州，改噶瑪蘭同知為知縣，添一縣於竹塹之請。沈葆楨所稱臺北府，包括淡水廳和噶瑪蘭廳，改設一府三縣。自彰化大甲溪起至頭重溪止，改設新竹縣，裁去淡水同知；自頭重溪起至中壢，北劃遠望坑為界，改設淡水縣，作為臺北府附府一縣；噶瑪蘭廳改設宜蘭縣；噶瑪蘭通判改為臺北府分防通判，移駐雞籠。臺北府府治設於大加蚋保的艋舺庄。根據《淡新檔案（三）》同治十三年（1874）淡水廳戶口清冊記載，大加蚋保包括艋舺、三板橋、林口、錫口街、搭搭攸、奎府聚、大隆同等七庄，都是閩籍移民村庄，共 319 戶，計 1,092 人，艋舺庄戶數為 87 戶，約佔總戶數的百分之 27，其人口數為 298 人，約佔總人口數的百分之 27，可以說明在同治末年，艋舺庄是大加蚋保境內較繁華的聚落。沈葆楨原奏所稱艋舺「沃壤平原，兩溪環抱，村落衢市，蔚成大觀」的說法，是符合歷史事實的。

光緒初年，因中法越南交涉久無結果，法國海軍司令孤拔（A. A. P. Coubet）為了佔地為質，索賠兵費，於是企圖以其優勢海軍進犯中國東南沿海，臺灣孤懸外海，遂首當其衝。清廷下詔起用淮軍名將直隸提督劉銘傳督辦臺灣軍務。據國

6 《月摺檔》，光緒元年七月十四日，沈葆楨等奏摺抄件。

立故宮博物院典藏《劉壯肅公事實》記載，劉銘傳於光緒十年（1884）閏五月初二日陛見，閏五月二十四日行抵基隆，查看礮臺形勢，閏五月二十八日，行駐臺北[7]。法軍恃其船堅礮利，封鎖臺灣。劉銘傳外無軍艦，內乏槍礮，將士苦守惡戰，力保全臺，共支危局，勞苦足錄，功不可沒。光緒十一年（1885）四月初九日，法國艦隊撤退，駛向澎湖。四月二十九日，退至越南，基隆、滬尾防務解嚴。法軍既退，為鞏固臺灣防務，建設臺灣，劉銘傳即次第辦理練兵設防、清理田賦、興建鐵路、開科取士、招撫生界原住民等善後事宜。清廷已經認識到臺灣為南洋門戶，非改立行省不可。據《清史稿·地理志》的記載，臺灣改建行省的時間是在光緒十三年（1887）[8]。同書《德宗本紀》則將臺灣建省的日期繫於光緒十一年（1885）九月初五日庚子[9]，前後出入極大。國立故宮博物院典藏《上諭檔》記載臺灣建省的日期如下：

> 光緒十一年九月初五日欽奉慈禧端祐康頤昭豫莊誠皇太后懿旨，醇親王奕譞等遵籌海防善後事宜摺內奏稱，臺灣要區，宜有大員駐紮等語。臺灣為南洋門戶，關繫緊要，自應因時變通，以資控制，著將福建巡撫改為臺灣巡撫，常川駐紮，福建巡撫事，即著閩浙總督兼管，所有一切改設事宜，該督撫詳細籌議奏明辦理，欽此[10]。

---

7 《劉壯肅公事實》，見《故宮臺灣史料概述》（臺北，國立故宮博物院，民國 84 年 10 月），頁 232。

8 《清史稿校註》，第 3 冊（臺北，國史館，民國 75 年 6 月），地理十八，頁 2517。

9 《清史稿校註》，第 2 冊（民國 75 年 4 月），頁 938。

10 《清宮月摺檔臺灣史料（六）》，（臺北，國立故宮博物院，民國光緒十一年（1885）九月初五日懿旨的頒佈，可以定為臺灣建省的開始日期。《清史稿‧疆臣年表》亦將劉銘傳補授臺灣巡撫的日期繫於光緒十一年（1885）九月初五日庚子。首任臺灣巡撫劉銘傳駐紮臺灣，開始使用木質關防。同年十月十五日，閩浙總督楊昌濬具摺奏請敕部換頒臺灣巡撫關防，以重信守[11]。清廷曾以原設臺灣道一員遠駐臺南，難以兼顧，而擬於臺灣道之外，添設臺北道一員。但楊昌濬、劉銘傳認為與其添設臺北道，不如添設藩司。同年十二月十二日，奉上諭，在諭旨中指出，臺灣省添設藩司即布政使，確實是為因地制宜起見，自可准行，臺灣雖設行省，但必須與福建聯成一氣，如甘肅新疆之制，庶可內外相維。臺灣建省之初，曾議定在中路建設省城，以便控制南北。岑毓英在福建巡撫任內，曾赴彰化橋孜圖地方，勘察地形，可以建設省城。劉銘傳亦曾親往察看，見橋孜圖地勢平衍，氣局開展，襟山帶海，控制全臺，實堪建立省城。但因橋孜圖地近內山，不通水道，不獨建造衙署廟宇，運料艱難，且恐建省之後，商賈寥寥，雖有城垣，空無人居。因此，劉銘傳奏陳修建鐵路，商務可立見繁盛，有裨於建立省城。

劉銘傳患有目疾、頭疼、咳嗽等症，畏見風日，因公務繁劇，所以病情日益惡化。光緒十七年（1891）三月，劉銘傳開缺回籍就醫。同年四月初二日，命邵友濂補授福建臺灣巡撫。同年十月二十四日到任。邵友濂曾於光緒十三年（1887）二月至十五年（1889）三月充任福建臺灣布政使。邵友濂在布政使任內，清理賦役，頗為出力，劉銘傳曾稱其才長心細，

---

86 年 10 月），頁 5058。

11 《清宮月摺檔臺灣史料（六）》，頁 4548。

辦事有條不紊。邵友濂雖是一位「無大擔當，缺乏理想的人[12]。」但他熟悉臺灣地方情形。因此，劉銘傳開缺後，朝廷即命邵友濂為福建臺灣巡撫。臺灣分省之初，劉銘傳曾會同總督楊昌濬奏請以彰化橋孜圖地方建立省城，邵友濂認為橋孜圖地方，並不相宜，因此，會同總督譚鍾麟奏請將臺灣省城移設臺北府城。國立故宮博物院典藏《軍機處檔・月摺包》含有邵友濂等人奏請移建臺灣省城的奏摺錄副，內容頗詳，節錄如下：

> 竊查臺灣分治之初，經前撫臣劉銘傳會同前督臣楊昌濬奏請以彰化縣橋孜圖地方建立省城，添設臺灣府臺灣縣，以原有之臺灣府改為臺南府，臺灣縣改為安平縣。建議之始，原為橋孜圖當全臺適中之區，足以控制南北，且地距海口較遠，立省於此，可杜窺伺，意識深遠，惟該處本係一小村落，自設縣後，民居仍不見增，良由環境皆山，瘴癘甚重，仕宦商賈託足為難，氣象荒僻，概可想見。況由南北兩郡前往該處，均非四、五日不可，其中溪水重疊，夏秋輒發，設舟造橋，頗窮於力，文報常阻，轉運尤難。臺中海道淤淺，風汛靡常，輪船難於駛進，不獨南北有事接濟遲滯，即平日造辦運料，亦增勞費。揆諸形勢，殊不相宜。且省會地方壇廟衙署局所在所必需，用款浩繁，經費又無從籌措，是以分治多年，迄未移駐該處，自今以往，亦恐舉辦無期。臣等督同臺灣司道詳加審度，亟宜籌定久遠之計，似未便拘泥前奏，再事遷延。查臺北府

12 郭廷以著《臺灣史事概說》（臺北，正中書局，民國64年3月），頁208。

> 為全臺上游，巡撫藩司久駐於此，衙署庫局，次第矗成，舟車多便，商民輻輳，且鐵路已造至新竹，俟經費稍裕，即可分儲糧械，為省城後路，應請即以臺北府為臺灣省會，將臺北府為省會首府，原編衝繁難，改編衝繁疲難四字題調要缺，如遇缺出，於通省知府內揀員調補，所遺員缺請旨簡放。改淡水縣為省會附郭首縣，原編衝繁難，改編衝繁疲難四字調要缺，如遇缺出，在外揀員調補。其臺灣府仍照原編衝繁疲難四字題調要缺，如遇缺出，在外揀補。新設之臺灣縣，照原編刪一衝字，編為繁疲難三字調要缺，臺灣府衙署現在彰化縣城，不必移於臺灣縣，以節繁費。彰化縣原係繁難中缺，即以彰化縣為附府首縣，改為衝繁難要缺。原有臺南府之鳳山、嘉義兩縣，當日合閩省各縣缺以計繁簡，皆繁難兩字缺，今就臺灣各縣缺核計，俱稱難治，均應增為繁疲難三字要缺，此外各廳縣悉仍其舊，如此轉移，庶幾名實相符，規模大定[13]。

由於北淡水的重要性，與日俱增，臺灣移墾重心的向北轉移，以臺北府城為臺灣省會，是臺灣歷史發展的趨勢。

臺北府屬的大嵙崁（大溪），位於南雅山下，地方奧衍，環繞叢岡，北距淡水縣治七十里，南距新竹縣治一百二十里，為淡水、新竹兩縣沿山扼要之區。光緒十二年（1886），臺灣巡撫劉銘傳曾派內閣侍讀學士林維源幫辦臺北撫墾事務，奏陳南雅地方，可以分設一縣。南雅地方，自開辦撫墾以後，久成市鎮，茶葉、樟腦萃集，商賈輻輳，生業日繁，又因歷

13 《軍機處檔・月摺包》，第 2729 箱，42 包，130888 號，光緒二十年正月二十五日，邵友濂奏摺錄副。

年用兵，宵小出沒靡常，彈壓稽查，均關緊要。經邵友濂酌議後指出，若照劉銘傳原議，分設縣缺，則「糧額並無增益，轉多分疆劃界之煩。倘若暫事因循，則淡水縣遠附府城，又苦鞭長莫及。」因此，唯有分防，方足以控制。光緒二十年（1894）五月，邵友濂奏請添設分防同知一員，以管束各社原住民，兼捕盜匪，作為衝繁難調要缺，稱為「臺北府分防南雅理番捕盜同知」，以淡水、新竹兩縣沿山地界歸南雅同知管轄，所有民人與原住民的詞訟、竊盜、賭匪等案，准其分別審理拿禁。遇有命盜重案，就近勘驗通報，自徒罪以上仍移送淡水、新竹縣審擬解勘。

臺灣建省後，曾經議及在林圮埔添設雲林縣，縣治就設在林圮埔街（南投縣竹山鎮）。國立故宮博物院現藏《軍機處檔・月摺包》含有邵友濂奏請林圮埔添設縣丞的奏摺錄副，節錄一段內容如下：

> 臺灣雲林一縣，向在林圮埔建治，嗣因林圮埔迫近內山，氣局褊小，經臣奏請移駐斗六，方聲明林圮埔應否添設佐雜分防，批司飭府察度情形，另行妥議辦理。奉部覆准，並將縣治移駐日期，由司詳咨在案。茲據臺灣府知府陳文騄查得林圮埔雖非居中扼要之區，第地近內山，宵小最易藏跡，亦不可過於空虛。且近來該處腦務日盛，各腦丁等五方雜處，良莠不齊，民情又復強悍，難保不滋生事端。現移縣治，相離二十五里，恐有鞭長莫及之勢，似不可不添設佐雜分防，以資彈壓，擬請添設縣丞一員，名曰「雲林縣林圮埔分防縣丞」，舉凡竊盜、賭博等案，俾可就近查拏，實於治理有裨，所有緝捕界址，即以附近之沙連、西螺、

海豐、布嶼，四保歸該縣丞分防，餘境仍由雲林縣典史管轄，並可將雲林縣舊署作為縣丞衙門，毋庸另建。該縣丞並無分徵錢糧，其廉俸役食等項，悉照彰化縣鹿港縣丞之例，由雲林縣在於徵收錢糧存留項下編支。至應定何項缺目及未盡事宜，另再妥議辦理，詳由臺灣布政使唐景崧會同臺灣道兼按察使銜顧肇熙轉請奏咨頒印發領，並聲明俟奉部覆准後再行遴員前往署理等情前來。臣查林圯埔地方空虛，既據該府查明，擬請添設縣丞一員，分防緝捕，實為因地制宜起見，似應准予所請[14]。

邵友濂奏請添設雲林縣林圯埔分防縣丞原摺的具奏日期即發文日期是在光緒二十年（1894）四月十九日，同年五月二十一日奉硃批。原奏指出雲林縣治從林圯埔移駐斗六的主要原因，是由於林圯埔迫近內山，氣局褊小，並非居中扼要之區。檔案資料的發掘與整理，可以帶動歷史的研究。近數十年來，由於檔案資料的不斷發現與積極整理，使清代臺灣史在質與量方面，都有豐碩的成果。清代臺灣史是清代史的一小部分，探討臺灣史，必須熟悉清代史，尤其是熟悉清代檔案資料。從清代臺灣行政區域的調整及其沿革，可以反映清代臺灣開發歷史的發展過程。

14 《軍機處檔・月摺包》，第 2729 箱，48 包，132749 號，光緒二十年四月十九日，邵友濂奏摺錄副。

官印名稱（滿文）：ᡩᠠᠨ ᡧᡠᡳ ᡥᡳᠶᠠᠨ ᡳ ᡩᠣᡵᠣᠨ

官印名稱（漢文）：淡水縣印（光緒九年十一月）
官印名稱（羅馬拚音）：dan šui hiyan i doron
尺寸：6.8 × 6.8cm

雍正元年（1723），劃諸羅縣虎尾溪以北，置彰化縣、淡水廳，縣署、廳署俱在半線。雍正九年(1731)，廳治移至竹塹。乾隆二十一年（1756），淡水同知王錫縉將淡水廳署遷建於竹塹西門內，並遷建竹塹巡檢署於廳署西南畔。道光七年（1827），改建竹塹城，將刺竹改用磚石修建。光緒元年（1875），臺灣增設臺北府，裁淡水、噶瑪蘭二廳，附郭設淡水縣。光緒四年（1878），淡水縣衙署遷於大加蚋保艋舺。

官印名稱（滿文）：

官印名稱（漢文）：福建臺灣巡撫關防（光緒二十三年三月）
官印名稱（羅馬拼音）：fugiyan tai wan i giyarime dasara amban i kadalan
尺寸：6.5 × 10.4cm

關防為官印之一種，長方形，其制始於明。本為半印，故長方形，文字亦為全印之半。其後勘合之制廢，而稱臨時性質特別官員之印為關防，仍用長方形，文字完全。添設之官只給關防。光緒十一年（1885）九月初五日，臺灣建省，將福建巡撫改為臺灣巡撫，劉銘傳補授臺灣巡撫，使用木質關防，臺灣雖設行省，但必須與福建聯成一氣，如甘肅新疆之制，庶可內外相維，於是奏准將臺灣巡撫改為福建臺灣巡撫。光緒十四年（1888）正月二十一日，劉銘傳正式啟用「福建臺灣巡撫關防」。值得注意的是，上圖「福建臺灣巡撫關防」年代為光緒二十三年（1897），此時臺灣已為日本領有，並不歸福建臺灣巡撫。

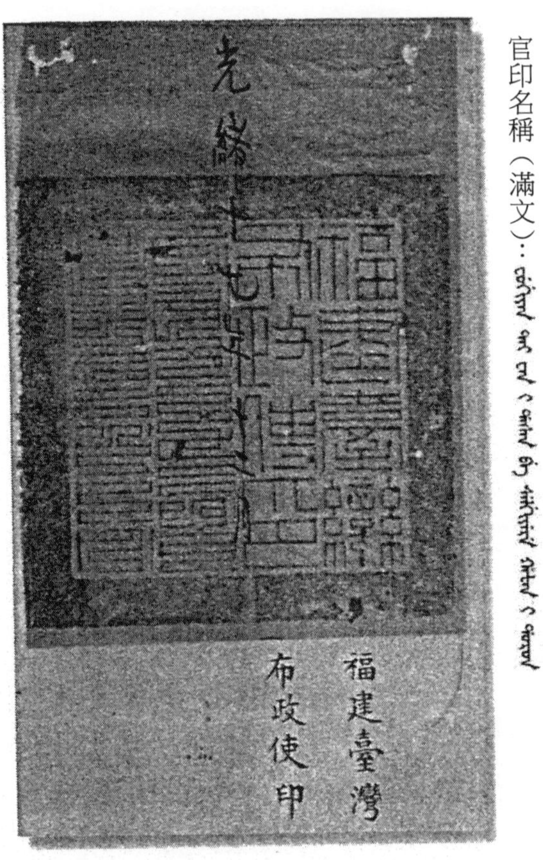

官印名稱（漢文）：福建臺灣布政使印（光緒十七年十二月）
官印名稱（羅馬拼音）：fugiyan tai wan i dasan be selgiyere hafan i doron
尺寸：10.0 × 10.0cm

承宣布政使司布政使，簡稱布政使，俗稱藩司，掌管全省行政及財政。光緒十一年（1885），臺灣建省後，添設福建臺灣布政使，駐臺北府。光緒十三年（1887），首任布政使邵友濂到任，掌管臺灣全省財政、兵餉、土地田畝等，並兼管茶釐、稅釐、鹽務、郵政、鐵路、輪船、電報等局。

官印名稱（滿文）：

官印名稱（漢文）：鎮守福建臺灣總兵官印（光緒十年閏五月）

官印名稱（羅馬拼音）：fugiyan i tai wan i babe seremšeme tuwakiyara dzung bing guwan i doron

尺寸：10.3 × 10.3cm

清朝總兵為武職正二品官，管轄本標及所展各協、營，鎮守本鎮所屬地區，受本省總督、提督管轄。康熙年間，臺灣設總兵官一員，為臺灣、澎湖地區最高軍事指揮官，所轄綠營共十營，每營官兵各一千名，全臺共一萬名，統稱臺灣鎮。乾隆、嘉慶以後，臺灣鎮官兵增至一萬四千名。臺灣鎮總兵官所用印信，稱為「鎮守福建臺灣總兵官印」。

奏

福建巡撫臣毛文銓謹

奏為遵

旨覆奏事竊臣前奏臺灣一府與內地相為表

裏關係非輕請調林亮於江浙廣東等處

一摺內奉

皇上硃批聞得陳倫炯甚好可稱此職否欽此

臣查陳倫炯遠在重洋之外與臣銜門文

書來往甚少是否可稱此職臣尚未深知

不敢冒昧妄

奏然臣近閱林亮來咨欲開瑯璚之禁而移

巡檢於崑麓并設汛兵於社蔡港及開墾

生番鹿場數事查瑯璚鳳山縣所轄險要

之區也移巡檢設汛兵林亮因欲弛禁故

特移設以防之也至於開墾鹿場謂該處

既有巡檢汛兵可以無虞也林亮之意如

此而獨陳倫炯堅持以為不可與林亮大

相牴牾至今迄無定議臣猶未洞徹海外

此論高其倬亦云

情形雖未審孰是孰非然由此觀之陳倫

炯亦非庸衆人也又臣前奏海關另委延

平府知府張道沛管理一摺內奉

皇上硃批韓奕聞得做官不好當日惟鑽營滿

保黃國材為事已有旨矣但不知確否據實

物色奏聞欽此臣查韓奕雖尚非大狼藉之

員然奔競鑽營似所不免

皇上聖明實無微不燭者也今韓奕雖死而令

伊家量為出銀効力亦所宜然俟督臣高

其倬到日臣會同斟酌具

題合先遵

旨覆奏伏乞

皇上睿鑒謹

奏

知道了

雍正肆年肆月　貳拾壹　日

《宮中檔》，臺北，國立故宮博物院，

雍正四年四月二十一日，毛文銓奏摺

奏 邵友濂 林圯埔添設縣丞以資分防由

五月二十一日

頭品頂戴福建臺灣巡撫臣邵友濂跪

奏為添設縣丞以資分防恭摺仰祈

聖鑒事竊查臺灣雲林一縣向在林圯埔建治嗣因林圯埔逼近內山氣局褊小經臣

奏請移駐斗六方暫明林圯埔應否添設佐雜分防批司飭府察度情形另行妥議辦理奉部覆准前將縣治移駐日期由司詳經臣奏報在案茲據臺灣府知府陳文騄查得林圯埔雖非縣中扼要之區第地近內山箐小最易藏跡之所不可遠於控制且近來該處腦務日盛各腦丁皆五方雜處良莠不齊民情又復強悍難保不滋生事端現擬縣治相離二十五里恐有鞭長莫及之勢似不可不添設佐雜分防以資彈壓擬請添設縣丞一員名曰雲林縣林圯埔分防縣丞舉凡窩盜賭博等案俾可就近查拏實於治理有裨所有緝捕界址即以該逼近之沙連一西堡海豐布嶼四保歸該縣丞分防彈壓仍由雲林縣典史管轄并可將雲林縣署作為縣丞衙門毋庸另建該縣丞並無徵錢糧其廉俸役食等項應照彰化縣鹿港縣丞之例由雲林縣在於徵收錢糧存留項下編支已應空何項缺目及未盡事宜另再妥議辦理詳由臺灣布政使唐景崧會同臺灣道兼按察使銜顧肇熙詳請

奏咨頒印發領並聲明俟奉部覆准後再行遴員前往署理等情前來臣查林圯埔地方空曠既據該府查明擬請添設縣丞一員分防彈緝捕實為因地制宜起見擬合懇准予所請除將應空何項缺目及未盡事宜批司飭府另再妥議詳辦暨分咨各部外所有林圯埔地方擬請添設縣丞以資分防緣由謹會同閩浙總督臣譚鍾麟恭摺具陳伏乞

皇上聖鑒飭部核覆施行謹

奏

光緒二十年五月二十一日奉

硃批吏部議奏欽此

四月十九日

《軍機處檔・月摺包》邵友濂奏摺錄副

奏為履勘琅璠形勢擬即築城設官以鎮民番而消窺伺恭摺
辦理台灣等處海防兼理各國事務臣沈葆楨跪
馳陳仰祈
聖鑒事竊臣於本年十二月初五日將台地招墾開禁情形
奏明在案臣葆楨前患咳逆調治稍愈遂於十三日帶同台灣
府知府周懋琦前署台灣鎮曾元福由郡登程十四日抵鳳
山閱淮軍城西八營城東三營結構精嚴上架下濠周方四
角突起砲壘分哨扼守外瞭曠如內平砥若屹 偉觀入營
接見統領營官各加獎勵並躬奠其病歿將士之墳而去十
五日南行宿東港十六日宿枋寮地 瘠壤道光年間有鳳
山令曹瑾者開水圳以通泉脈遂為高腴至今民養其利時
已殘冬麥穗秧針黃綠相間則內地四月間景象也該處尚
為鳳山壤則之區過此以往則皆番社居民寥寥矣十七日
過刺桐腳鄉民泣訴先後為獅頭社番戕者五人而王開俊
營長夫過者番疑為民亦斃其二查獅頭社即臣等前
奏刺桐腳鄉民請倭兵往攻龜文社中之一也經臣撤止倭將
之後隱忍相安今又尋仇報復論起衅之根番直而民曲及
其仇殺斷難縱番以殃民且營夫又何罪也夕宿風港適王
開俊移營至臣葆楨即令派汛弁郭占鰲至社飭交兇犯懲
辦如敢違抗則不能不示以威風港倭營俱在四無牆壁草
屋數十高僅及肩王開俊嫌其散不可守擬合紮而加牆濠
焉十八日抵琅璠宿車城為前大學士福康安征林爽文駐
兵之處接見夏獻綸劉璈知已勘定車城南十五里之猴洞
可為縣治臣葆楨親往履勘所見相同蓋自枋寮南至琅璠
民居俱背山面海外無屏障至猴洞忽山勢迴環其主山由
左迤趨海岸而右中廓平埔周可二十餘里似為全台收局
從海上望之一山橫隔雖有巨砲力無所施建城無踰於此
劉璈素習堪輿家言經兼審詳現令專辦築城建邑諸事惟
該處不產巨 且無陶瓦屋材輒覺必須內地轉運而來近
石亦宜遠致所用城地已墾城田不能不給價以卹貧戶未
免繫費惟有囑委員等核實估計不得虛縻縣名謹擬曰恒
春可否之處伏候
欽定 如蒙
允准擬先設知縣一員審理詞訟俾民番有所憑依畀之親勇一
旂以資號召其餘武員學官佐貳且置為緩 以一事權而
節縻費車城外西南地曰後灣者倭人舊營之址也濱海當
風水泉又惡當時彼族居之病亡相繼且船上砲彈可及故
淮軍之至棄而不處一營紮車城附近以衛民居一營紮統
領埔以扼牡丹各社出入之道淮軍與番眾均屬相安惟倭
人舊營雖只係草屋然交收後不數月今無一存或云火焚

或云風壞四顧蕩然現民飭查實在情形稟復當臣葆楨自
猴洞回車城時適洋將博郎哥嘉吉德韓德喜等四人到車
城據稱赫德囑於鵝仔角左近創建燈樓隨飭周懋琦與之
同往相度俟歸後定議臣葆楨遂同夏獻綸劉璈等於二十
日坐輪船歸郡辰下歲暮暫且緩工開春劉璈當赴琅𤩝督
辦營建諸務夏獻綸當赴中路主辦開山事宜臣葆楨思船
政累年費數百萬方飭辦報銷又為台事所擱乘此稍曠
之時擬於本月二十四日由輪船內渡勻稽大數具
奏事畢再至台灣行經理茲先將履勘琅𤩝擇地建城各情由
合詞恭摺由輪船赴滬交上海縣付驛六百里馳
奏伏乞
皇上聖鑒訓示遵行再此摺係臣葆楨主稿合併聲明謹
奏
光緒元年正月十二日軍機大臣奉
旨 欽此

《月摺檔》，光緒元年正月十二日，沈葆楨等奏摺抄件

頭品頂戴革職留任閩浙總督兼署福建巡撫臣楊昌濬跪
奏為奏
旨改設臺灣巡撫擬請
敕部分別頒換關防先行恭摺復陳仰祈
聖鑒事竊臣於本年十月十二日准兵部咨光緒十一年九月初
五日欽奉
懿
旨臺灣為南門門戶關係緊要自應因時變通以資控制著將福
建巡撫改為臺灣巡撫常川駐紮福建巡撫事即著閩浙總督兼
管所有一切改設事宜該督撫詳細籌議奏明辦理等因欽此除
分別咨行欽遵並將一切改設事宜會商撫臣督同司道等
悉心籌議另行具
奏外伏查關防印信最為職守要需今奉
旨改設臺灣巡撫而撫臣劉銘傳駐紮臺灣尚用木質關防應請
旨敕部即頒臺灣巡撫關防以重信守又查陝甘總督關防內有
兼管甘肅巡撫字樣今福建巡撫奉
旨著閩浙總督兼管所有總督關防內應否添鑄兼管等字恭候
欽定如蒙
敕部換頒應俟奉到新關防再將總督舊關防及福建巡撫關防
一併敬謹解繳臣此次拜摺後即將福建巡撫關防封
封儲以後奏咨一切公牘悉用總督關防以歸畫一是否有

當謹先恭摺復陳伏乞
皇太后
皇上聖鑒訓示謹
奏
光緒十一年十月十五日
敕部換頒應俟奉到新關防再將總督舊關防及福建巡撫關防一併
敬謹解繳臣此次拜摺後即將福建巡撫關防封儲以後奏咨一
切公牘悉用總督關防以歸畫一是否有當謹先恭摺復陳伏乞

《月摺檔》，光緒十一年十月十五日，楊昌濬奏摺抄件

鞏固屏障

——清代臺灣築城檔案簡介

史料與史學，關係密切，沒有史料，便沒有史學。史料有直接史料與間接史料的分別，檔案與官書典籍都是歷史文獻，但就其史料價值而言，官書典籍是屬於間接史料，而檔案則屬於直接史料，歷史學家憑藉檔案資料，輔以間接史料，比較公私記載，進行有系統的排比、敘述與分析，使歷史的記載與客觀的事實，彼此符合，始可稱為信史。臺北國立故宮博物院現藏檔案，含有相當豐富的清代臺灣史研究資料，其中築城文獻，具有高度的史料價值，不容忽視。

興建城鎮，設立行政中心，是臺灣開拓經營過程中的一個重要措施，具有時代的意義。康熙年間領有臺灣以來，府廳各縣，俱未增築城垣，僅以莿竹木柵環插。康熙六十年（1721）四月，朱一貴起事以後，全臺俱陷，但在五十日之內，又被清軍收復，未嘗不是得力於莿竹容易攻克。閩浙總督覺羅滿保曾奏請興建臺灣府城，卻因後來吳福生起事，雍正皇帝頒降無須改建磚石城垣的諭旨，其議遂寢。

臺灣郡治，背山面海，一望曠遙，缺乏藩籬之蔽，為加強防衛，亟需修築城垣。雍正三年（1725）三月，巡視臺灣監察御史禪濟布等商議建築木柵，以別內外，國立故宮博物院典藏《宮中檔》含有雍正朝硃批奏摺，其中禪濟布奏摺有一段內容如下：

> 茲臣查閱郡治，自荷國恩，休養至今，生聚日繁，閭閻稠密，而背山面海，一望曠遙，為四方雜處之區，乃無一尺藩籬之衛，奸良來往，不易稽防，倉庫監獄，更關重大。臣再四思維，乃與陞任監察御史臣丁士一，鎮臣林亮、臺廈道臣吳昌祚公同確商建城，則工料浩繁，壘土又沙浮易陷。臣等籌酌，樹以木柵。其基三面環山，周經壹千捌百丈，每丈木植釘鐵灰土人工料估用銀肆兩，木長壹丈陸尺，下載肆尺，用石灰沙泥填築，以收水氣，以杜蟻侵。木杪上頂釘以鉤釘，用木板上中下橫連參道，大鐵釘釘固，每隔肆拾丈蓋小望樓壹座，上安砲壹位，撥兵支守，於要衝之處，開闢四門，各築高大門樓壹座，安設砲位。木柵之西兩頭俱抵海邊，各設砲位，千把總輪值，以司啓閉，以固屏障[1]。

臺灣府建築木柵的工程是從雍正三年（1725）三月二十七日起興工，其經費的來源是由巡視臺灣監察御史禪濟布、監察御史丁士一、福建臺灣鎮總兵官林亮、臺廈道吳昌祚、臺灣縣知縣周鍾瑄等文武弁員公捐，全郡紳衿士庶亦發動捐輸，並由周鍾瑄親董其事。雍正皇帝據奏後，以硃筆批諭說：「兩年來臺灣文武官弁與禪濟布等皆實心任事，即此建築木柵一事，籌畫甚屬妥當，深為可嘉，著將摺內有名官弁該部議敘具奏。」

雍正元年（1723），增設彰化縣，建縣治於半線。雍正十

1 《宮中檔雍正朝奏摺》，第四輯（臺北，國立故宮博物院，民國67年2月），頁55。雍正三年三月十六日，巡視臺灣監察御史禪濟布奏摺。

二、三年間，知縣秦士望環植莿竹為城，建四門，鑿濠其外。但因莿竹不易防守，以致林爽文起事以後，彰化縣治，屢復屢陷。乾隆皇帝認為與其失之復取，既煩征討，又駭眾聽聞，不如有城可守，有備無虞，而且國帑充盈，郡治廳縣五處城垣，動用銀兩不過百萬而已，何惜而不為？清軍平定林爽文之亂以後，乾隆皇帝諭令臺灣府廳各縣俱改建城垣。乾隆五十三年（1788）正月，命德成馳赴臺灣，會同福建巡撫徐嗣曾等估勘郡城工程。同年四月，福康安、德成、徐嗣曾率同司員及道府等踏看郡城，並會銜具奏，其奏摺錄副，保存於《軍機處檔・月摺包》內，是探討臺灣府築城的重要檔案資料。其要點如下：

> 踏看得郡城舊址周圍共長二千六百七十餘丈，大小八門，城臺八座，舊式矮小。城身通用木柵內外排插高一丈一、二尺至七、八尺不等，誠不足以資捍禦，自宜改建城垣，方可永期鞏固。查府城東南北三面，均可照依舊址興修，唯西面臨海，舊排木柵已多朽廢，當潮汐往來，日受沖刷之區，若就此施工，誠為費力，即收進二、三十丈修建，其間又有港汊數道，為商民船隻避藏颶風之所，必須開留水津門方為通便。第小則不能容舟，大則每座動輒數十萬兩，似尤不必靡費。臣等公同商酌，再四思維，勘得小西門至小北門有南北橫街一道，遠距海岸，計一百五十八丈餘尺，因其形勢曲折興修，較舊址可收減一百五十二丈餘尺，足稱完繕。但查該處土性浮鬆，若用磚石成砌，必須下釘樁木，再立根腳，未免過費。況石料產自內山，距城窵遠，拉運維艱。舟行又溪河淺狹，均不能運載。

> 至磚塊一項，原無難設窯燒造。但以沙土燒磚，究屬易於酥嗛，且柴價昂貴，殊費經營，是一切物料，自應照臺灣則例，悉在內地購辦。今按例核算，用磚成砌，約需銀二十八萬六千五百餘兩，已屬帑費繁多，若用石成砌，更為浩大。臣等愚昧之見，莫若竟築土城，城身通高一丈八尺為率，頂寬一丈五尺，底寬二丈，舊有城臺七座，上截一律加高八、九尺不等。新添西門券台一座，添砌排垛墻鋪墁海墁，並添建城樓八座，卡房十六座，看守兵房八座，以壯觀瞻，而嚴防守。共計照例辦買土方工匠等價，約需銀十二萬四千六十餘兩，殊覺事易而功倍，即土築之城日久不無殘缺，該地方官例有粘修之責，自當隨時整理，久之地氣與土脈胳合，草木根株，互相盤結，亦足以資聯絡，必不致大有損壞[2]。

根據國立故宮博物院珍藏《臺灣略圖》簽註的說明，鄭成功初過臺灣時，即在赤嵌城內安住，改名承天府，後來遷入臺灣城，但無城郭，由鹿耳門港駕船登岸，就是大街市，官員都住在兩邊街上。雍正年間，建築木柵，但難於防守，而且郡治地方，都是沙土，土質浮鬆，用磚塊或石塊修砌城垣，困難重重。因此，福康安等人最後決定修築土城，前引檔案資料，不失為臺南府城築城史的珍貴文獻。

雍正元年（1723），諸羅縣治建築土城。乾隆年間，雖曾增修，但仍是土城。乾隆五十二年（1787）十一月初二日，

---

2 《軍機處檔・月摺包》（臺北，國立故宮博物院），第 2778 箱，161 包，38837 號，乾隆五十三年四月十一日，福康安等奏摺錄副。

諸羅縣改稱嘉義縣，取嘉獎義民的意思。嘉義縣城較府城為小，通長七百四十四丈餘尺，距山約二里，形勢扼要。林爽文之役以後，福康安、德成、徐嗣曾等人於乾隆五十三年（1788）四月十一日會銜具奏，悉照嘉義縣城舊規，加高培厚，添建城樓及券臺等項，約需銀四萬三千八百餘兩。彰化縣城環植莿竹，林爽文之役以後，在八卦山上添設石卡一座，以資捍衛。但因彰化縣城圍插莿竹，並無城垣，不足以資捍禦，士民呈請捐築土城，在東面展闊舊基，將八卦山圍築於城內，山上及城垣四面俱築礮臺，於嘉慶十五年（1810）五月間經閩浙總督方維甸奏准在案。後因地方紳民以城工用土建築，不能堅實，稟請改用磚石，並將原建於城外的倉廒，移入城內，八卦山也不必圍入城內，仍在八卦山上建築礮寨、汛房。嘉慶十六年（1811）十二月間，開始購料興工。因地土浮鬆，隨築隨坍，至道光四年（1824）五月初十日始一律建造完竣，曾開具工段清單，並繪具圖說。道光六年（1826）十一月十四日，福建巡撫韓克均具摺奏明官民捐建彰化城垣等項銀兩。國立故宮博物院現藏《軍機處檔・月摺包〉含有韓克均奏摺錄副及官民捐輸姓名銀兩清單，茲將清單列表於下：

彰化縣城建築捐輸姓名銀數表

姓　名	身　　分	銀　數（兩）	備　　註
楊桂森	彰化縣知縣	一、〇〇〇	官捐
林廷璋	丙子科舉人	二四、八〇〇	民捐
王雲鼎	癸酉科拔貢	二三、〇〇〇	（以下同）
林文濬	軍功四品頂戴	二〇、〇〇〇	
賴應光	捐職州同	一二、〇〇〇	
詹捷能	監生	一〇、〇〇〇	

姓　名	身　　分	銀　數（兩）	備　　註
羅桂芳	候選訓導	五、〇一〇	
王翰	生員	四、六〇〇	
林祥瑞	捐職州同	三、〇〇〇	
賴漢升	民人	二、五〇〇	
賴朝儀	民人	二、五〇〇	
蘇秉仁	稟生	二、四二八	
王雲飄	民人	二、四〇〇	
陳朝愛	捐職州同	二、二五〇	
林世賢	丙子科舉人	二、〇〇〇	
蘇雲從	例貢生	二、〇〇〇	
胡克修	候選訓導	二、〇〇〇	
陳克光	武生	一、七三〇	
王奮博	捐納布政司理問	一、六七〇	
林開泰	附貢生	一、六〇〇	
紀夢熊	歲貢生	一、五〇〇	
詹其昌	民人	一、五〇〇	
吳世緄	候補詹事府主簿	一、四三〇	
賴應聲	生員	一、四〇〇	
林懷玉	捐職州同	一、三八〇	
黃道宗	例貢生	一、三二〇	
黃鼎盛	民人	一、三二〇	
莊輝垣	民人	一、三二〇	
劉登科	生員	一、二〇〇	
陳國用	例貢生	一、〇〇五	
楊廷機	增生	一、〇〇五	
江文瀾	捐職州同	一、〇〇〇	
賴占梅	貢生	一、〇〇〇	
林文猷	捐納訓導	一、〇〇〇	

姓名	身分	銀數（兩）	備註
梁步青	生員	一、〇〇〇	
賴廷玉	民人	一、〇〇〇	
賴應時	民人	一、〇〇〇	
羅彥升	民人	一、〇〇〇	
何步瀛	民人	一、〇〇〇	
詹衛賢	民人	一、〇〇〇	
王藏利	民人	八六〇	
曾玉音	歲貢生	八〇〇	
蕭清時	民人	八〇〇	
陳國華	民人	八〇〇	
賴朝選	民人	八〇〇	
賴希川	民人	八〇〇	
賴錫金	民人	八〇〇	
賴尚吉	民人	八〇〇	
賴象伯	民人	八〇〇	
廖拔西	民人	七三〇	
廖大邦	民人	七〇〇	
賴應燦	監生	六六〇	
林天榮	民人	六六〇	
黃天章	捐納衛千總	六〇〇	
賴應獻	監生	六〇〇	
劉一築	民人	六〇〇	
陳振先	例貢生	五九〇	
邱朝宗	貢生	五九〇	
戴天定	例貢生	五二〇	
曾爾	民人	五二〇	
陳國盛	監生	五〇〇	
羅斗文	監生	五〇〇	

姓　名	身　　分	銀　數（兩）	備　　註
張鼎常	例貢生	五〇〇	
許浩賚	民人	五〇〇	
張啓三	民人	五〇〇	
李廷助	民人	五〇〇	
詹必誠	民人	五〇〇	
詹奠邦	民人	五〇〇	
劉元業	民人	五〇〇	
張成榮	民人	五〇〇	
廖　結	民人	五〇〇	
王盈科	民人	五〇〇	
羅世勳	民人	五〇〇	
廖朝孔	民人	四五〇	
廖仕抄	民人	四五〇	
賴國珍	民人	四〇〇	
賴象理	民人	四〇〇	
賴在田	民人	四〇〇	
賴國楨	民人	四〇〇	
謝仕俊	民人	四〇〇	
蕭志大	民人	四〇〇	
張茂修	民人	四〇〇	
羅名標	民人	四〇〇	
羅獻瑞	民人	四〇〇	
何章郡	民人	四〇〇	
賴應捷	民人	四〇〇	
陳泰交	民人	四〇〇	
張簡德	民人	四〇〇	
賴國達	民人	四〇〇	
賴兆元	民人	四〇〇	

姓　名	身　　分	銀　數（兩）	備　　註
洪水浮	民人	三五七	
張英華	監生	三三〇	
楊延年	民人	三三〇	
楊長瑞	民人	三三〇	
廖作方	民人	三三〇	
蕭志拔	監生	三〇〇	
林登良	監生	三〇〇	
廖興邦	武生	三〇〇	
江梅羹	例貢生	三〇〇	
江天養	民人	三〇〇	
李振聲	民人	三〇〇	
羅步梯	民人	三〇〇	

資料來源：《軍機處檔・月摺包》（臺北，國立故宮博物院），第 2747 箱，2 包，54210 號。

彰化縣官紳捐建城垣冊報共用工料銀一十九萬四千三百四十八兩；捐建八卦山礮寨汛防等項冊報共用工料銀一萬四千九百八十兩；捐建倉廒冊報共用工料銀二千九百一十六兩，合計共銀二十一萬二千二百四十五兩。前列彰化縣城捐輸，分為二項：即官捐和民捐。在民捐項下共計一〇二人，除民人外，還包括舉人、拔貢、捐職州同、監生、候選訓導、生員、稟生、例貢生、武生、歲貢生、捐納千總、捐納布政司理問、附貢生、增生、候補主事、捐納訓導等。在各項民捐姓氏中，賴姓共計二十一人，約佔捐輸總人數百分之二十一，似可說明嘉慶、道光年間，彰化賴姓在地方上的影響力，對彰化地區的開拓及發展，賴姓起了很大的作用。福建巡撫韓克均奏摺及清單，都具有高度的史料價值[3]。

鳳山縣城原建於興隆里地方，是一座土城，乾隆年間，環植莿竹，其地逼近龜山山麓，地勢低窪，氣象局促，林爽文、莊大田之役以後，其城垣、衙署、民房等已遭焚燬，居民遷回者甚少，遂於城東十五里埤頭街地方，另築新城，插竹為城，以資守衛。嘉慶十一年（1806），海盜蔡牽竄擾臺灣，埤頭新城被殘燬。經福州將軍賽沖阿察看興隆里舊城，有龜、蛇二山，左右夾輔，迤南為打鼓港即打狗港海口，控制水陸，是天然險要，與其修復新城，不如移回舊城，具摺奏聞後，奉旨准行。但因經費浩繁，未經移回舊城。福建巡撫孫爾準查勘鳳山舊城後，始正式興工整修。福建巡撫韓克均奏摺對鳳山舊城修復情形敘述頗詳，原摺指出：

> 督臣孫爾準前在巡撫任內，于道光四年巡閱臺澎營伍，親詣查勘，該舊城雖已殘廢，尚有基址。其地界居龜、蛇兩山之間，龜山近臨雉堞，俯瞰城中，難于守禦。移城稍向東北，則去蛇山較遠，將龜山圍入城中，居高臨下，實據形勝。隨令度以弓丈，計週圍一千餘丈，較舊城基址八百餘丈增二百丈。惟工程頗鉅，國家經費有常，未便濫請，容俟另行籌措興辦等因，奏蒙聖鑒在案。嗣據前署臺灣府知府方傳穟並鳳山縣知縣杜紹祁先後詳報查勘興隆里地方建復城垣，所有知縣典史，並城守參將千把總同外委兵丁，俱應移駐舊城，其埤頭地方，即以興隆里巡檢及舊城把總一員，兵丁一百一十六名移駐彈壓。惟埤頭衙署倉廒庫局，

3 《軍機處檔・月摺包》第2747箱，2包，54210號。道光六年十一月十四日，福建巡撫韓克均奏摺錄副。

> 建蓋已久，木植朽壞，難以折移，必須另建，核計各項工程，非十餘萬金不能辦理。當即商同臺灣道，先由通臺道府廳縣公捐番銀四萬元。旋據鳳山縣各業戶捐番銀四萬餘元，並據郡城各紳士，以鳳邑封壤相聯，建築城垣，即屬保障郡境，亦共捐番銀二萬五千餘元，又鳳山縣各紳士捐番銀四萬四千餘元，統計官民共捐番銀一十五萬餘元。一面選舉紳士吳春祿、劉伊仲等就舊城基地移向東北，將龜山圍入城中，插界覆丈，彎曲取直，週圍實計八百六十四丈[4]。

福建巡撫韓克均原摺指出重修鳳山縣舊城，所有城垣、城樓、礮臺各工，估計共需番銀九萬二千一百零二元，折算紋銀六萬五千七百九十兩。道光五年（1825）七月十五日，興工修築。道光六年（1826）八月十五日，竣工。這是一座石城，修築完成後，臺灣道孔昭虔即督同鳳山縣知縣杜紹祁等親往查勘新城，石墻除去彎曲，實計八百六十四丈，城樓四座，礮臺四座，一切規模體制高寬丈尺，俱符合規定，並無草率偷減之處。福建巡撫韓克均將鳳山縣修築城垣官民捐輸各姓名銀數開列清單呈覽。道光五年（1825）移建的鳳山城垣，就是現今左營舊城古蹟，其北門構造尚稱完好，表門額書「拱辰門」，內門額書「北門」，上款題「大清道光五年」，下款為「督建總理吳春藏、黃化鯉，督造總理黃耀漢、吳廷藏。」其中「吳春藏」，原摺作「吳春祿」，「黃耀漢」，原摺作「方耀漢」。

道光二十七年（1847），閩浙總督劉韻珂渡臺查閱營伍，

4 《軍機處檔・月摺包》第 2747 箱，9 包，54212 號。道光七年二月二十九日，福建巡撫韓克均奏摺錄副。

鳳山縣紳耆士庶聯名呈請以埤頭作為縣治。國立故宮博物院現藏《月摺檔》含有福建巡撫兼署閩浙總督徐繼畬〈為查明鳳山縣治移駐埤頭毋庸改建石城，興隆舊城亦無須另行分防〉等奏摺，其原摺有一段內容稱：

> 道光二十七年，前督臣劉韻珂渡臺閱伍，該縣紳耆士庶聯名呈叩，各以興隆里舊城地勢如釜，居民咸苦卑濕，懇以埤頭作為縣治。當查埤頭居民多至八千餘戶，興隆居民不過五百餘家，且興隆僻處海隅，規模狹隘。埤頭地當中道，氣局寬宏，而鳳山文武員弁又向在埤頭駐劄，體察輿情，扼據形勢，均當以埤頭為鳳山縣治，遂會同臣奏懇仍援前欽差大學士公福康安奏請移駐之案，即將鳳山縣城移駐埤頭，俾免遷移而資捍扼。經軍機大臣會同兵部照例核覆，並令將埤頭地方應否改建石城，興隆舊城應否另行分防，詳慎妥議，次第奏辦等因，於道光二十七年十一月十二日具奏，奉旨依議，欽此。欽遵轉行到閩，當經劉韻珂檄行臺灣鎮道妥議籌辦去後。茲據臺灣鎮呂恒安、臺灣道徐宗幹督同臺灣府裕鐸查明埤頭種竹為城，歷時已久，根本既極堅茂，枝葉亦甚蕃衍，其城身之鞏固，實不下於石城，若復改建磚石城垣，則所需工費，計甚不貲。若將興隆原有石城移建埤頭，則多年料物，一經拆卸，又未必全行合用，似不若於竹城之內再行加築土垣，藉資捍衛，其所需土垣經費，即由該官紳等自行捐辦，無庸動項。至興隆地方原有巡檢一員，把總一弁，駐劄分防，亦無須另行添設等情，移由福建布政使慶端、

兼署按察使事督糧道尚阿本覆核無異，會詳請奏前來[5]。

福建巡撫徐繼畬具摺時亦稱，「興隆地方，原係鳳山舊治，此時縣城雖已移駐埤頭，而該處切近海濱，防禦之工，本不便輕議裁撤，況興隆與埤頭相距止十五里，原建石城即可為本地之保障，且足為埤頭之外衛。現在埤頭地方，既據該鎮道等查明舊有竹城極為鞏固，祇須加築土垣，即可藉以捍衛，自無須改建石城，亦不必將興隆舊城移建埤頭，仍責成該縣隨時補種新竹，以期日益周密。」興隆石城雖未移埤頭，但由於鳳山縣治遷回埤頭，使興隆舊城從此以後就更傾圮了。

鳳山縣所轄瑯𤩝，地勢險要。雍正初年，福建臺灣鎮總兵官林亮即曾議及開放瑯𤩝的禁令。福建巡撫毛文銓具摺奏稱：

> 近閱林亮來咨，欲開瑯𤩝之禁，而移巡檢於崑麓，並設汛兵於社藔港及開墾生番鹿場數事。查瑯𤩝鳳山縣所轄，險要之區也，移巡檢設汛兵，林亮因欲弛禁，故特移設，以防之也[6]。

同治末年，因琉球事件，日人窺伺臺灣。同治十三年（1874）四月，清廷命沈葆楨巡視臺灣，兼辦各國通商事務。沈葆楨為鎮撫臺民，並消除窺伺，決定在瑯𤩝築城設官。同年十二月十三日，沈葆楨帶同臺灣府知府周懋琦等由臺灣府城起程，前往履勘瑯𤩝形勢。次日，抵鳳山。十五日，宿東港。十六日，宿枋寮。十七日，宿風港。十八日，抵瑯𤩝，

---

5 《月摺檔》（臺北，國立故宮博物院），咸豐元年二月十一日，兼署閩浙總督福建巡撫徐繼畬奏摺抄件。

6 《宮中檔雍正朝奏摺》，第五輯（民國六十七年三月），頁832。雍正四年四月二十一日，福建巡撫毛文銓奏摺。

宿車城，接見夏獻綸、劉璈，得知已勘定車城南十五里的猴洞，可以作為縣治。沈葆楨具摺指出：

臣葆楨親往履勘，所見相同，蓋自枋藔南至瑯𤩝，民居俱背山面海，外無屏障。至猴洞忽山勢迴環，其主山由左迤趨海岸而右，中廓平埔，周可二十餘里，似為全臺收局。從海上望之，一山橫隔，雖有巨砲，力無所施，建城無踰於此。劉璈素習堪輿家言，經兼審詳，現令專辦築城建邑諸事。惟該處不產巨〔石〕，且無陶瓦，屋材甎甓，必須內地轉運而來，匠石亦宜遠致。所用城地已墾城〔成〕田，不能不給價，以卹貧戶，未免繁費，惟有囑委員等核實估計，不得虛糜，縣名謹擬曰恆春[7]。

沈葆楨履勘後指出自枋寮至瑯𤩝，都是背山面海，外無屏障，而猴洞地方，則山勢迴環，為全臺收局，最適宜築城建邑。沈葆楨所擬定的縣名稱為「恆春」，先設知縣一員，審理詞訟，並撥給親勇一旗，以資號召。

臺灣中路水沙連，共有田頭、水裡、貓蘭、審鹿、埔里、眉裏六社，同光年間，西方人時往遊歷，照相繪圖，並建教堂。美國駐廈門領事恆禮遜亦曾親往水沙連遊歷多日，並以衣食物件贈送原住民，被地方大吏指為「居心叵測」，經沈葆楨奏准將臺灣北路同知改為中路同知，移駐水沙連等處。丁日昌奏請在水沙連建城設官。其原摺有一段內容云：

臣察看該處山水清佳，土田肥美，內地居民爭往開墾，無俟招徠，不比後山煙瘴闢地為難，且居前後山之中，形勢險要，目前生聚漸繁，實可添設一縣，應否仍照

7 《月摺檔》，光緒元年正月十二日，沈葆楨等奏摺抄件。

原議，抑須酌量改設，當詳加查勘，再行奏明辦理。該社左右，數年前業已建設教堂三處，洋人輒謂此地未經中國管轄，垂涎尤甚，是則建城設官一節，殊不可緩。但需費浩大，籌措甚難。臣現擬於該社緊要適中之地先行築一土城，派官駐紮，並分兵防守，兼募民栽種竹樹，以固藩籬，再將應辦各事次第圖維，以為先發制人之計[8]。

水沙連築城設官，就是保衛疆土，以固藩籬的重要措施。

清廷領有臺灣後，臺灣的發展方向，由南向北，確實是重南輕北。但由於北部荒壤日闢，口岸四通，同治末年統計臺北戶口已達四十二萬之多，沈葆楨鑒於外防內治政令難周，而於光緒元年（1875）七月奏請建立臺北府治，以統轄一廳三縣，其原因有一段內容云：

伏查艋舺當雞籠龜崙，而大山前之間，沃壤平原，兩溪環抱，村落衢市，蔚成大觀，西至海口三十里，直達八里坌、滬尾兩口，並有觀音山、大屯山以為屏障，且與省城五虎門遙對，非特淡、蘭扼要之區，實全臺北門之管〔鑰〕，擬於該處創建府治，名之曰臺北府[9]。

臺灣建省後，關於省會的建置經過，也經過詳細討論。國立故宮博物院典藏《軍機處檔・月摺包》含有福建臺灣巡撫邵友濂等奏陳〈臺灣省會移設臺北府城〉一摺，其原摺有一段內容云：

查臺灣分治之初，經前撫臣劉銘傳會同前督臣楊昌濬奏請以彰化縣橋孜圖地方建立省城，添設臺灣府臺灣

8 《月摺檔》，光緒三年三月二十五日，丁日昌奏片抄件。
9 《月摺檔》，光緒元年七月十四日，沈葆楨等奏摺抄件。

> 縣，以原有之臺灣府改為臺南府，臺灣縣改為安平縣。建議之始，原為橋孜圖當全臺適中之區，足以控制南北，且地距海口較遠，立省於此，可杜窺伺，意識深遠。惟該處本係一小村落，自設縣後，民居仍不見增，良由環境皆山，瘴癘甚重，仕宦商賈託足為難，氣象荒僻，概可想見。況由南北兩郡前往該處，均非四、五日不可，其中溪水重疊，夏秋輒發，設舟造橋，頗窮於力，文報常阻，轉運尤艱。臺中海道淤淺，風汛靡常，輪船難於駛進，不獨南北有事，接濟遲滯，即平日造辦運料，亦增勞費，揆諸形勢，殊不相宜。且省會地方，壇廟衙署局所在所必需，用款浩繁，經費又無從籌措，是以分治多年，迄未移駐，該處自今以往，亦恐舉辦無期。臣等督同臺灣司道詳加審度，亟宜籌定久遠之計，似未便拘泥前奏，再事遷延。查臺北府為全臺上游，巡撫、藩司久駐於此，衙署庫局，次第麤成，舟車多便，商民輻輳。且鐵路已造至新竹，俟經費稍裕，即可分儲糧械，為省城後路，應請即以臺北府為臺灣省會[10]。

清廷以臺北府城為臺灣省會，可以說明臺灣發展史由南向北的過程，光緒年間，臺北成為重要的移墾重心，主要是由於地理形勢及地利條件所形成。國立故宮博物院典藏《宮中檔》硃批奏摺、《軍機處檔・月摺包》奏摺錄副、《月摺檔》等等，對研究臺灣築城問題，提供了價值較高的重要直接史料，都是探討臺灣發展史的珍貴檔案文獻。

10 《軍機處檔・月摺包》第 2729 箱，42 包，130888 號，光緒二十年正月二十五日，邵友濂奏摺錄副。

奏

巡視臺灣監察御史臣禪濟布謹

奏為

奏

聞事竊臣一介庸愚蒙

皇上天恩

特命巡視臺灣海疆要地時切冰兢惟思勉竭駑鈍

仰報

皇恩於萬一茲臣查閱郡治自荷

國恩休養至今生聚日繁閭閻稠密而背山向海

一望曠遠既為四方雜處之區乃無一尺藩籬

之衛奸良來往下手稽防倉庫監獄更關重大

臣再四思維乃與陞任監察御史臣丁士一鎮

臣林亮臺廈道臣吳昌祚公同確商建城則工

料浩繁壘土又沙浮易陷臣等籌酌樹以木柵

其基三面環山周經壹千捌百丈每丈木植釘

鐵灰土人工料估用銀肆兩木長壹丈陸尺下

栽肆尺用石灰沙泥填築以禦水氣以杜蟻蛀

木杪上頂釘以鈎釘用木板上中下橫連叁道

大鐵釘釘固每隔肆拾丈蓋小望樓壹座上安

砲壹位撥兵丈守於要衝之處開闢四門各蓋

高大門樓壹座安設砲位木柵之西兩頭俱抵

海邊各設砲位千把總輪值以司啓閉以固屏

障臣與陞任御史臣丁士一鎮臣林亮臺廈道

臣吳昌祚暨各文武并胥役協力公捐僱擬闔

郡紳衿士庶人等咸係臣等籌畫實為地方即

有垣籬民吏安業相率環晉籲請捐輸又據臺

灣縣知縣周鍾瑄詳同前由士民皆懽忻踴躍

自壹貳尺起以至壹貳丈不等並無抑派樂願

捐備今據臺廈道吳昌祚擬擇本月貳拾柒日

興工仍經報明督撫并委臺灣縣知縣周鍾瑄

總董其事經理收支召匠購料工完造冊報銷

外所有建築木柵情由理合繕摺

奏

聞謹

奏

兩年來臺灣文武官弁與禪濟布等皆實心任事即此建築木柵一事籌畫甚為妥當深屬可嘉著將捐內有名官弁該部議敘具奏

雍正叁年叁月　陸　日監察御史臣禪濟布

《宮中檔》，臺北，國立故宮博物院，雍正三年三月十六日，禪濟布奏摺

兼署閩浙總督福建巡撫臣徐繼畬跪
奏為查明鳳山縣治移駐埤頭毋庸改建石城興隆舊城亦
無須另行分防恭摺覆
奏仰祈
聖鑒事竊查台灣鳳山縣城原建於興隆里地方乾隆五
十一年奏請移駐埤頭插竹為城嗣因埤頭距海較
遠又於嘉慶十一年奏請移回興隆舊治旋復奏明
查照舊城基址移向東北建築石城迨道光二十七
年前督臣劉韻珂渡台閱伍因該縣紳耆士庶聯名
呈叩各以興隆里舊城地勢如釜居民咸苦卑濕懇以埤
頭作為縣治當查埤頭居民八千餘戶興隆居民不過
五百餘家因興隆僻處海隅規模狹隘埤頭地當中
道氣局寬宏而鳳山文武員弁又向在埤頭駐劄体
察與情揆度形勢均當以埤頭為鳳山縣治遂會同
臣 奏懇仍援前
欽差大學士公福康安奏請移駐之案即將鳳山縣城移駐埤
頭俾免遷移而資控扼經軍機大臣會同兵部照例核
覆並令將埤頭地方應否改建石城興隆舊城應否另
行分防詳慎妥議次第奏辦等因於道光二十七年
十一月十二日具奏奉
旨依議欽此欽遵轉行到閩當經劉韻珂檄行台灣鎮道妥議
籌辦去後茲據台灣鎮呂恒安台灣道徐宗幹督同台
灣府裕鐸查明埤頭種竹為城歷時已久根本既極堅
茂枝葉亦甚蕃衍其城身之鞏固實不下於石城若復
改建磚石城垣則所需工費計甚不貲若將興隆原有
石城移建埤頭則多年料物一經拆卸又未必全行合
用似不若於竹城之內再行加築土垣藉資捍衛其所
需土垣經費即由該官紳等自行捐辦無庸動項至興
隆地方原有巡檢一員把總一弁駐劄分防亦無須另
行添設等情移由福建布政使慶端兼署按察使事督
糧道尚阿本覆核無異會詳請
奏前來臣查興隆地方原係鳳山舊治此時縣城雖已移駐
埤頭而該處切近海濱防禦之工本不便輕議裁撤況興
隆與埤頭相距止十五里原建石城既可為本地之保障
且足為埤頭之外衛現在埤頭地方既據該鎮道等查
明舊有竹城極為鞏固祇須加築土垣即可藉以捍衛
自無須改建石城亦不必將興隆舊城移建埤頭仍責
成該縣隨時補種新竹以期日益周密至興隆地方烟
戶本屬無多既有巡檢把總在彼駐劄足資彈壓巡防
自可仍循其舊無庸另議紛更惟據稱加築土垣經費
由該官紳等自行捐辦應即責成該鎮道府督同該縣
妥為勸捐趕緊興築不准稍有抑勒亦不得稍任草率
仍於工竣後由該鎮道府核實驗收具報除咨吏兵二部
外所有查明鳳山縣新舊二城無庸改建分防各緣由理
合恭摺覆
奏伏乞
皇上聖鑒訓示再福建巡撫係臣本任無庸會銜合併陳明謹
奏
咸豐元年二月十一日奉
硃批知道了欽此

《月摺檔》，臺北，國立故宮博物院，咸豐元年二月十一日，
余繼畬奏摺抄件。

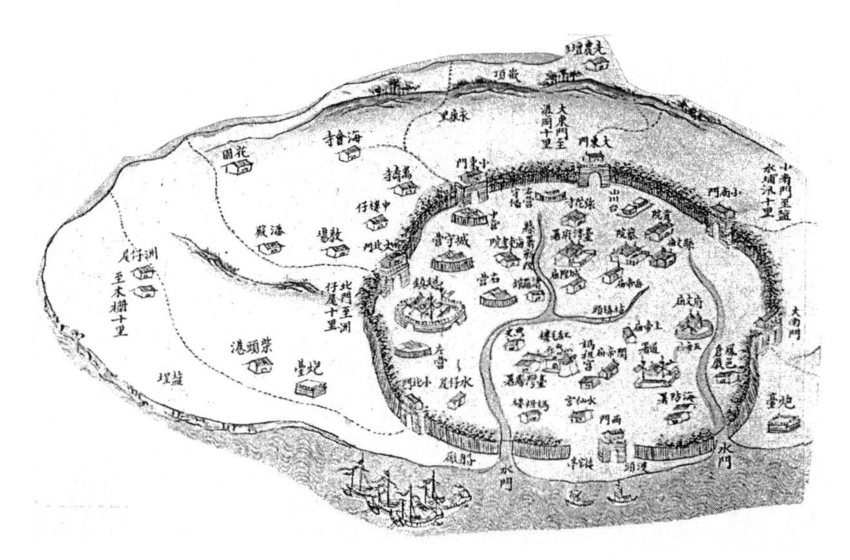

乾隆年間臺灣府城示意圖

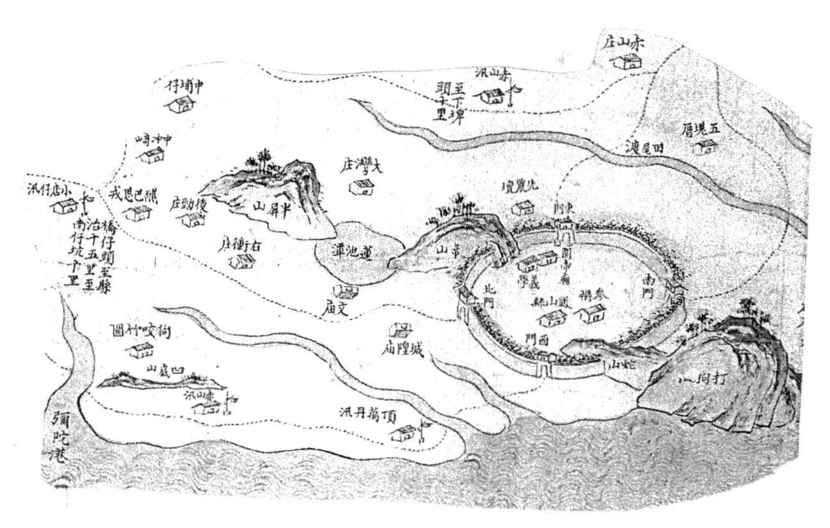

乾隆年間鳳山縣城示意圖

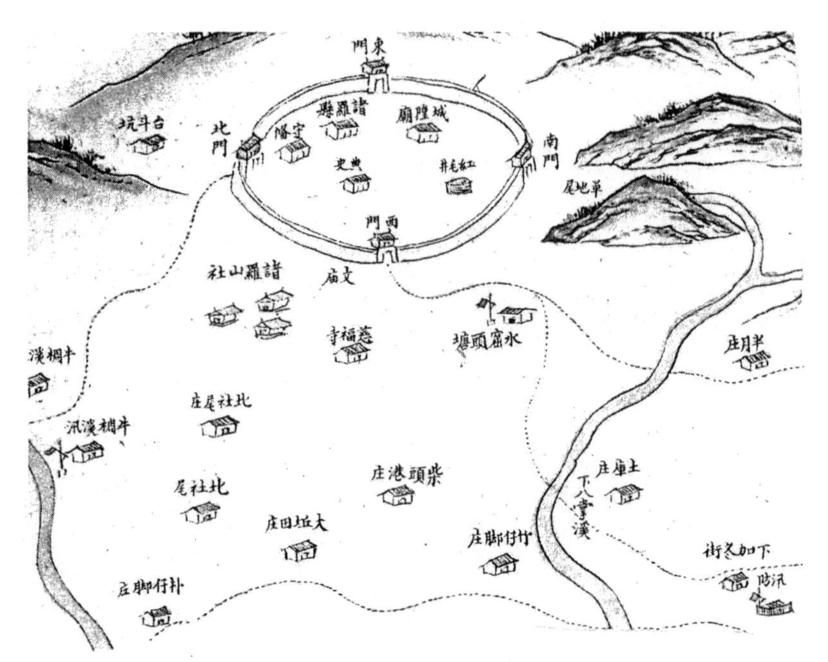

乾隆年間諸羅縣城示意圖

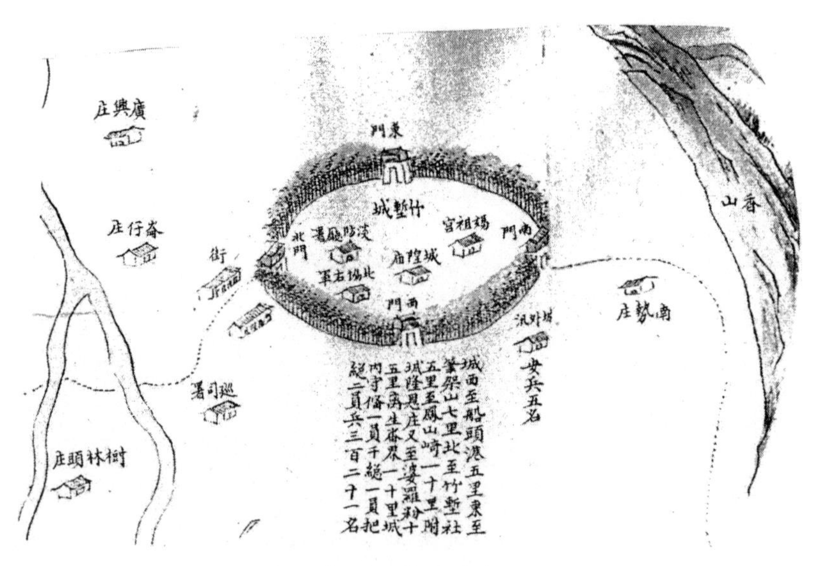

乾隆年間竹塹城示意圖

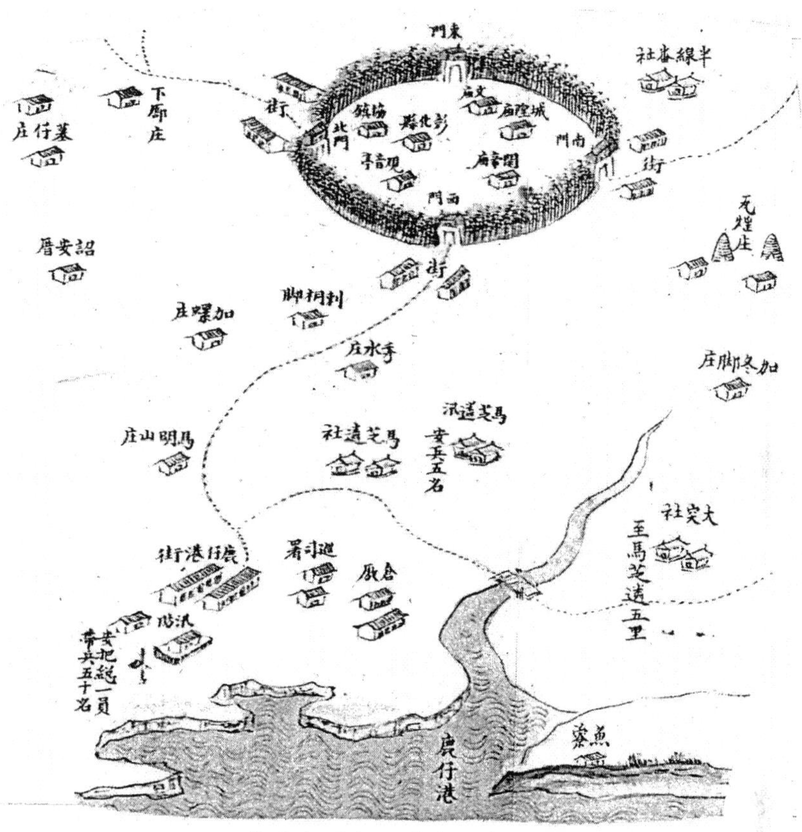

乾隆年間彰化縣城示意圖

港口分布

——從故宮檔案看清代臺灣港口的滄桑

檔案資料是一種直接史料，檔案資料的發掘與整理，可以帶動歷史的研究。有清一代，檔案資料，品類繁多，數量龐大，近數十年來，由於檔案資料的不斷發現與積極整理，使清代史的研究，逐漸走上新的途徑。清代臺灣史是清代史的一部分，探討清代臺灣史，必須熟悉清代歷史，具備清代歷史的研究條件，尤其是熟悉清代檔案資料，就是探討清代臺灣史的主要途徑。

國立故宮博物院現藏清代檔案，共約四十萬件，其中《宮中檔》硃批奏摺，《軍機處檔‧月摺包》奏摺錄副、咨文，《月摺檔》、《廷寄檔》、《外紀檔》，《洋務始末》及內務府臺灣輿圖等等，對臺灣史的研究，都提供了極為珍貴的研究資料。其中硃批奏摺、奏摺錄副等資料的來源，主要是來自各省外任官員的奏摺及其錄副存查的抄件，含有相當豐富的地方史料，對區域史或地方史的研究，都可提供較原始的直接史料。其中閩浙總督、福建巡撫、福州將軍、閩海關稅務監督、福建布政使、福建水師陸路提督、福建臺灣鎮總兵官、巡視臺灣監察御史給事中等文武官員的奏摺原件及各式副本抄件，含有頗多涉及清代臺灣史究的檔案資料，本文僅就故宮檔案中所見清代臺灣沿海港口的地理變遷，各港口在清代歷史上所扮演的角色，進行浮光掠影的探討。

從輿圖的繪製看臺灣地理的特徵

臺灣沿海港口的分佈及其變遷，都和臺灣的地理特徵有著密切的關係。清廷領有臺灣後，閩浙總督、福建巡撫、巡臺御史、提督及總兵官等文武大員，多曾實地勘查臺灣南北路，從他們進呈的奏摺等文書，可以了解臺灣沿海港口的分佈。福建巡撫丁日昌具摺時，曾把臺灣的地形，比喻為一條魚。他在原摺指出，「臺灣地勢，其形如魚，首尾薄削，而中權豐隆。前山猶魚之腹，膏腴較多，後山則魚之脊也[1]。」就臺灣港口的分佈而言，主要分佈於前山沿海。對照清朝繪製的輿圖，也有助於認識臺灣港口的位置及其變遷。

國立故宮博物院現藏巨幅臺灣輿圖，包括：《臺灣略圖》二幅，《臺灣附澎湖群島圖》、《臺灣地圖》各一幅。其中《臺灣略圖》滿、漢文箋注各一幅，縱一二七公分，橫一二三公分，俱為紙本墨繪，其繪製時間的下限，約在康熙二十年（1681）。圖中所繪地區，限於臺灣南部鹿耳門港航道、赤磡城及承天府一帶地形。原圖繪明鹿耳門港海口及安平港的地理位置，並粘簽說明港口情形。譬如原圖所繪安平港箋注云：「此港極深，從來過臺灣，皆由此港入，至城兜方進入赤磡城前拋泊，地名一崑身。」原箋所注「一崑身」，即一鯤身，康熙年間，安平港極深，船隻駛入一鯤身拋泊，由一鯤身可以到赤磡城。原圖所繪鹿耳門港，粘簽注明入鹿耳門由此港，此港原衹有七尺深，鄭成功過臺灣時，其港底之沙流開，則有一丈七尺深，所以大船得由此港而進，今港底之沙復填塞，

---

1 《月摺檔》（臺北，國立故宮博物院），光緒三年三月二十五日，福建巡撫丁日昌奏摺抄件。

依舊七尺深。原圖滿漢文箋注標明承天府為總地號，無城郭，駕船登岸，就是大街市，官員都住在兩邊街上，其地皆沙，並無山石樹林。

現藏《臺灣圖附澎湖群島圖》一幅，縱六三公分，橫七七二公分，圖像式紙本彩繪，是雍正年間（1723-1735）繪製的臺灣全圖。其圖例方位，是前西後東，左北右南。原圖繪明南起沙馬磯頭，北迄雞籠社，凡山川、港口、礮臺、縣城等等，俱逐一標明，南詳北略。原圖繪明安平城在一鯤身北端，濱臨大港，港北為北線尾，過安平大港即至紅毛樓。雍正年間，鳳山縣境內的打狗港，位於打狗山下，打狗港即因打狗山而得名。除打狗山外，又有歧後山，因打狗港距離歧後山不遠，所以打狗港又有歧後港之稱。後來歧後山又作旗後山或旂後山，歧後港又作旗後港或旂後港。

現藏《臺灣地圖》一幅，縱四六公分，橫六六七公分，圖像式紙本彩繪，其繪製時間的下限約在乾隆五十一年（1786）十一月林爽文起事以前。其圖例方位也是前西後東，左北右南，自南至北，詳繪各域邑、港口等等。其中前山海岸的港口，由南而北，分別為瑯璠港、風港、大崑鹿溪口、放縤港、茄藤港、安平港、鹿耳門港、蟯港、含西港、歐汪港、井水港、蚊港、龜仔港、樣槨港、猴樹港、笨港、海豐港、三林港、二林港、鹿仔港、水裡港、大甲溪口、雙寮溪口、中港溪口、鹽水港、油車港、船頭港、紅毛港、八尺門港、八里坌海口等港口。原圖標明大甲溪口南風之時船隻可寄泊。雙寮溪口不能泊船，後壠港潮滿七、八分船隻方能出入，中港溪口也是潮滿七、八分時船隻方能出入。中港溪口以北的鹽水港是一個小港，船隻不能出入，竹塹沿海的油車港，船隻也不能出入。油車港以北的船頭港潮滿時船隻方可進港，樹林仔以北的紅毛港潮滿七、八分時船隻方可出入。八尺門港昔年為紅毛船出入，港有一箭之寬，港水甚清，常見五色魚。蛤仔蘭內有三十六社，漢人貿易，由社船南風入，北風起則回。崇爻山為臺灣後山，山內有十二社，漢人貿易也有社船一隻，乘南風而入，北風起則回。

清朝文武大員巡視臺灣南北路時，沿海港口的視察，也是重要的職責。例如乾隆十七年（1752）福建臺灣鎮總兵官陳林每具摺奏報查看臺灣北路沿海港口行程。其原摺指出，「過大肚溪而至大甲溪勘閱大安港，而至呑霄、後壠港、中港、大溪乾，復由霄裡、尖山而入淡水之拳頭母山，各社通事土目番壯前來迎接，均各如前勸諭犒賞，奴才復由八里坌營盤沿海巡回，於此十二月二十八日到署[2]。」各港口俱安靜無事。

福建內地兵糧民食積儲，多取給於臺灣米穀，因此，輓運轉輸臺灣米穀的活動，頗受福建督撫的重視。乾隆二十年（1755）三月二十六日，閩浙總督喀爾吉善具摺指出臺灣港口對轉運米穀的重要作用。其原摺有一段論述如下：

> 臺郡東逼崇山，西臨大洋，南北綿亘幾二千里。郡治為中權，附郭惟臺灣一縣，北為諸羅、彰化二縣，淡水一廳，南為鳳山一縣，雖處處濱海，沿邊皆有沙線阻隔，橫洋巨艦不能直達各廳縣境，即北路有淡水一港，可通巨艦，亦離淡水廳幾二百里，且屬禁港，不

2 《宮中檔乾隆朝奏摺》，第四輯（臺北，國立故宮博物院，民國 71 年 8 月），頁 699。乾隆十七年十二月二十九日，福建臺灣鎮總兵官陳林每奏摺。

許商艘往來貿易，以故南北路廳縣所產米穀必從城鄉車運至沿海港口，再用䑸仔杉板等小船由沿邊海面運送至郡治鹿耳門內，方能配裝橫洋大船轉運至廈，此即臺地所需之小船車工運腳，不特官運米穀為然，即民間貨物米穀，亦復如此轉運，此蓋臺郡天險所限，惟鹿耳一門郡治之咽喉，全臺之門戶也[3]。

由引文內容可知清初以來，臺灣各廳縣境內的米穀是從城鄉用車運送到沿海港口，再用杉板等小船運送至鹿耳門港配裝橫洋大船，然後轉運到廈門。閩浙總督喀爾吉善等人認為臺灣米穀貨物無論官方或民間，都由鹿耳門一港轉運的主要原因，是由於鹿耳門港為臺灣郡治的咽喉，也是全臺的門戶。淡水一港，雖然可通巨艦，但因淡水港是禁港，不許商船往來貿易，所以南北路所產米穀，都集中於鹿耳門港配船內渡。

從偷渡案件看臺灣港口的地理分佈

臺灣與閩粵內地，一衣帶水，內地民人迫於生計，多冒險渡臺墾荒種地或貿易生理。按照定例，內地過臺人等，俱應在地方官衙門呈明緣由，請領照單，始准配渡[4]，並限於由鹿耳門港登岸，稱為官渡，無照私渡，則懸為厲禁。但因官渡積弊叢生，窮苦小民多無照私渡。由於福建內地沿海及臺灣西海岸港汊紛歧，稽察不易，以致偷渡盛行。例如福寧府屬的南鎮，興化府屬的涵江，泉州府廈門的大小擔，漳州府屬的烏嶼，海澄縣的梓林港，澄海縣的溪東港，詔安縣西澳

3 《宮中檔乾隆朝奏摺》，第十一輯（民國 72 年 3 月），頁 79。

4 《清宮月摺檔臺灣史料（一）》（臺北，國立故宮博物院，民國 83 年 10 月），頁 34。道光十八年閏四月初六日，浙江監察御史郭柏蔭奏摺抄件。

松柏門港等港口，都可私渡出海。此外小口尚多，例如安海、青峙、涪峙、赤碼、檳榔峙、劉五店等口岸，也是稽察不易的出海小港。船隻由廈門大擔正口出海者，多屬船主舵工，他們計圖漁利，常招引無照偷渡頂冒水手，潛往臺灣。其由青峙、涪峙、赤碼等小港出海者，是由各地客頭所包攬的偷渡客。各地客頭先在海澄、龍溪、詔安等處招攬，聚集小船，由石碼等處潛至廈門，乘夜載赴大船出海，抵達臺灣西海岸後，隨處都可上岸。協辦大學士福康安等具摺時已指出：

> 查臺灣全郡沿海鹿耳門、鹿仔港，係南北要口，商民船隻出入，例應掛驗稽查，現擬新設之八里坌海口，亦應一體辦理，其餘港口如淡水之八尺門、中港、後壠港、大安港，彰化之海豐港、三林港、水裡港，嘉義之虎尾溪、八掌溪、笨港、猴樹港、鹽水港、蚊港、含西港，鳳山之竹仔港、東港、打鼓港，皆可容小船出入，無照客民偷渡來臺灣者，多在各處小港登岸。原設防守汛兵，因塘汛傾圮，營制廢弛，並不各歸汛地，甚或得賄縱容，任聽出入，以致游民私渡日多[5]。

康熙年間，清廷領有臺灣之初，即開鹿耳門一口，以對渡廈門。乾隆四十九年（1784），經福州將軍覺羅永德條奏，議准添設鹿仔港，以對渡蚶江，由理番同知與安平左營守備管理，船隻出入，多帶米石，需給陋規番銀[6]。除福康安所列舉的偷渡港口外，其他小口如淡水廳境內的吞霄、竹塹、南崁，彰化縣境內的二林港，嘉義縣境內的布袋澳，鳳山縣境

5 《宮中檔乾隆朝奏摺》，第六十八輯（民國 76 年 12 月），頁 219。乾隆五十三年五月初九日，福康安等奏摺。

6 《清代臺灣檔案史料全編》（北京，學苑出版社，1999 年 7 月），第九冊，頁 1903。

內的茄藤港、萬丹港等港口，均可上岸，有的港口可容哨船進出，有的可容艕仔小船或杉板船出入。康熙五十年（1711）三月，臺灣府知府周元文已指出，商船或哨船多將無照之人偷渡來臺，其自廈門出港，俱用小船載至口外僻處登舟，偷渡到臺後，亦用小船在鹿耳門港外運載至安平港登岸，以致臺廈兩同知稽查莫及[7]。

短擺和杉板，都是偷渡的工具，從廈門至大擔門外以及從澎湖至臺灣，都可用杉板小船，但從大擔門至澎湖一段洋面，因水寬浪大，杉板小船不敢行走，必須用大船方能渡過，這種大船稱為短擺，既不到臺灣掛號，又不到廈門掛號，終年逗遛澎湖，往來於大擔門外，若有廈門店家客頭包攬福建或廣東無照偷渡之人即用杉板小船裝載，不入鹿耳門正口，而從北路笨港、鹿仔港一帶幽僻無人之處上岸，然後散入臺灣各地[8]。乾隆二十八年（1763），有福建侯官縣武進士林上苑由祖籍漳州赴廈門欲往臺灣祭祖掃墓，並取回父遺帳目。閩縣人鄭桂因貧窘無聊，意欲渡臺謀生，林上苑即頂船戶林得意名字，鄭桂頂水手鄭發姓名，由李老管駕出海。林上苑等共給李老船租番銀十四圓，伙食費銀四圓，俱未請官給照。同年五月二十日，由大擔門掛驗出口，因風信不順，候至六月初一日放洋。六月十一日，在洋遭風，斷桅折舵，隨風飄至八里坌海口，於六月十五日收港登岸後被捕[9]。福建同安縣

7　周元文修《臺灣府志》，見《臺灣叢書》，第一輯（臺北，國防研究院，民國 57 年 10 月），第一冊，頁 124。

8　《宮中檔雍正朝奏摺》，第六輯（民國 76 年 4 月），頁 524。雍正四年九月初二日，閩浙總督高其倬奏摺。

9　《宮中檔乾隆朝奏摺》，第十九輯（民國 72 年 11 月），頁 657。乾隆二十八年十一月二十一日，閩浙總督楊廷璋奏摺。

人洪則，向在臺灣居住，曾充海船水手。乾隆五十二年（1787）九月，洪則因無人傭僱，回到內地，與素識的許光托等商允，各出番銀五十圓，買得無照商船一隻，每人又另外各出番銀六圓，置買乾魚、瓜子等貨物赴臺售賣，於同年十月二十日由大嶝港放洋。六月十一日抵達臺灣彰化番仔垵收泊，將貨物陸續賣完。因臺灣並無所需貨物可買，洪則起意攬載內渡，隨後招引許義等十九名上船，但船隻尚未放洋，洪則等人都被巡海兵役在番仔垵港口查獲[10]。

林爽文起事以後，因嚴查逃犯，所以查出偷渡案件多起，除船戶洪則私攬臺地民人無照內渡一案外，福康安等又拏獲船戶李淡包攬民人由內地偷渡來臺等案件。李淡是福建晉江縣人，向來開設布舖，因生意平常，久經歇業。乾隆五十二年（1787）八月，李淡探知縣民周媽益有照商船一隻，無力出海，遂與素識的蔡水商允合租駕駛，將商船寄泊井尾外海，意欲置貨運赴臺灣售賣，因停泊多日，資本不足，李淡遂起意偷渡獲利。隨後招攬張桃等人，除幼孩十五名不取船價外，其餘男婦各給錢五、六百文不等，共得錢一百三十六千百文，共載男婦幼孩二百四十四人，即於八月二十三日放洋，無照偷渡臺灣。原來計劃駛至臺灣北路五條港僻處登岸，但因八月二十五日忽起大風，船隻飄擱鹿耳門汕外，次早被汛弁拏獲[11]。

海豐港也是偷渡港口，乾隆五十四年（1789）閏五月初一、初三、初十、十一等日，先後有偷渡船四隻到海豐港上

10 《宮中檔乾隆朝奏摺》，第六十七輯（民國 76 年 11 月），頁 658。乾隆五十三年三月二十八日，福康安等奏摺。

11 《宮中檔乾隆朝奏摺》，第六十六輯（民國 76 年 10 月），頁 592。乾隆五十二年十二月初七日，福康安等奏摺。

岸，由文口書辦方大義帶領船戶到汛，向汛弁外委歐士芳交過番銀七十圓，歐士芳及兵丁劉國珠等得贓後，將各船先後縱放出口[12]。大安港在淡水廳境內，也是偷渡港口。王英貴一船為其妹夫林歐在澄海縣租賃柳阿四單桅商船，林歐將船隻牌照交給王英貴管駕。乾隆五十四年（1789）四月十五日，王英貴將空船從澄海縣溪東港私行出口。四月二十五日，駛至詔安縣西澳松柏門港，招攬客民八十名。閏五月初八日晚，在松柏門港偷渡出口，接客上船，內含婦女幼孩二十餘人。閏五月十五日，抵達大安港。次日黎明，水手蔡二用杉板小船載客登岸，被守口兵役拏獲。王英貴見蔡二被捕，急忙將船隻駕逃。閏五月十八日，到大雞籠港時被兵役盤獲[13]。

水裡港在彰化縣境內，兵役收賄縱放偷渡人犯的弊端，亦極嚴重。乾隆五十四年（1789）五月間，福建人林紹聚與崔阿駱租賃鄭阿耍漁船一隻，攬載客民二十八人，於同年閏五月初八日在海澄縣梓林港海邊出口。閏五月十二日到臺灣水裡港。林紹拿了番銀上岸去同汛兵商量賣放客民上岸，遇見兵丁鍾朝英，同他商量。隨後又有兵丁鄭保生、口書曾成，彰化縣差役郭財、黃佑走來，向林紹聚索賄，若無銀錢給他們，即將稟報。兵丁鍾朝英教林紹聚取銀交由鍾朝英分給鄭保生等共四十五圓。隨後又有臺防廳差役陳進趕來要去番銀十六圓。客民上岸後，兵丁鍾朝英催趕林紹聚出港，林紹聚即將船隻放出外洋。因閏五月二十四日遭遇颶風，原船又飄回水裡港海口收泊，遂為兵役拏獲。南崁港在淡水廳境內，

12 《宮中檔乾隆朝奏摺》，第七十三輯（民國 77 年 5 月），頁 520。乾隆五十四年九月二十六日，福建臺灣鎮總兵官奎林奏摺。

13 《宮中檔乾隆朝奏摺》，第七十三輯，頁 826。乾隆五十四年十月二十八日，奎林奏摺。

乾隆五十四年（1789）五月，民人林榜與洪薦合置漁船一隻，招攬偷渡客三十六人，於閏五月二十八日由馬巷廳所轄劉五店港口出海，接引偷渡客上船。六月初四日，抵達南崁港外海，用杉板小船先載男婦上岸。林榜又到南澳海邊僻處送客民上岸，當場被兵役拏獲。船戶余雄英招攬偷渡客共四十四人，於同年閏五月二十六日晚在澄海縣梓林港上船，連夜偷放出口。六月二十一日，抵達淡水廳所轄大安港海口時，即被巡海兵役拏獲。

乾隆五十四年（1789）三月初，民人許旺與謝發商議向林炎租賃小商船一隻，領有馬巷廳牌照。許旺起意攬客偷渡，謝發允從。許旺攬得洪點等客民七人，謝發攬得客民十八人。是年三月初三日，許旺等由馬巷廳劉五店汛空船出口，接引客民上船。三月十五日晚到彰化縣黃衙港海邊，客民同謝發上岸，洪點因害病在船，許旺將船駛在洋面遊移。次日，許旺等被兵役拏獲[14]。

乾隆初年以來，偷渡盛行，八里坌、番仔垵、五條港、海豐港、大安港、大雞籠港、水裡港、南崁、黃衙港等海口，偷渡案件層出不窮。

從拓墾重心的北移看八里坌海口的正式設立

在林爽文事變發生以前，臺灣北路洋面是禁止商船和漁船航行的。乾隆初年，福建水師提督李有用等具摺奏稱：

> 臺灣北路洋面，原屬禁地，內地商漁，概不許赴北路港澳收泊貿易採捕，止准臺地小船往來鹿耳門載運貨物，並北路額設社船十隻，每年自十月為始，往來廈

14 《宮中檔乾隆朝奏摺》，第七十三輯，頁 827。乾隆五十四年十月二十八日，奎林奏摺。

門貿易數次，歲底即行停止。其臺廈往來客商貨船，亦從不令赴北路貿易，惟風色不便，亦有經過北路洋面赴廈赴臺者[15]。

由於北路洋面屬於禁地，因此，商漁船隻，禁止在北路港澳收泊貿易採捕。林爽文起事以後，為採取三路並進的戰略，清軍分由鹿耳門、鹿仔港與淡水八里坌海口登陸臺灣。因鹿仔港逼近大里杙，福建內地蚶江對渡鹿仔港的海道，又已開發通航，所以官兵多由鹿仔港上岸。例如藍元枚於乾隆五十二年（1787）五月初七日配船東渡，於五月二十二日到鹿仔港。同年八月初二日，署廣東左翼總兵官李化龍帶兵二千名自黃崗起程。八月初七日，至福建廈門。次日，登舟候風。八月十五日，出口放洋，因風向不順，於八月二十五日始至鹿仔港。李化龍所帶領的官兵於九月初四日陸續到齊登岸。協辦大學士福康安等帶兵進剿林爽文時，聲稱由鹿耳門前進，臨時卻諭知船戶，令其直赴鹿仔港，使林爽文猝不及防，就是聲東擊西之一法。同年十月十一日，福康安等人在大擔門配渡後即被風打回。十月十四日，得有順風，福康安放洋出海。十月二十三日，因風信強烈，收入崇武澳停泊守風。十月二十八日，風勢漸轉，即於同日申時放洋東渡。十月二十九日申刻，福康安等抵達鹿仔港海口，因潮退不能上岸，候至十一月初一日清晨始登岸。由於五虎門至八里坌海口水程較近，為配合三路夾擊的策略，內地兵丁於五虎門放洋後，即徑渡八里坌海口上岸。例如副將徐鼎士帶領官兵於乾隆五十二年（1787）正月初八日由五虎門放洋後即駛往八

15 《宮中檔乾隆朝奏摺》，第四輯（民國 71 年 8 月），頁 442。乾隆十七年十一月二十一日，福建水師提督李有用等奏摺。

里坌海口，淡水義民蔡才等人即於八里坌對岸的滬尾地方雇覓小船接引徐鼎士等官兵上岸[16]。此外，軍需補給，亦多由八里坌轉輸。福康安具摺時亦稱：

> 淡水八里坌地方港口，距五虎門水程約六、七百里，逆匪滋事時，經臣徐嗣曾奏明派兵自五虎門放洋，直趨淡水，嗣後運往淡水之糧餉鉛藥，亦多由八里坌收口，一載以來，甚為利涉。該處港道寬闊，可容大船出入。從前即有商船收泊該處載運米石，管口員弁藉端需索，得受陋規之事，徒有封禁之名，毫無實濟。且淡水為產米之區，八里坌一港，又非偏僻港口僅容小船者可比。雖臺灣遠在海外，稽查奸匪，不可不嚴，而百餘年來，休養生息，販運流通，實與內地無異。小民等趨利如鶩，勢難禁遏，與其陽奉陰違，轉滋訛索，不若明設口岸，以便商民[17]。

五虎門對渡八里坌海口，水程較近，八里坌海口港道寬闊，淡水為產米地區，商船多收泊八里坌海口載運米石。福康安鑒於民食問題的迫切需要，為便利商船運輸米穀，而奏請將八里坌海口，明設口岸，以清私渡之源。乾隆皇帝批覽福康安奏摺後，諭令閩浙總督覺羅伍拉納、福建巡撫徐嗣曾等詳加體訪，並與水師陸路提督及臺灣鎮道等會同妥議，立定章程具奏。覺羅伍拉納等遵旨妥籌議奏。原奏首先指出內地生齒日繁，臺灣地土膏腴，易於耕作，無業貧民遂紛紛偷渡來臺。覺羅伍拉納等也指出渡臺民人，若由官渡，必須經

---

16 《清代臺灣檔案史料全編》，第五冊，頁 907。乾隆五十二年二月初四日，福建巡撫徐嗣曾奏摺錄副。

17 《宮中檔乾隆朝奏摺》，第六十八輯（民國 76 年 12 月），頁 218。乾隆五十三年五月初九日，福康安等奏摺。

官給照，難免守候稽延。渡臺民人請領護照，一經胥役之手，則不無掯索留難，遂有積慣船戶客頭於沿海小港私相招攬，每人不過番銀二、三圓，即可登舟開駕，以致私渡盛行。八里坌海口既明設官渡，一方面必須將給照之例量為變通，一方面將搭載之價加以限制。經覺羅伍拉納等議定，嗣後凡遇客民請照前赴臺灣，俱責令行保船戶開報姓名、籍貫、年貌、住址，前往臺灣何處？作何事業？逐一詳晰具結呈明各管廳員查驗屬實，立即給予執照放行，不許胥役藉端掯勒，一面行文臺灣各廳點驗入口，並移覆其出口之處。至於搭載之價，亦統一規定，由廈門至鹿耳門，因水程較遠，每名許收番銀三圓，由蚶江至鹿仔港，由南臺五虎門至八里坌，因水程較近，每名只許收番銀二圓。凡福建商船貨物及搭載民人出口，俱責成福防、廈防、蚶江三廳管理，會同守口汛弁驗放，迨至臺灣入口，又責成淡防、臺防、鹿港三廳會同營員稽查，其餘沿海口岸，概不許船隻私越。至於淡水八尺門，彰化海豐港，嘉義虎尾溪，鳳山竹仔港等處，因可容小船出入，另添撥汛防駐守，一體稽查辦理[18]。

淡水是產米地區，八里坌海口明設口岸，既可俯順輿情，又足以資民食，確實是商民稱便。乾隆五十四年（1789）十二月二十八日，閩浙總督覺羅伍拉納等人又議定八里坌對渡五虎門設口章程六條，議定八里坌對渡五虎門往回船隻，應歸福防同知專司查驗。閩縣所轄閩安、五虎二巡檢，分隸福防同知衙門就近差遣。八里坌新設港口，召募行保二名，於客民往來責令保結；選舉海保、口差各一名，來往巡邏；經

18 《宮中檔乾隆朝奏摺》，第七十四輯（民國77年6月），頁308。乾隆五十四年十二月初一日，閩浙總督覺羅伍拉納等奏摺。

書二名，查驗貨物，填寫照票，登掛出入，並設立小船，引帶商艘，渡臺商民就近給照，以從民便。淡水回棹船隻販運米石，每橫洋船一隻，准載米四百石，每安邊船一隻，准載米三百石，不准違例多帶[19]。

由於八里坌明設口岸，對渡五虎門，嗣後福建內地商哨船隻多從五虎門放洋，徑渡八里坌海口。王懿德在閩浙總督任內已具摺指出，臺灣澎湖孤懸海外，餉項最關緊要，向係調撥兵船，並由省城添委水師鎮將大員由廈門海口配渡，解往鹿耳門。但為求簡捷慎重，後來多由布政使訪令福防廳雇備商船裝載，由五虎門放洋，徑渡八里坌海口登岸[20]。

太平軍起事期間，臺灣沿海也受到小刀會滋擾。臺灣北路協副將呂大陞在臺服官二十餘年，對臺灣情形極為熟悉。咸豐三年（1853），呂大陞伴送琉球使臣由北京返回福州時，他表示願意馳回泉州原籍雇募鄉勇五百名帶領渡臺，聽候鎮道差遣。為避開太平軍，呂大陞即由五虎門配渡放洋，至淡水八里坌收口上岸[21]。

同治初年，彰化添弟會起事，臺灣道兼理學政丁曰健督同解餉委員及親軍人等搭乘輪船，他於同治二年（1863）九月初七日，從羅星塔登舟，九月初八日駛出五虎門口，九月初九日，收泊淡水的滬尾口登岸[22]。由於臺灣北部的積極開

19 《宮中檔乾隆朝奏摺》，第七十四輯，頁 528。乾隆五十四年十二月二十八日，閩浙總督覺羅伍拉納等奏摺。

20 《宮中檔》（臺北，國立故宮博物院），第 2709 箱，57 包，9945 號。咸豐八年十二月二十七日，閩浙總督王懿德奏摺。

21 《月摺檔》，咸豐三年六月十一日，福建巡撫王懿德奏摺抄件。

22 《月摺檔》，同治二年十一月二十二日，臺灣道兼理學政丁曰健奏摺抄件。

發，米穀產量，逐年增加，八里坌海口又明設口岸，商哨船隻來臺採購米穀，由八里坌海口徑渡五虎門，於是逐漸促成滬尾或淡水地區的繁榮，八里坌海口的正式設立，就是拓墾重心北移的結果。

臺灣港口與遭風海難船隻的救助

颶風或颱風是一種熱帶氣旋，船舶遭風沉沒以及船上人員財物的飄失淹沒所造成的災害，可以說是以氣象為直接原因而引起的氣象災害。東經一〇五度至一五〇度，北緯五度至三十度之間的海面，熱帶氣旋較為盛行。因此，臺灣沿海口岸成為颱風季節商漁船隻的避風港，各港口也是遭風海難船人員求援上岸的地點。遭風海難船舶，不限於臺灣商漁船隻，即琉球、朝鮮、呂宋、日本等國的遭風海難船隻，也常飄流到臺灣沿海港口。雍正二年（1724）五月初七日，琉球雙桅船一隻在諸羅縣外海因遭遇颶風而飄到淡水八里坌長豆坑即長道坑地方，船內男二十七名，婦女一口，共二十八人。他們上岸後，船隻即被風浪擊碎飄散無存。巡視臺灣監察御史禪濟布等隨即捐給銀米，加意撫卹[23]。琉球馬齒山人慶留間等人，以捕魚為業。乾隆十五年（1750）二月十二日早，慶留間等四人，共駕小舟出港捕魚，至晚遭遇颶風，隨著海浪漂流，糧食俱盡，飲苦水活命。同年二月二十五日，飄至淡水八尺門港邊，船隻被礁石撞破，經社丁救援上岸，由臺灣府撫卹資送福州琉球館安插，每人日給米一升，鹽茶銀六厘[24]。乾隆十六年（1751）十月二十三日，有琉球古米山人比屋

23 《宮中檔雍正朝奏摺》，第二輯（民國 66 年 12 月），頁 722。雍正二年六月初三日，巡視臺灣監察御史禪濟布等奏摺。

24 《歷代寶案》（臺北，國立臺灣大學，民國 61 年 6 月），第五冊，頁 2585。

定日指等二十二人駕坐海船一隻，裝載糧米草蓆等物，前赴中山王府交納。十一月初六日，在洋遭風。乾隆十七年（1752）二月二十六日，飄到淡水雞籠海岸，被礁石沖破。比屋定日指等人將衣服、木箱、魚翅、鐵鍋等項裝載於小杉板船划到山邊上岸，經社丁救護，由臺灣府撫恤，資送福州[25]。乾隆三十七年（1772）八月二十三日，琉球人當間仁也等一百一十四名，由宮古島搭船開駕後即於當天夜晚因颶風大作，砍斷船桅，任風漂流。八月二十七日，飄到淡水廳南崁港口，飄擱海邊，經淡水同知派人救援，捐給糧食[26]。

由於琉球遭風海難船多出現於淡水廳沿海口岸，因此，琉球海難船生還男婦，間亦由八里坌海口內渡，資送福州琉球館安插。馬瑞慶山等十九人是琉球人，他們奉琉球國王之命，於嘉慶二十年（1815）三月十三日在那霸府乘坐海船一隻開往宮古島催收年例粟麥。同年四月初八日，馬瑞慶山等由宮古島放洋回國。次日，在洋遭風，將桅索砍斷，並拋棄粟麥，隨風飄流。四月二十四日，飄到噶瑪蘭烏石港口，經噶瑪蘭通判安頓撫卹，換修桅索。八月初三日，將馬瑞慶山等送至淡水廳。因琉球原船窄小，經不起海浪衝擊，難以行駛，由淡水同知代為就地變價給領，另配商船，派委員弁，由八里坌海口放洋，送至蚶江登岸，轉送到福州琉球館安插[27]。

朝鮮人金白三等三十人，同坐一船，在羅州長刷島載運馬匹，船隻被風打壞，於雍正七年（1729）九月十二日夜間飄到彰化縣境內的三林港大突頭地方，船身擱破，沉水入沙，

25 《歷代寶案》，第六冊，頁 3317，咨文。
26 《歷代寶案》，第六冊，頁 3317，咨文。
27 《歷代寶案》，第九冊，頁 5424，咨文。

不能移動，折估變銀十五兩發給金白三等人收領，並由臺灣鎮總兵官派遣兵船，調撥弁兵協同差役伴送朝鮮人前赴廈門查驗[28]。道光二十一年（1841）八月二十七日，朝鮮漁船遭風飄到淡水三貂港卯鼻即貓鼻外洋，船身被颶風擊碎，漁船上有朝鮮漁民共十一人，俱游水靠岸獲救，經臺灣府在存公銀內給予衣被口糧[29]。

由於強烈颱風的侵襲，臺灣海峽或巴士海峽上航行的船隻，多遭風遇難。呂宋船舶多往返於南海洋面，因此，常常遭遇颱風，而造成海難。道光二十五年（1845）六月初六日至十二日，臺灣西南部海面因颱風侵襲，風狂雨驟，連續數日，兼因海潮漲發，鹿耳門港漂沒屍身三百數十具，沿海商漁船隻多遭風擊碎，其中含有呂宋船舶一艘，因遭風飄至二鯤身，擱淺損壞，經安平水師等救起呂宋人二十六名[30]。

臺灣南路，商漁船隻因遭風遇難的事件，也是屢見不鮮。英桂在閩浙總督任內曾經指出，鳳山縣埤頭以南三十里為東港，過枋寮溪、莿桐腳，南行可至風港，自風港可至瑯璠柴城。瑯璠背山面海。從枋寮至瑯璠，另有海道可通，但湧浪甚大，礁石林立，時有山風侵襲，稱為落山風，舟行遇之，立為虀粉，夏秋之間，風暴不常，船隻航行困難。四鞄鑾屬於生界原住民地界，嘉慶年間，有日本船隻在四鞄鑾沿海遭風遇難事件。據日本難民文助供稱：

---

28 《宮中檔雍正朝奏摺》，第十五輯（民國 68 年 1 月），頁 367。雍正七年十二月二十四日，福建巡撫劉世明奏摺。

29 《宮中檔》，第 2719 箱，31 包，5342 號。道光二十年二月二十七日，福建巡撫劉鴻翱奏摺。

30 《宮中檔》，第 2731 箱，45 包，8094 號。道光二十五年八月二十五日，閩浙總督劉韻珂奏摺。

> 現年五十一歲，係日本國箱館地方人。戌年十一月，駕自己空船一隻，船上水手八人，要往武差國江戶城亢地方裝貨回國，領有箱館牌照，在洋遭風。亥年正月二十八日，漂到臺灣四匏鑾地方，因船打破，只得上岸，水土不服，病死八人，只剩文助一人，在該處燒鹽，與番人換芋子度日[31]。

引文中的「戌年」，相當於嘉慶七年（1802），「亥年」，相當於嘉慶八年（1803）。嘉慶十三年（1808），又有日本難民山下源吾郎等人漂到四匏鑾海岸。據山下源吾郎供稱：

> 現年三十八歲，是日本武秀才，姓山下名源吾郎在薩州地方領國王姓松平，名薩摩守牌照，運糧米一千八百石，到大屋補用，於卯年十二月初六日出帆，水手二十三人。十一日，在日洲洋面遭風，船隻打破，駕坐杉板，撈得食米，隨風漂流。辰年三月初十日，漂到四匏鑾地方，遇著日本番人名文助，先曾遭風，到彼數年，知該處近在中國地界，伊等即同文助，一共二十四人，仍坐杉板駕駛，三月二十九日，至臺灣枋寮地方登岸[32]。

山下源吾郎是日本武士，武秀才出身。卯年，相當於嘉慶十二年（1807），辰年，相當於嘉慶十三年（1808）。因福建省向無往返日本船隻，所以咨送浙江乍浦，遇有東洋便船，即遣令回國[33]。臺灣沿海港口，對海難船隻的救助，扮演了重

31 《月摺檔》，同治八年七月初二日，閩浙總督英桂奏摺抄件。

32 《宮中檔》，第 2724 箱，70 包，11370 號。嘉慶十三年六月二十九日，福建巡撫王師誠奏摺。

33 《宮中檔》，第 2724 箱，70 包，11370 號。嘉慶十三年六月二十九日，福建巡撫王師誠奏摺。

要的角色。

臺灣海口與海盜船隻的出沒

除熱帶氣旋等天然災害外，由於海盜猖厥，商漁船隻，常遭劫奪而遭受損失。乾隆十七年（1752）五月十八日，臺灣縣船戶徐得利由鹿耳門港出口。五月二十日，船至大甲洋面，遇到海盜船，船內十餘人，面塗紅色，手執刀棍，登上徐得利船中，將船戶水手等人綑毆，衣服銀物，盡行劫去。同年七月二十二日，船戶許得萬由鹿耳門港出口。七月二十四日，經過油車港洋面，遇一海盜船尾隨而追。許得萬船隻因風停泊，被海盜船追上，將衣服銀兩盡行劫去。同年七月初九日，鳳山縣船戶李長茂一船由鹿耳門港出口。七月二十日夜，至後壠、中港外洋，遭遇海盜船，船內海盜約二、三十人，手執棍棒，用鐵鉤搭住李長茂之船，將船戶水手等人綑縛，劫去衣服銀兩。同年六月十一日，臺灣縣船戶陳鄭全由鹿耳門港出口，六月二十日，至鐵鉆山外洋，突被海盜船追趕，海盜們各執器械，登上陳鄭全船內，水手林恭等三人挾帶竹篙，從船後下海逃避，當天夜晚，遇別船撈救得脫，船戶陳鄭全等四人連船被海盜搶駕而去。同年七月三十日，右營後壠汛千總丁維賢帶兵遊巡海岸，聽見洋面礮響，隨即在海岸放鎗接應等候。不久以後，有安平協把總徐念駕船進入後壠港。據把總徐念稱，他帶兵王開春等六十五名，奉水師協檄配搭商船往北路海洋一帶遊巡，遇有漁船一隻，篷上字號不明，與配兵船隻對敵，兵船將漁船挐獲。巡視臺灣戶科掌印給事中立柱具摺時已指出，臺灣沿海洋面海盜船白日綑縛事主，竟至拒捕，與巡兵對敵，恣橫已極[34]。由於海盜猖

34 《宮中檔乾隆朝奏摺》，第三輯（民國 71 年 7 月），頁 640。乾隆

獗，商漁船隻甫出港口，即遭海盜船搶奪。例如船戶洪協華在鹿仔港口外被劫，船戶徐得利一船是在大甲溪口外被劫[35]。

乾隆五十二年（1787）七月初八日，淡水廳境內的大安港，有紅頭船二隻，停泊外汕，遣水手三人駕駛小艇上岸，被澳甲人等拏獲，紅頭船望見小艇被拏獲，即駕帆逃走[36]。林爽文起事以後，莊大田在南路鳳山起兵響應，鳳山縣境內沿海港口俱為會黨佔領，其中東港原為南路糧食運赴臺灣府的港口，將軍常青入臺後，即於乾隆五十二年九月十三日派遣副將丁朝雄管帶弁兵，由海道乘機進攻東港會黨。九月十七日，船抵東港，丁朝雄暗令目兵李奇、林光海浮水登岸，先將會黨設防的大砲灌濕，然後將備官兵齊到東港海口，直攻進港。此外，防守竹仔港的會黨船隻，亦為清軍施放鎗礮摧燬擊沉[37]。

吳齊是小刀會股首，咸豐年間，吳齊與黃促、黃德美率領會眾攻陷廈門，佔踞城池，後來被官兵擊敗，小刀會退出廈門，劫奪商漁船舶共二十餘隻，於咸豐四年（1854）五、六兩月分幫東渡來臺，在淡水廳香山港口及煠仔寮洋面，與官兵打仗後遁往噶瑪蘭蘇澳，勾結當地民人，其後又到雞籠港，暗通烏舨船為內應，登岸滋擾[38]。由於社會動亂，海盜猖

十七年八月二十二日，巡視臺灣戶科掌印給事中立柱奏摺。

35 《宮中檔乾隆朝奏摺》，第四輯（民國 71 年 8 月），頁 442。乾隆十七年十一月二十七日，福建水師提督李有用奏摺。

36 《清代臺灣檔案史料全編》，第七冊，頁 1494。乾隆五十二年十月十三日，李侍堯奏摺錄副。

37 《清代臺灣檔案史料全編》，第七冊，頁 1526。乾隆五十二年十一月初二日，將軍常青奏摺錄副。

38 《月摺檔》，咸豐八年六月初六日，福建臺灣鎮總兵官邵連科奏摺抄件。

厥，以致沿海港口洋面航行的商漁船隻，多遭海盜船搶劫。

清代後期臺灣港口的變遷

中英鴉片戰爭期間，由於列強的覬覦臺灣，為加強臺灣海防，地方大吏對臺灣沿海港口的防禦工事，極為重視，由文武大員的奏報，有助於了解清朝後期臺灣各港口的變遷。道光二十年（1840）六月，英國船隻屢至臺灣及澎湖外洋遊奕。為嚴防口岸，福建臺灣道姚瑩於是年八月初六日起程赴北路，直至雞籠各海口，逐處履勘，並具摺奏聞履勘經過，節錄原摺一段內容如下：

> 統計現在勘辦臺灣郡城要口三處：曰安平大港，曰四草港，曰國賽港。嘉義縣要口一處，曰樹苓湖。彰化縣要口一處，曰番仔挖即鹿港外口。淡水廳要口二處：曰滬尾即八里坌口，曰大雞籠。噶瑪蘭界外一處，曰蘇澳，皆水勢寬深，其餘南北路次要小口九處，較為淺狹。鹿耳門昔稱天險，自道光二年來已成淤廢，商船不能出入，故亦為次要。以上各口共用弁兵三千四百八十一名，屯丁二百名，鄉勇二千一百六十名，水勇五百二十名，或配船堵防海口，或在礮墩守望，此皆常川駐防之師[39]。

由引文內容可知，自道光二年（1822）以後鹿耳門港已成淤廢，商船已不能出入。水勢寬深的港口主要是安平大港、四草港、國賽港、樹苓湖，番仔挖、滬尾、大雞籠、蘇澳等港，其中番仔挖是鹿港的外口，八里坌海口是滬尾。道光二

---

39 《清宮洋務始末臺灣史料（一）》（臺北，國立故宮博物院，民國88年10月），頁30。道光二十年十二月十二日，福建臺灣道姚瑩奏摺。

十二年（1842）正月，臺灣道姚瑩與臺灣府知府熊一本會稟時稟明布置情形，原稟指出，蘇澳、雞籠、滬尾三口，大山高聳，中夾口門，可以據險憑高，其餘都是沿海平沙，一望無際。其中安平一鎮，與南北二沙迤邐相連。安平之北隔港六里為四草港，過四草港五里為鹿耳門廢港，用石填塞。再六、七里為國賽港，水口寬深，為防英船進入港內，即以破爛哨船鑿沉堵塞港內。安平以南距礮臺七里為三鯤身，有新開港口，水深丈餘，為防英船登岸，姚瑩等用大竹簍載石堵塞。在三鯤身南方六、七里為喜樹港，是一個小港，地方荒僻，居民複雜，為防草鳥船闌入，即聯集莊社團練壯丁作為伏兵。姚瑩等具稟時也指出淡水的滬尾就是八里坌一水三十里直進艋舺，彰化的番仔挖一水三十里直達鹿港，商貨雲集之所，杉板可至。其餘如嘉義的笨港、鹽水港等處，市景雖稠，但因港道淺狹，雖然是杉板，亦不能到[40]。道光二十二年（1842）正月三十日卯刻即上午五點鐘至七點鐘之間，有英國三桅船一艘，隨帶杉板四隻從大安港外洋北上，至土地公港，欲行入口，被大甲巡檢謝得琛所募漁船粵人周梓等招呼誘引駛入觸礁擱淺，其船歪側入水。道光二十二年（1842）六月二十一日，義首曾良山督帶巡船六隻，巡至東港洋面，遇見英人利用草鳥船二隻駛進東港，被曾良山追捕，逃至五條港外洋。福建臺灣鎮總兵官達洪阿具摺時指出「查郡城重地，口門不可過多，其鹿耳門廢口與國賽港、三鯤身三處口門，用在廠不堪修葺哨船四隻，並買民船五隻，加以大木桶

40 《清宮洋務始末臺灣史料（一）》，頁 102。道光二十二年正月二十七日，怡良等奏摺抄件。

數百個裝載巨石，預備臨時填塞[41]。」為加強防務，將破船巨石填塞港口，以阻止英船進入，對臺灣港口的生態造成嚴重的破壞。

同光年間，由於琉球交涉，日本覬覦臺灣，臺灣北路的防務受到朝野更大的重視。光緒六年（1880）十月二十一日，福建巡撫勒方錡奉命東渡來臺，巡閱臺灣沿海港口，並將勘察情形具摺奏聞，節錄原奏一段內容如下：

> 臺灣南北袤延千餘里，西向為前山，東向為後山。後山海面，洪濤涌起，舟船罕至其地，其蘇澳、成廣澳、花蓮港諸處，雖可偶然停泊，亦難久留。前山要口有四：北側基隆、滬〔滬尾〕，南則安平、旗後，為全臺首尾門戶，此外諸小口淺狹淤塞，不能通舟。四海口之中，則基隆最為險要，臣登岸後與提臣孫開華周迴履勘，該口面西稍北，島嶼前錯，左右繚長，中凹寬敞而深，巨舟二、三十可以聯泊，且隨時均能進口，不須守候風潮。今靠東建設礮臺，拒險迎擊，尚得形要，刻已併力趕築，開春計可竣工。基隆以南約七、八十里至滬尾溪海口，其南岸名八里坌，從前舟行皆傍南岸，近因沙壅，又皆依北岸行，然亦不甚深，潮漲時僅一丈六、七尺，難駛大船，北岸舊有露天礮隄，不足以避風雨。臣與孫開華商度，他日能籌經費當作礮臺。蓋泥沙時有變更，目前雖淺，異時未必不深也。安平海口近在府治之西，礮臺扼要居中，然面勢又覺過於寬漫，幸鹿耳門以內水底皆係板沙，輪船惟寄椗

41 《清宮洋務始末臺灣史料（一）》，頁79。道光二十一年十月十一日，達洪阿等奏摺抄件。

> 外洋，不能徑進，夏秋數月，風湧尤猛，前波後浪，低昂一、二丈許，噴薄如雷，十里之遙，來往均資竹筏，海船未有抵岸者。安平以南九十餘里為旗後海口，兩山近對，中豁一門，水底石礁，既堅且銳，商船夾板，亦祗在口外拋泊，扼塞天成。兩邊各立礮臺，地勢太高，然舍此更無可設之處，所恃港道緊嚴，船大則莫能飛渡也[42]。

光緒初年，官方文書多將雞籠改書基隆，福建巡撫勒方錡勘察臺灣港口後指出基隆是優良大港，寬敞而深，同時可以停泊二、三十艘船隻，滬尾溪海口的南岸是八里坌，八里坌開設港口以來，船隻多傍南岸八里坌停泊，後來由於沙壅，又多依北岸滬尾停泊，但水深不過一丈六、七尺。鹿耳門港水底都是板沙，輪船只能停泊外洋。旗後兩山近對，水底石礁，既堅且銳，商船夾板，只能在海口外拋泊。

光緒初年，福建督撫都注意到臺灣後山東岸的港口。福建巡撫勒方錡指出蘇澳、成廣澳、花蓮港等處可以偶然停泊。閩浙總督何璟曾將成廣澳和花蓮港進行比較，他指出從成廣澳至璞石閣，山路崎嶇，轉運費力，從花蓮港至大巴塱水尾，路皆平坦，牛車可行，花蓮港一帶是平原，距離高山在十里以外，腹地廣大，是運道不可棄置的一個港口，輪船由雞籠開往花蓮港，六時可到，如果看準天色，可以隨到隨返，往返只需一天[43]。督辦福建船政吳贊誠具摺指出，自八瑤灣以至

42 《清宮月摺檔臺灣史料（四）》，（臺北，國立故宮博物院，民國84年8月），頁3271。光緒六年十二月初七日，福建巡撫勒方錡奏摺抄件。

43 《清宮月摺檔臺灣史料（四）》，頁2928。光緒四年十月二十二日，閩浙總督何璟奏摺抄件。

卑南沿海一帶，實無可以泊船避風之處。只有郎可郎港口水勢較深，溪底無石，開挖深通以後，可泊當地商船百數十隻。成廣澳並無港口，且有礁石。秀孤巒大港口，則巨石蔽塞港門，口狹水急，船隻更難出入。至於輪船交夏以後，罕能駛往，惟月冬春兩季風色微和時，可以暫就海面停輪，裝卸人員，但也不能久泊。吳贊誠履勘後山的印象是「後山地雖膏腴，而水陸運道，均多不便[44]。」探討臺灣後山的開發，不能忽視後山港口的地理因素。

臺灣開放通商口岸的意義

十九世紀中葉，西方列強為擴大商業利益，先後對清朝發動鴉片戰爭和英法聯軍等軍事戰爭，清朝政府在列強船堅礮利的脅迫下，先後簽訂多項條約。咸豐八年（1858）五月，天津條約規定除中英互派使節、內地遊歷外，並加開牛莊、登州、潮州、瓊州及臺灣為商埠。臺灣開港為英人宿願，惟因換約問題，再啓兵端，臺灣開港，亦暫時擱置。據署臺灣道陳懋烈、署臺灣府知府葉宗元稟稱，臺灣本非對外通商口岸，自咸豐九年（1859）美國以最惠國待遇條款請照和議條約在臺灣開市完稅後，隨即議准以淡水八里坌海口為通商碼頭。經閩浙總督左宗棠札委補用道區天民渡臺專駐，會同臺灣鎮道府妥議辦理。咸豐十一年（1861）六月，英國領事官郇和到達臺灣後，請求在臺灣府城開設口岸。後來查勘府城海口淤淺，洋船不能收泊，難作通商碼頭，於是議定仍在淡水的八里坌即滬尾口作為貿易碼頭[45]。

---

44 《清宮月摺檔臺灣史料（四）》，頁 2740。光緒三年七月二十八日，督辦福建船政吳贊誠奏摺抄件。

45 《清宮月摺檔臺灣史料（二）》，頁 1061。同治六年九月初六日，福建巡撫李福泰奏摺抄件。

國立故宮博物院現藏《軍機處檔・月摺包》內保存頗多臺灣開港資料，其中閩浙總督、福建巡撫、閩海關稅務司、福州將軍、臺灣道及總理衙門奏摺錄副等資料，對臺灣開港經過及稅收情形奏報頗詳。據福州關稅務司美里登向署通商大臣李鴻章申稱，臺灣稅務由地方官辦理，一年收銀四、五萬兩，以洋藥而言，淡水、雞籠、臺灣府、打狗港四處，每年進口至少有五、六千箱，即可徵稅十五萬兩，或十八萬兩。倘若由外國人充任稅務司辦理臺灣新關，則每年足可收銀三十萬兩，有益於清朝的財政。美里登又請求以雞籠口作淡水子口，以打狗港作臺灣府子口。因雞籠與淡水相連，打狗港與臺灣府相連，所以僅需稅務司一名，即可辦理四口稅務，按月經費，亦不必多，或一千兩，或一千二百兩，即可敷用，而一年所收稅銀可達三十萬兩之數。李鴻章即請總理衙門移咨福州將軍兼管閩海關監督等按照稅務司章程轉飭副稅務司速往臺灣遵照辦理。閩浙總督左宗棠、福建巡撫徐宗幹等即飛飭臺灣道府體察情形速籌辦法，並札派稅務司前往臺灣會同試辦，左宗棠、徐宗幹具奏時指出，臺灣開港通商先經總督慶端奏明飭委福建候補道區天民會同臺灣鎮道勘定淡水廳八里坌設關徵稅，於同治元年（1862）六月二十二日先行開關啓徵。徐宗幹認為臺灣一郡，自南至北，港口紛歧，現僅滬尾口一處設關開徵，稽察難周，因此，請添設子口。徐宗幹原奏指出雞籠口以雞山而得名，打狗港即旗後港，又作岐後港。雞籠口與打狗港既有洋船停泊，應一律添設子口，均歸滬尾正口管轄。同治二年（1863）八月間，正式增添雞籠、打狗二關作為滬尾正口的外口，一律通商，並派稅務司麥士威等前往分駐，關書李彤恩奉命赴打狗口察看。臺灣開港通商，載在條約，經地方督撫等議定實施，臺灣滬尾、雞籠、打狗等港口遂成了國際商港，臺灣開始走入國際社會。

海關奏報稅銀，定例三個月為一結，一年四結，分為舊管、新收、開除、實在四項，將收支數目按結奏報一次，扣足四結，專摺奏銷。滬尾、打狗二口開放通商後，其稅收總額，逐年增加。福建巡撫李福泰等具摺時已指出，「滬尾、打狗兩口征收稅銀已至三十餘萬兩，實係著有成效[46]。」每結稅收，扣除支出項目外，結餘頗多。總理各國事務衙門移咨閩海關徵收船鈔應自同治元年（1862）七月二十五日奉旨之日為始，扣至第八結限滿，酌提船鈔銀三成，嗣後按結提撥，委員解京，以應學習外國語言文字學館薪水經費之需。京師同文館的設立，是同光時期的重要新政措施，滬尾、打狗二口對外開放通商後，增加了清朝政府的稅收來源，對同光新政的推行，也提供了一份力量。

史料與史學，關係密切，沒有史料，便沒有史學，檔案資料是直接史料，其史料價值較高，以論代史，無視檔案資料的存在，就是無視客觀歷史的存在。從故宮博物院現藏檔案資料來考察清代臺灣港口的地理變遷和歷史活動，雖然只是片羽鱗爪，缺乏系統，也不夠完整，但在今日直接史料日就湮沒之際，即此四十萬件冊之數，亦可提供治臺灣史者考研之資，從清朝文武大員的奏報文書，也可以反映清代臺灣港口的滄桑。

臺灣與閩粵內地，一衣帶水，明末清初以來，一方面由於內地的戰亂，一方面由於地狹人稠，生計艱難，閩粵民人東渡臺灣謀生者，接踵而來。臺灣港口的分佈以及各港口的盛衰興廢，一方面與臺灣的地形有關，一方面與臺灣人口流

46 《清宮月摺檔臺灣史料（二）》，頁 1061。同治六年九月初六日，福建巡撫李福泰奏摺抄件。

動及拓墾方向的轉移有關。福建巡撫丁日昌具摺時已指出臺灣地勢，其形如魚，前山如魚腹，膏腴較多，後山則為魚脊。因此，臺灣港口，主要分佈於前山沿海，閩粵民人來臺者亦多在前山墾殖荒陬。臺灣南部，因其地理位置恰與福建泉州、漳州二府相當，早期渡臺民人，遂多從鹿耳門港上岸，並在南部開發，臺灣南部因此成為早期的拓墾重心。現藏《臺灣略圖》已指出康熙年間安平港極深，從來過臺灣者都由安平港駛入。鹿耳門港水深七尺，鄭成功來臺時，鹿耳門港底泥沙流開，深一丈七尺，大船可以由鹿耳門港進入。清廷領有臺灣後，置臺灣府，隸屬福建省，並開鹿耳門一口，以對渡廈門，鹿耳門港的開設口岸，對臺灣南部的發展，影響深遠。

由於臺灣南部本身人口的自然增殖，以及內地移民的不斷湧進，戶口頻增，南部人口逐漸飽和，其拓墾方向便由南部逐漸向北延伸。乾隆年間（1736-1795），彰化平原已成為拓墾重心。乾隆四十九年（1784），福州將軍覺羅永德奏准添設鹿仔港，以對渡蚶江。鹿仔港的正式開設口岸，反映彰化地區社會經濟的繁榮，由於鹿仔港的開設口岸，彰化沿海口岸的偷渡案件已較前減少。同時期的淡水八里坌等海口，因屬於禁地，不許商漁船隻貿易採捕。但由於拓墾重心的繼續北移，北部平原可種稻米，山區可生產茶和樟腦，移殖人口日增，偷渡盛行。乾隆五十四年（1789），經閩浙總督覺羅伍拉納等議准，八里坌海口明設口岸，對渡五虎門，反映臺灣北部的開發，已具有重大的意義。同光年間，地方大吏也注意到後山花蓮港的開發。滬尾對外通商以後，帆檣雲集，促成臺北地區的繁榮，臺灣港口的變遷，反映各港口在清代臺灣歷史舞臺上確實扮演了重要的角色。

雍正年間打狗港示意圖

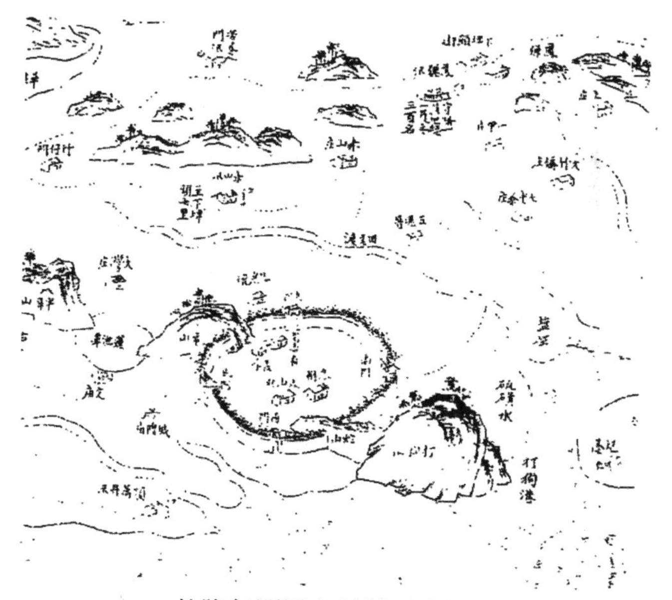

乾隆年間鳳山縣城示意圖

雍正年間安平大港示意圖

乾隆年間滬尾港示意圖

乾隆年間八尺門示意圖

臣福康安徐嗣曾跪
奏為清查臺灣積弊酌籌善後事宜恭摺具奏仰
祈
聖訓事竊臣自抵臺灣郡城後業將添設官兵改建
城垣清查地界設立番屯等事節次具
奏在案伏查臺灣孤懸海外地土本屬膏腴仰蒙
聖主休養生息五十餘年物產日益豐饒户口日加
蕃庶惟因地方僻遠風俗未純愚民罔知畏法
搶刼械鬬屢滋事端文武各官不能整飭營伍
綏輯地方奸徒等無所懲懼遂至釀成逆案茲
仰賴
皇上洪福掃盪賊氛當此大加懲創之後必須查明
歷來積弊嚴定章程以期永臻寧謐數月以來
臣等詳加諮訪體察輿情隨事隨時妥為籌酌
所有各項善後事宜謹臚列條款奏
聞伏祈
聖鑒
一各營操演宜設法稽查以核勤惰也向來臺
灣各營戍兵離營散處技藝生疎即遇操演
之期亦復虛應故事並不按名全到茲當整
飭之時已將修建營房添兵安汛增設騎操
馬匹等事次第辦理營制更新亟須嚴定章
程認真操演以收實效嗣後水陸各營按照
操演鎗箭之期兵丁等齊集教場逐名點驗

不許一名不到將備帶同弁目親往較閱分別等第開單登記即將操演原摺呈報該鎮親自較查倘有虛捏或操演不能按期立將該管將備揭報查參其分防營汛毋論衝僻地方均應一律按期操演一體開單呈報隨時抽驗並委員親往查察以別勤惰凡該鎮查閱原單並抽驗過各營兵丁技藝名冊等第統於年底彙送總督衙門察核並存底冊一分俟將軍督撫提督等巡查操演時照冊查驗如與原冊相符兵丁技藝嫻熟奏明將該鎮交部議叙如有捏報不實即行嚴查參究如此層層查核操演不致間斷紀律漸次諳習而將備中孰勤孰惰亦皆有所稽考矣

一水師兵丁宜按期出洋巡哨也臺灣澎湖為海疆重地額設水師戰船以為巡哨之用例應將備帶領弁兵按月出巡所轄洋面及本汛地方緝拏盜賊近年以來營伍不能整飭將弁等心存涉險畏難之見怠惰偷安不諳舟楫有汛防之名無巡哨之實洋面盜刼頻聞莫能禁戢殊非慎重海疆之道查洋盜雖係亡命匪徒未嘗不患覆溺其竄匿之地必有偏僻島嶼可以避風取水者方敢停泊亦必於颱颶不作之時方敢出洋行刼至於私渡民人尤非盜賊可比灣泊之處更易巡邏官兵等若能於近邊口岸留心搜捕斷無不獲之理嗣後應令水師將弁按期親自出洋周歷各處實力哨查不得裝點軍容張揚聲勢預驅賊匪遠避徒衍虛文仍將出汛回汛日期報明督提各衙門稽核務將港澳之險易風信之向背及駕船之拕繚斗碇諸事講求通曉時時操練自可漸臻純熟如能擒拏盜賊匪徒者准其記功陞用倘敢空文申報僅在內港往來虛應故事查出立即嚴參究辦

一嚴總兵巡查之例以肅營制也臺灣鎮總兵向例於每年冬間巡查南北兩路各營供應夫價四十八年以後漸至派送夫價而沿山沿海偏僻汛地並不親歷周巡往返皆由大路南至鳳山北至竹塹而止上淡水營及下淡水營兵丁祇係酌調抽驗殊非慎重營伍之道嗣後總兵巡查全郡一切供應夫價盡行革除不許絲毫派累惟是總兵出巡必須酌帶弁兵一二百名方足以壯聲勢向來出差兵丁並無盤費難保無需索情弊應照內地出差官兵給與差費之例酌給盤費入於本省公費內報銷所有巡閱地方務須北自淡水石門南至鳳山水底寮毋論衝僻汛地一律按汛操閱兵丁技藝點驗屯番並令留心察訪弁兵如有包差庇賭者立即嚴行懲治巡查後將營伍地方情形據實陳奏一次倘該鎮仍蹈故轍勒索夫價一經巡查之將軍督撫提督等查出即照枉法贓從重治罪

一兵丁貿易賭博等弊宜嚴行禁止也查臺灣營伍廢弛總由總兵營私牟利備弁等相率效尤縱容兵丁離營他出貿易謀生甚至包庇娼賭無所不為將惰兵驕實由於此現已將各處營汛兵房一律赶緊興修分派安設又蒙

皇上天恩俯念兵丁渡洋遠戍令於叛產內酌量撥給收取餘息以為貼補當差之用從此各兵生計有餘又有兵房可資棲止應責成各鎮將都司守備等嚴行約束除操演日期按名點驗外平時仍派員逐日稽查如不居住兵房在外游蕩即行革伍枷號半年遞回原籍嚴加管束永不許食糧入伍倘敢仍前貿易包庇娼賭從重加等治罪並將不行查察之員嚴行參處其分駐地方即交該汛弁稽查如本汛徇庇容隱准令鄰汛弁目一體舉報至地方賭博固屬兵丁不行查禁而胥役亦不無包庇之事嗣後應令兵役互相稽察呈報鎮道從嚴辦理若鎮道不行究辦經巡查將軍督撫等察出即治以徇縱之罪

一禁革四項目兵名色以杜包差之弊也查臺灣各營自總兵至守備衙門皆有兵丁聽候差遣分為旗牌伴當內丁管班四項各有目兵管領總兵署內多至三百人副將以至守備依次酌減至少亦有三十餘人分班輪值其在外自謀生理者多在四項內掛名貼錢代班差操均可不到名為包差因而千總把總於所管兵丁皆有包差情事竄為惡習竊思鎮將等官署內本無廝役因公差遣兵丁固所不禁但私分四項名目需兵至數百人之多曠伍滋事皆由此起且如郡城內兵丁二千七百餘名而在各處署內當差者已逾三分之一存營實兵無幾尤屬不成事體嗣後四項目兵名色全行禁革總兵署內酌留差遣該班兵一百名分作兩班足數應用副將酌留兵八十名仍令輪流親自工班不許私相僱替叅將以至守備照此按等遞減分防千總准留兵十名其餘悉令歸營如敢故違定制即依私役軍人例按名治罪所有留署差遣兵丁一體照常操演毋許藉端曠伍

一換防戍兵宜分交水陸提督互相點驗也臺灣全郡戍兵俱由內地水師陸路各標營派撥輪班更換向來調集廈門經水師提督點驗配船渡洋臺灣鎮總兵照冊點收分撥駐守但向來各兵內有手藝之人及親族在臺灣者甫經班滿又復換防難保無老弱充數之弊其不願來臺灣者經各營僉派每於廈門逗遛不進時日遷延經富勒渾雅德等定限查叅而陸路官兵非水師提督所轄督催開渡等事未免呼應不靈至於點驗時由本管提督查點亦不免有迴護將就之處伏思陸路提督駐劄泉州府距廈門甚近兵丁配渡時即令該提督親赴廈門互相點驗將水師戍兵由陸路提督驗看陸路戍兵由水師提督驗看必須年力壯健方准配渡倘有應名充數及屢次藉端換防情弊立時究叅駁回另換仍照例各按所屬官兵專派將備催令開駕如此則責成愈重點驗加嚴而戍兵皆得精壯充伍於海外操防實為有益

一海口城廂各砲位宜清查安設以資守禦也查臺灣鹿耳門沿海一帶口岸舊設砲臺數十處原因海濱遼闊遠接外洋是以安設砲位外禦內守以備不虞近因逆匪滋擾如安平鹽水港等處大砲隨時撥運軍營配用而各縣曾經賊擾者亦多遺失損壞茲值地方平定自應照舊安置其改建城垣之處亦應相度形勢添置砲位以資守禦此次大兵進勦奪獲賊人鎗砲甚多其中堪用鳥鎗器械已交鎮道撥補各營遺失之數其砲位一項現令逐一清查揀其堅固厚重試放堪用者於各處分配安設其餘砲位鳥鎗飭交臺灣府貯庫將收過數目報明總督提督查核

一嚴禁搶奪械鬥以靖地方也臺灣民情刁悍綏輯為難近山村僻地方盜賊公行結黨肆搶漸至械鬥相尋釀成逆案從前地方官以案件繁多規避處分事主呈控多不認真查辦兵役等雖識盜賊之名畏其兇橫亦不敢遽行追捕是以商旅往來皆攜帶器械自衛而盜賊之假託行兇者執持兇器混入其中亦復無人盤詰茲當逆匪蕩平之後收繳軍械奸徒斂跡民情極為震懾但積習難於猝化恐其日久玩生械鬥搶刼之事亦難保其必無惟當嚴定章程以期永遠無事恭查前奉

諭旨海洋刼盜甚多另定新例嚴辦俟兩年後盜犯斂跡再行奏明照舊辦請等因欽此仰見我

皇上戢暴懲奸之至意臣等體察情形所有臺灣盜案本照洋盜治罪應請即照新例從嚴究辦俟盜風漸戢再行照舊辦請至械鬥之案情罪重大從前地方官每存化大為小之見作為倉猝起鬥僅將殺人之犯照命案擬抵實為輕縱查此等械鬥殺人之犯情節極為可

惡其雖未傷人而審係首先起意糾約鳴鑼聚眾者尤為罪首禍魁當此立法嚴懲之際應請將械鬬殺人及起意糾約者均照光棍例擬斬立決傷人之犯亦請從重問擬發遣餘照械鬬本例問擬再臺灣搶案實多不可不嚴加懲儆嗣後除聚至十人以上及雖不滿十人但經執持器械倚強肆掠者為首之犯照粮船水手搶奪例以強盜律治罪為從各犯請發新疆給種地兵丁為奴其搶奪人數在三人以下審有糾謀持械逞強情形及雖未逞強而數在三人以上者均請照回民搶奪例發極邊烟瘴充軍以上請定各例仍遵照

諭旨俟兩年後人知畏法再行酌請照舊辦理地方文武遇有械鬬搶奪案件據報不即緝拏者照諱盜例革職如有增減改捏案情等弊仍即嚴叅治罪

一清查臺灣戶口搜拏逸犯以別奸良也臺灣為五方雜處之區本無土著祗因地土膏腴易於謀生食力民人挈眷居住日聚日多仰蒙

聖澤涵濡生齒繁盛雖係海外一隅而村庄戶口較之內地郡邑不啻數倍人數既多每年開報丁口俱係任意塡寫並不實力清查前開府城被賊攻複時怵恐賊匪潛為內應清查城內民數共有九十餘萬而臣等現在檢查臺灣縣民冊內祗開十三萬七千餘名口數目迥不符合人數既眾版籍難憑是以匪徒逸犯竟有歷年久遠不能擒獲者內地逃軍徒犯亦多潛赴臺灣希圖漏網不可不亟為清查辦理查編查保甲一事原有定例即內地亦應實力奉行海外地方民無定籍尤賴此稽查奸匪臣福康安進兵時招撫難民歸庄日有數千惟恐匪犯混入其中每戶皆給與用印手票開載姓名人口分派妥貟登記簿籍事定後查拏逸匪村民不能容隱無不立時擒獻應令地方官推廣此意於清查叛庄之使責成族長管事按戶編甲其有充當義民者名冊在官尤屬易於稽核其並無家業游民最易滋事固未便無端驅逐致有擾累若遇犯事到官即在笞杖以下者亦押令回籍至禁止攜眷之例自雍正十年至乾隆二十五年屢開屢禁經前任總督楊廷璋酌請定限一年永行停止而挈眷來臺灣者至今未絕總因內地生齒日繁閩粵民人皆渡海耕種謀食居住日久置有田產自不肯將其父母妻子仍置原籍撇取同來亦屬人情之常若一槩嚴行禁絕轉易啓私渡情弊前經臣福康安據實

奏明毋庸禁止嗣後安分良民情願攜眷來臺灣者由該地方官查實給照准其渡海一面移咨臺灣地方官將眷口編入民籍其隻身民人亦由地方官一體查明給照移咨入籍如此則既可便民而內外稽查匪徒亦無從冒混倘有內地逸犯逃遣竄至臺灣者地方官若即能盤獲准予從優獎叙倘別經發覺訊明由何處進口何處藏匿即將該管員弁從嚴叅處

一嚴禁私造器械旗幟以靖地方也竊查律有私藏軍器之條海外地方尤應嚴禁臺灣民情獷悍械鬬滋事漸至釀成逆案刀矛鎗砲等物向多私自藏蓄業經臣等設法收繳禁止打造若不嚴定章程惟恐日久因循無所遵守查內地應禁軍器祗係鳥鎗砲位其弓箭腰刀等項為防禦盜賊之用原所不禁但臺灣遠在海隅非內地可比除熟番屯丁應用器械及民間菜刀農具外如弓箭腰刀撻刀半截刀鏢鎗長矛之類一槪禁止倘敢私藏寸鐵即行從重治罪又各村聚眾械鬬多用旂幟號召即不肯助鬬村莊亦須豎保莊旗一面方免蹂躪逆首林爽文滋事時即係將助逆黨羽分別旗幟顏色作為五隊而義

民等隨同官兵打仗亦各製造一旗以示進
退臣等於平定賊匪後即將義民旗收繳銷
後若有再行私造旗幟者俱照軍器一體治
罪
一賭博惡習宜從嚴懲治也臺灣賭風最盛不
但耗費囊貲廢時失業而忿爭鬪狠搶竊成
風者由於此從前汛弁兵丁等藉端索詐不
加禁止遂至肆無忌憚公然在於街市羣聚
賭博莫敢過問茲臣等嚴行禁戢重法懲治
而郡城內尚有許班拒捕兇毆之事當經一
面奏
聞一面將許班正法小民始知畏懼頓為斂跡嗣後
應令地方文武員弁實力稽查有犯必懲即
壓寶跌錢之類亦從重枷杖押遞回籍如敢
不服拘拏照拒捕之例治罪各汛弁兵徇隱
故縱勒索錢文計贓以枉法論若失於查察
別經發覺雖訊無得賄情弊亦即革伍枷責
示儆並令各汛弁每月出具並無賭博切結
呈報總兵查核再臺灣有質押零星衣物之
處名為小典貧民無錢賭博者多向小典押
錢入場是以街市之中多有小典盤剝重利
最為可惡應飭地方官一體嚴行禁止違者
重究
一臺灣文武各官應責成巡察大員隨時核奏

也臺灣孤懸海外鎮道各員恃有重洋間阻
督撫耳目難周無不恣意妄為通同徇隱茲
蒙
皇上洞燭情形
特命將軍督撫提督大員分年巡察實為綏靖海疆
之至計但恐日久因循不能認真整飭應請
令巡察之總督巡撫等到臺灣後將鎮將及
道府廳縣各員通行查核出具考語具奏其
備弁佐雜等俱令通行考察咨部存案如各
員在臺灣任內有貪縱殃民款蹟別經發覺
者將未經糾劾之人交部嚴加議處如遇將
軍提督巡察之年文員雖非其專管但既經
奏
命渡海巡查諸事皆應稽察不得以文武分途稍存
歧視
一臺灣道員准令具摺奏事以專責成也查內
地道員本無奏事之責臺灣遠在海外遇有
緊要案件原准會同臺灣鎮會銜具奏但鎮
道體制不相統攝遇有應奏之事又不得自
行陳奏徇隱扶同之弊勢所必至況海洋風
信靡常文稟往來動稽時日於事理殊多未
便查楊廷樺任內蒙
聖明鑒及准令奏事然未著為定制嗣後應請令臺
灣道員專摺奏事毋庸與總兵會銜以專責

成仍令該道將營伍是否整飭兵丁曾否操
演之處按月呈報督撫查考如敢稍為容隱
即照永福之例一體治罪
一請開八里坌海口以便商民也查淡水八里
坌地方港口距五虎門水程約有六七百里
逆匪滋事時經臣徐嗣曾
奏明派兵自五虎門放洋直趨淡水嗣後運往淡
水之糧餉鉛藥亦多由八里坌收口一載以
來甚為利涉該處港道寬闊可容大船出入
從前即有商船收泊該處載運米石管口員
弁藉端需索得受陋規之事徒有封禁之名
毫無實濟且淡水為產米之區八里坌一港
又非偏僻港口僅容小船者可比雖臺灣遠
在海外稽查奸匪不可不嚴而百餘年來休
養生息販運流通實與內地無異小民等趨
利如鶩勢難禁遏與其陽奉陰違轉滋訛索
不若明設口岸以便商民查鹿仔港對渡蚶
江本係封禁經永德奏准開設船隻往來極
為便利應請將八里坌對渡五虎門海口一
體准令開設其無照船隻及照內無名之人
仍行嚴加查察以防偷渡該處原設巡檢一
員今又新添一汛足資彈壓並令淡水同知
上淡水營都司就近稽查掛驗出入及載運
米石數目均照新定海口章程一律辦理毋
許藉端需索致滋擾累

一沿海大小港口私渡船隻宜嚴加申禁稽查
也查臺灣全郡沿海應耳門鹿仔港係南北
要口商民船隻出入例應掛驗稽查現擬新
設之八里坌海口亦應一體辦理其餘港口
如淡水之八尺門中港後壠港大安港彰化
之海豐港三林港水裡港嘉義之虎尾溪八
掌溪笨港猴樹港鹽水港蚊港台西港鳳山
之竹仔港東港打鼓港皆可容小船出入無
照客民偷渡來臺灣者多在各處小港登岸
原設防守汛兵因塘汛傾圮營制廢弛並不
各歸汛地甚或得賄縱容任聽出入以致潛
民私渡日多奸宄潛滋無從盤詰臣福康安
帶兵進剿時屢奉
諭旨嚴防海口以杜逆首逃竄之路遵即專派大員
分駐並通飭各海口員弁凡有溪港通海之
處一體嚴查即經拏獲洪則李溪等私渡兩
案而竄至海口賊匪無不就獲正法可見認
真巡緝奸匪自無從透越現已挑撥汛兵照
舊稽察並於八里坌東港等處要口添兵駐
守嗣後應責該管員弁實力稽查如能拏獲
私渡奸民即將船隻貨物賞給兵丁以示獎
勵其有照商船因風飄泊到岸者驗明牌照
立即放行仍不許稍有留難藉啟需索之弊
至此項私渡船隻皆由內地小港私越出洋
向有積慣船戶客頭攬載圖利應請於內地
沿海地方一體申明禁例實力訪拏庶可清
私渡之源而海防亦昭嚴密矣
一臺灣南北兩路宜安設舖遞修治道路船隻
以肅郵政也查臺灣全郡地方遼闊郡城距
廳縣治所遠者幾及千里近者亦不下一二
百里向來遞送公文俱係番社應役而番社
相距較遠馳遞不能迅速遇有要事信息難
通自宜仿照內地安設舖遞每三十里一舖
遞送文報於封面上填寫時刻以備稽考至
各處通衢要路本不寬展又被賊匪剷削極
窄數人不能並行臣福康安帶兵進剿時均
繞道由稻田行走交春以後引水灌田尤為
泥濘難行況現已添設馬兵遇有搜捕盜賊
馳突尤非所宜應於秋冬農隙之時令地方
官逐加履勘酌以一丈五尺為度一律修整
以壯觀瞻而通行旅其淡水溪灣裡溪虎尾
溪大突溪大肚溪大甲溪等處水深溜急挨
涉為艱每屆山水驟漲月餘不通往來每處
應設船二隻傳送文書渡載民人實於公私
兩有裨益
以上各條謹就臣等見聞所及悉心籌畫酌定
章程此外如宣講
聖諭廣訓講明易犯條例
欽定行軍紀律化導兵民及操練備戰兵丁禁止販
責觸斥等事皆係久奉行知分內應辦事件已
飭地方文武各官申明定例毋任以具文塞責
總之立法必求盡善而整飭全在得人惟當實
力奉行永遠遵守以仰副我
皇上綏靖海疆之至意是否有當伏乞
聖明訓示謹
奏
即有旨諭
乾隆五十三年五月初九日

《宮中檔》，乾隆五十三年五月初九日，福康安等奏摺

臺灣鎮總兵臣奎林
按察使銜臺灣道臣萬鍾傑跪

奏為拏獲偷渡船隻審明定擬恭

奏事據水師左營遊擊並廳縣稟報在水裡港沙轆海面會同拏獲偷渡船隻船主舵水林紹聚等一船又據廳縣稟報拏獲王英貴林榜余雄英許旺等偷渡四船臣等飭提解郡嚴審去後茲據臺灣府楊廷理提齊詳解前來臣等隨督同該府先提林紹聚一犯研鞫據供乾隆五十四年五月初間與崔阿駱即崔梓萬租賃鄭阿要漁船一隻另僱林阿魯余阿藏林紹義李妙正李阿都們五人做水手余良喜煮飯我起意攬載客民偷渡托客頭張敏招引不識姓名客民二十八人閏五月初八日在海澄縣樟林港海邊出口十二日到臺灣水裡港我拏了番銀上岸去同汛兵商量賣放客民上岸遇見兵丁鍾朝英同他說話隨有兵丁鄭保生口書曾成彰化縣差郭財黃佑走來說若無銀錢給他都要稟報鍾朝英教我拏銀交他分給鄭保生等共四十五圓隨後又有一人趕來說他是臺防廳差役陳進又要去番銀十六圓客民上岸後鍾朝英催我出港我將船放出外洋內二十四日遭風漂回水裡港海面收泊崔阿駱上岸我同水手林阿魯們被兵役拏獲是實隨飭提兵丁書役審究並吊臺防廳書役卯簿細查並無陳進卯名再查該廳應在南路差查不應查至北路其陳進是否假冒臺防廳差役名色詐銀經飭府廳縣嚴拏去後茲據府廳縣提到兵丁鍾朝英等前來聲明陳進一犯查拏未獲等情督同該府訊究據鍾朝英供認包收船戶番銀分給並自得番銀二十圓又據鄭保生供認得番銀五圓曾成得番銀四圓郭財得番銀十二圓黃佑供認得番銀四圓不諱王英貴一船係該犯妹夫林歐在澄海縣租賃柳阿四單桅商船一隻林歐將船隻牌照交給王英貴管駕該犯自為舵工另僱洪興麟鄭阿東彭枝蔡二李殿開陳阿二李阿好莊振萬黃阿英等為水手五十四年四月十五日王英貴將空船在澄海縣溪東港私行出口二十五日到詔安縣西灣松栢門港該犯起意攬客偷渡隨托客頭李海陸續招攬客民八十名閏五月初八日晚在松栢門港偷渡出口接載各客民上船內有婦女幼孩二十餘人十五日到大安港十六日黎明水手蔡二用杉板小船載客登岸被守口兵役偵知將蔡二拏獲王英貴見蔡二被拏忙將船隻駕逃十八日到大鷄籠港被兵役盤詰將該犯并水手洪興麟鄭阿東彭枝陳阿二黃阿英獲住李殿開李阿好莊振萬三名見水脫逃內彭枝一犯解郡在途病故林榜一船係該犯與洪薦於五十四年五月內合置漁船一隻二十七日領給馬巷廳牌照林榜為出海洪薦為舵工另僱洪貌洪意洪宗許濕許欽宋足洪泰林萬鄭旺林景為水手閏五月間林榜起意攬客偷渡招攬客民王俊等十人各帶眷口一共三十六人二十八日由馬巷廳轄劉五店汛出口接引客民上船六月初四日到淡水廳轄南崁港外海用杉板小船先載男婦上岸又到南灣海邊僻處林榜送客民上岸當被兵役拏獲水手洪貌等聞拏上岸逃散兵役上船復將洪薦拏獲余雄英一船係該犯堂兄余文明於五十三年九月內在陸豐縣向金姓買船一隻余文明令余雄英為出海陳布廷為舵工余文都余紹福鄭阿招黃阿謚張貴才蔡阿愚陳阿富林赤為水手本年閏五月初間余雄英起意攬客偷渡客頭曾阿番吳蓋中攬客古佳朧等四十四人二十六日晚在澄海縣樟林港上船連夜偷放出口六月二十一日至淡水廳轄大安港口當被兵役將舵水客民全行拏獲曾阿番吳蓋中見水脫逃內水手蔡阿愚一犯在監病故許旺一船係該犯於本年三月內與謝發向林炎租賃小商船一隻并領給馬巷廳牌照許旺為舵工藉勇許威許抄許月林朧許晃林壯林種林廉為水手許旺起意攬客偷渡謝發允從

許旺攬得洪熙等客民七人謝發攬得客民十
八人初三日由馬巷廳劉五店汛空船出口接
引客民上船十五日晚到彰化縣黃脩港海邊
客民同謝發上岸洪熙因害病在船許旺將船
駛在洋面遊移十六日被兵役將許旺及水手
蘇勇等及客民洪熙等拏獲臣等反覆研訊供認
不移查例載閩省不法棍徒充作客頭在沿海
地方引誘偷渡之人包攬過臺索取銀兩用小船
載出澳口渡上大船者為首發近邊充軍船戶
舵工人等知而不舉者俱杖一百徒三年不准
折贖其偷渡之人照私渡關津律杖八十遞回
原籍又例載不法客頭船戶內有積慣在於沿
海村鎮引誘包攬招集男婦老幼數至三十人
以上者無論已未登舟一經拏獲將客頭船戶
年力強壯者發遣新疆給種地兵丁為奴年老
殘廢者改發極邊烟瘴充軍各等語此案林紹
聚用銀賄求兵役縱放計贓僅止杖徒該犯攬
客二十八名例應問擬充軍不足蔽辜至王英
貴攬客八十名林榜攬客三十六名余雄英攬
客四十四名按例應行發遣新疆給種地兵丁
為奴許旺攬客二十五名按例應發近邊充軍
臺灣正當嚴禁偷渡肅清口岸之時該犯等膽
敢起意攬客偷渡實干法紀而林紹聚一犯又
敢用銀賄求縱放情節尤為可惡應加重與王

英貴等發往伊犁給種地兵丁為奴惟是偷渡
船戶屢經懲創而積習仍難禁絕林紹聚王英
貴林榜余雄英許旺與例應問擬杖徒之舵工
陳希廷洪鷹七犯請在於臺灣各口枷示俟續
有拏獲偷渡人犯仍行枷示再將林紹聚等各
犯照依定擬罪名分別發遣杖徒臺灣海口常
有枷示偷渡重犯庶往來商船觸目警心轉相
傳述使閩粵奸船聞而知畏以後不敢再行偷
渡兵丁鍾朝英鄭保生口書曾成差役郭財黃
佑等派守汛口理應查拏乃敢貪得偷渡船戶
番銀輒行賄縱目無法紀查該犯等計贓科斷
僅止杖責但臺灣正當嚴禁口岸陋規之際該
犯等尚敢得贓故縱實屬藐不畏法未便拘泥
計贓成例致滋輕縱鍾朝英鄭保生曾成郭財
黃佑應與正犯林紹聚等一同枷示臺灣各口
俟林紹聚等發遣之日一同疎枷發往伊犁給
種地兵丁為奴以儆兵役賄縱錮習水手林阿
魯余阿藏林紹義李妙正李阿都余良喜洪與
麟鄭阿東陳阿二黃阿英蔡二余文都余紹福
鄭阿招黃阿謙張貴才陳阿富林赤蘇勇許威
許抄許月林龍許晃林壯林種林廉均合依知
而不舉杖一百徒三年例應杖一百徒三年解
赴內地定驛發配折責欏站水手林阿魯等二
十七名均在臺灣枷號三個月滿日再解內地

杖徒客民李港等照例杖八十遞回原籍安插逸
犯假冒臺防廳差役陳進及客頭曾阿番吳益
中船主謝發並舵水崔阿駱郎崔梓萬李殿開
李阿好莊振萬洪貌洪意洪宗許濕許釵宋足
洪泰林萬鄭旺林景及客民王俊等飭屬嚴緝
按名務獲另結仍於各犯名下照追所得番銀
同船隻一併變價入官充公違例租船之鄭阿
耍柳阿四林炎及客頭張敏李海分咨查拏照
例辦理濫給船照及失察出口並兵役得贓縱
放及監甕水手文武各職名詳請督撫送部請
參除繕具供單恭呈
御覽外理合將審明定擬各緣由聯銜具摺謹
奏伏乞
皇上睿鑒
勅部核覆施行謹
奏
[illegible]
乾隆五十四年十月　二十八　日

《宮中檔》，乾隆五十四年十月二十八日，奎林等奏摺

閩浙總督臣覺羅伍拉納
福建巡撫臣徐嗣曾跪
奏為遵
旨籌議設立官渡事宜仰祈
聖鑒事竊照前督臣福康安彙奏乾隆五十三年拿
獲偷渡客民案内聲請設立官渡一摺奉
上諭據福康安奏請明設官渡一體給照驗放以清
私渡之源所籌均屬妥協其應如何查禁之處著
伍拉納徐嗣曾將摺内情形詳加體訪與水師陸
路提督臺灣鎮道會同妥議立定章程即行具奏
欽此欽遵隨即移行會議去後嗣經各提臣及
鎮道等陸續覆到行令藩臬兩司彙核具詳前
來臣等復查照摺内情形體訪輿情公同商酌
伏查閩省渡海正口共設三處如泉州府屬之
廈門則與鹿耳門對渡蚶江則與鹿仔港對渡
又現在復設福州府屬之五虎門則與淡水八
里坌對渡凡商船貨物并搭載民人出口俱責
成福防廈防蚶江三廳管理會同守口汛弁驗
放迨至臺灣入口又責成淡防臺防鹿港三廳
會同營員稽查其餘沿海口岸概不許船隻私
越遇有拿獲偷渡之案悉按照嚴例將客頭船
户保甲人等及汛口文武兵丁分别叅處治罪
又如臺灣府屬淡水之八尺門彰化之海豐港
嘉義之虎尾溪鳳山之竹仔港可容小船出入
各處所復經添撥汛防駐守一體稽查訪拿辦
理是立法已極為周密況分設各口既廣示商
民以利濟之途而偷渡之弊仍復年辦年有者
蓋緣生齒日繁臺灣地土膏腴易於耕作無業
貧民紛紛渡海或依親傍族覓食營生若由官
渡則必經官給照難免守候稽延而商船搭載
其價亦昂遂有積慣船户客頭於沿海小港私
相招攬每人不過番銀二三元即可登舟開駕
在攬載者既可因多人獲利而私越者亦因出
費既輕行程又速遂致圖便目前不惜以身試
法此私渡之所以未能淨盡也今既明設官渡
必須將給照之例量為變通搭載之價定以限
制庶事歸簡便而民易樂從臣等伏思内地民
人前往臺灣請給護照若一經胥吏之手即不
無措索留難而船户則得一搭載之人即可多
一津貼之費查正口商船皆各有資本營運即
行保亦必身家殷實者方准承充斷不肯混載
匪人自罹法網應請嗣後凡遇客民請照前赴
臺灣俱責令行保船户開報姓名籍貫年貌住
址並往臺灣何處作何事業逐一詳晰具結呈
明該管廳員查驗屬實立即給予執照放行毋
許胥役藉端措勒一面移明臺灣各廳點驗入
口隨即移覆其出口之處仍令守口員弁查驗
放行如給照遲延責在管口廳員驗放留難咎
在守口兵役一經查出即嚴行分别叅辦倘有
人照不符拿解地方官照私渡例治罪至向來
商船搭載民人每名索取番銀四五元不等未
免過多應請酌定如由廈門至鹿耳門更程較
遠每名許收番銀三元由南臺至八里坌蚶江
至鹿仔港更程較近每名只許收番銀二元如
挈眷同行者計名給與一切船租飯食俱在其
内倘敢額外多索許該民人赴廳指禀立予嚴
究仍飭汛口員弁兵役每日親赴該管各澳口
將所泊商漁等船查驗字號船牌按旬列摺報
明存案一有無照船隻即係私渡立行根究如
兵役等挈獲偷渡之犯均照善後事宜案内將
船隻貨物一併給賞以示鼓勵其沿海有底無
蓋小船俱經驗烙編號止許就近剥載不得遠
出以杜弊混并飭知臺灣鎮道一體查辦並於
各海口遍行曉諭務俾咸知法守似此立定章
程在偷渡船户一被拿獲船貨皆不復為其所
有自不敢貪小利而貽大累而渡海民人知有
層層稽察耳目難遍縱能偷越於出口之時亦
難僥倖於進口之際具盡由官渡一經給照即
可驗放其費又得節省自轉憚於私渡之難無
不樂趨於官渡而私渡之弊可以不禁自除矣
所有臣等酌籌辦理緣由謹會同水師提臣哈
當阿陸路提臣海祿恭摺具
奏是否有當伏祈
皇上睿鑒訓示遵行謹
奏
軍機大臣會該部議奏
乾隆五十四年十二月　初一　日

《宮中檔》，乾隆五十四年十二月初一日，覺羅伍拉納等奏摺

提督銜福建臺灣總兵達洪阿按察使銜福建臺灣道姚瑩
奏竊臣等於本年九月十六日兩接督臣行知以夷船沿海駛
擾欽奉道光二十年七月初七日奉
上
諭臺灣府準備事宜在籍前任提督王得祿最為熟悉或有應行
商酌之處著即飛檄該鎮道與王得祿同心協力以資保衛等因
欽此又奉
上
諭臺灣孤懸海外防堵事宜尤應準備著該督飛飭該鎮道等遵
奉前旨與前任提督王得祿同心協力加意嚴防毋稍疏懈等因
欽此維時臣達洪阿正在郡城督防安平南路臣姚瑩正在北路
籌備海口當即恭疏
諭
旨移會前提臣王得祿遵奉外伏思臺灣孤懸海外南北道里綿
長口岸紛歧防禦誠非易易澎湖為臺廈中流鎖鑰亦屬嚴
要之區自粵東防夷以來臣等慮夷船竄入臺洋經嚴督各
廳縣營水師守口文武員弁修整礮臺探量水勢分道防守
幷奉督撫臣檄飭整備巡船礮位實力巡防該夷船於本年
六月間屢至臺灣及澎湖外洋遊奕臣等及臺澎二協文即
封港不許小舟竹筏出口以杜奸民接濟一面督飭舟師合
力轟擊旋皆竄去幸無貽誤均經報明督撫在案比因浙江
定海失事大兵雲集一經轟敗勢必竄回閩洋為其歸逸且
廈門亦有夷船滋擾臺澎四面汪洋防範尤不可不嚴前提
臣王得祿曾在粵洋深悉夷情臣姚瑩函詢戰守機宜據云
夷人船高礮烈不宜輕與決戰海上應以嚴防口岸密防內
奸為先與臣等意見相同當以郡城為根本重地安平又為
郡城門戶關繫匪輕北路遙長各處海口更在堪虞臣等
公同商酌臣達洪阿督同護安平水師副將江奕喜臺灣府
知府熊一本辦理郡城安平上下各口並南路鳳山一帶各
口揀派舟師水勇添立礮墩臣姚瑩於八月初六日起程赴
北路直至雞籠各海口會同護北路副將關桂嘉義參將珊
琳艋舺參將邱鎮功及各廳縣逐處履勘添設礮墩巡船雇募
鄉勇水勇沿途傳見紳耆等諭令團練壯勇蓋臺地人心浮
動遊民最多無事之時尚圖蠢動茲值逆夷滋擾甯小不免
生心是攘外必先靖內所有廳縣官及陸路弁兵皆當照常
彈壓地方不可輕動而水師兵少不敷分撥必須多雇鄉勇
既得防夷之用亦可收養遊手消其不靖之心此臣等妥商
辦理之原委也臣姚瑩北路事竣馳回郡城料理一切臣達
洪阿屆年冬巡閱之期先赴南路查辦後即赴北路巡查如
此互出督防南北兩路可免顧此失彼之虞茲復欽遵
聖諭與王得祿同心協力該提督本老成宿將遇事相商更臻妥協
統計現在勘辦臺灣郡城要口三處曰安平大港曰四草港
曰國賽港嘉義縣要口一處曰樹苓湖彰化縣要口一處曰
番仔挖即鹿港外口淡水廳要口二處曰滬尾即八里坌口
曰大雞籠噶瑪蘭界外一處曰蘇澳皆水勢寬深其餘南北
路次要小口九處較為淺狹鹿耳門昔稱天險自道光二年
來已成淤廢商船不能出入故亦為次要以上各口共用弁

兵三千四百八十一名屯丁二百名鄉勇二千一百六十名
水勇五百二十名或配船堵防海口或在礮墩守望此皆常
川駐防之師其前提臣王得祿及諸廳縣自練鄉勇往來巡
查策應者不在此數又各莊總董頭人團練壯丁自一二百
名至七八百名不等通計二廳四縣團練壯勇一萬三千餘
人豫備一旦有警半以守莊半出聽候調用臣達洪阿仍統
率自練精兵及陸路各營將卒蓄養精銳以待臨時策應至
所築礮墩厚皆一丈長自十丈至三五十丈不等高皆一丈
傚照督臣麻袋貯沙之法先以竹簍盛沙作墩上堆麻袋為
垛墩外圍以粗大竹筒筒長一丈埋地五尺其上五尺竹節
打通貯水編連排插夷礮雖猛穿沙洞竹軟難見水亦可滅
力更多備牛皮綱紗棉被隨時以避槍礮臣達洪阿等於礮
臺礮墩要隘之處挖寬一丈二尺深一丈濠溝百數十丈製
備釘筒釘板鉤連槍棍六千四百餘件鐵蒺藜十萬三千餘
箇竹籤十三萬二千餘枝以防夷人登岸之用至於火器除
大小礮位擡礮擡槍鳥槍外並多製火箭火罐教令兵丁操
演嫻熟其澎湖亦經委員籌帶經費前往協同水師副將詹
功顯及該廳營認真防堵臣等彼此熟商復同前提臣王得
祿相與講求督率府廳縣營辦理務期妥密仰副
皇上垂念海外嚴疆之至意
硃批覽奏均悉妥為防範毋忽

《清宮洋務始末臺灣史料》，道光二十年十二月十二日，姚瑩奏摺

福州將軍兼署閩浙總督臣英桂
福建巡撫臣李福泰跪
奏為閩省台灣口岸辦理通商出力人員懇
恩分別獎敘以示激勸恭摺具奏仰祈
聖鑒事竊照閩省台灣地方先因美國議請在於淡水之八里坌准予
通商貿易經前督臣札委補用道區天民渡台專駐會同台
灣鎮道府妥議辦理嗣英國領事官郇和到台復請在於台
灣府城開設口岸因府城港道淤淺洋艘挽泊為難隨定議
仍在淡水之八里坌即滬尾口作為貿易馬頭區天民會同
台灣鎮道府並帶隨員候補知縣程鷹嘉義營把總黃大陞
馳往淡廳督同印委各員因地制宜妥為規畫該處紳民有
不願與外國通商者經該員等多方開導設法撫綏民情始稱
安貼旋又設立海關啟征洋稅雖大致有稅則可循而一切
詳細章程甚為煩瑣各地無熟悉經書堪以選充承辦復經
區天民等稟經前任將軍文清由省選派諳練關書李彤恩
等赴台飭將設關稽征各事宜確按海外情形參酌內地各
口成案籌議章程稟經核定於同治元年六月二十二日開
關啟征二年八月間添雞籠打狗二關作為滬尾之外口一
律通商並派稅務委士威等前往分住由區天民會同台灣
道府札委候補府經歷孫緯等派熟悉稅之關書李彤恩赴
打狗口察看試辦計閱一年均稍妥洽惟該口時有中外交

涉事件未可專責之佐雜微員且該處離郡較遠勢難兼顧
據台灣道府稟由臣英桂會商前督撫臣妥令福州駐防水
師旗營佐領劉青藜馳往駐辦並同彰化縣匪徒滋事經前
撫臣徐宗幹派委區天民督辦軍務其滬尾通商事務另委
候補知府馮孟良渡台接理均經
奏明在案伏思台灣孤懸海外商征税事屬初創如聯絡外國
官商稽查奸民偷漏較之內地各口辦有定章及原有海關
由常税兼征洋税者難易懸殊今承辦之員弁書吏人等均
能矢慎矢勤會同領事官税務司講求條約税則實心經理
數載以來中外頗覺又安商情極為悅服而滬尾打狗兩口征
收税銀已至三十餘萬兩實係著有成效查內地南台等口承
辦通商出力各員曾於同治四年間經前督臣左宗棠等錄
敘勞績奏蒙
恩施有案台地事同一律未便沒其微勞除補用道區天民已於
台灣剿匪出力案內保奬并候補知縣程賡一員業經病故
均無庸列保外所有在事尤為出力員弁書吏人等據台灣
道府會同委員稟請獎勵飭由閩省通商總局司道覈議具
詳請
奏緣督臣吳棠出省查辦事件未及覈辦移交前來臣等謹酌
擬獎敘臚列請單恭呈
御覽可否
俯准所請以示激勸之處出自
天恩除咨部臣暨總理各國事務衙門並通商大臣查照外臣等
謹合詞恭摺具
奏伏乞
皇太后
皇上聖鑒訓示再福州將軍係臣英桂本任毋庸會銜合併陳明謹
奏
同治六年九月初六日軍機大臣奉
旨馮慶良等均着照所請獎勵該衙門知道單併發欽此

《月摺檔》，同治六年九月初六日，英桂等奏摺

臺北門戶

——清代滬尾的地理沿革與歷史變遷

滬尾地名，屢見於清代官方文書，反映滬尾已經是清代歷史的一個重要舞臺。在地方大吏的奏摺中，滬尾出現了幾個同音異譯的字樣。例如乾隆年間閩浙總督常青具摺時，將滬尾寫作「戶尾」，原摺也指出乾隆末年戶尾庄的義民對民變的反制，產生了重大的作用。李侍堯在閩浙總督任內，繕摺奏聞地方事宜時，滬尾則書作「扈尾」，原奏對扈尾庄的商業活動及內地民人渡海入臺在扈尾謀生的情形，也有簡單的描述。國立故宮博物院典藏乾隆年間彩繪臺灣地圖，亦作「扈尾庄」。林爽文之役以後，八里坌正式開設口岸，對渡五虎門南臺，反映北淡水的開發，已具有重大的意義。咸豐年間，閩浙總督慶端具摺時，一面說「八里坌口內之滬尾一澳，亦為商船寄椗之區」，一面說「滬尾即八里坌一澳，地近大洋。」可以理解清代官方文書所稱八里坌往往同時指滬尾而言。同治末年，淡水廳統計各庄丁口戶數，也是將滬尾庄列入興直保的八里坌庄合併統計。光緒初年，福建巡撫勒方錡具摺時已指出「滬尾溪海口，其南岸名八里坌，從前舟行皆傍兩岸，近因沙壅，又皆依北岸行。」北岸就是滬尾澳，由於滬尾澳港口較宏敞，地近大洋，而逐漸取代了八里坌的歷史地位。同光年間，清廷履行條約義務，對外開放通商，定議於滬尾口作為通商碼頭，設關徵稅，滬尾庄、滬尾港的重要性，與日俱增，社區日益繁榮，扮演了更加重要的歷史舞臺。

從臺灣地圖看滬尾

康熙年間領有臺灣後，即設府治，領臺灣、鳳山、諸羅三縣，諸羅縣以北，並未設官。其後，一方面由於移墾方向由南向北發展，一方面由於八里坌港口可以渡臺，使北淡水地區日漸開闢。雍正元年（1723），增設彰化一縣，並置淡水同知。雍正九年（1731），劃大甲以北至三貂嶺遠望坑止的刑名錢穀諸務，歸淡水同知管轄，改治竹塹。嘉慶十五年（1810），復以遠望坑迤北而東至蘇澳止，設噶瑪蘭通判[1]。從現存清代乾隆年間彩繪臺灣地圖的標示，有助於了解清代前期八里坌、滬尾的地理形勢。據原圖的標示，秀郎溪西行，入雷裡前溪，兩溪會合後，稱為雷裡溪。雷裡溪北岸有雷裡社，雷裡溪似因雷裡社而得名。艋舺渡頭街位於雷裡社西南，介於雷裡社和下埤頭庄之間。艋舺渡頭街北為艋舺渡頭汛，置外委一員，兵二十名。由艋舺渡頭汛至雷裡社計程三里，西至港邊五里，北至拳頭母山十里。觀音山西北過西雲岩為八里坌仔社。觀音山之南為八里坌山，媽祖宮介於兩山之間。八里坌都司營盤位於八里坌山的山麓。營盤之南過煙墩塘即為長道坑庄。由八里坌過海口十五里可至圭柔山社，圭柔山社西南即滬尾庄，滬尾原圖作「扈尾」。滬尾庄東北為紅毛礮臺。滬尾海口有圭心礁，意即「雞心礁」，因形似雞心而得名。將滬尾、八里坌位置圖影印於後。

從現存乾隆年間彩繪臺灣地圖，可以說明乾隆年間滬尾

1　《月摺包》（臺北，國立故宮博物院），光緒元年七月十四日，閩浙總督李鶴年等奏摺抄件。

庄已經形成移民社會的聚落。滬尾在雷裡溪的下游入海口附近，清代文書已指出雷裡溪下游為滬尾溪，滬尾庄即因滬尾溪而得名。滬尾庄與八里坌雖隔滬尾溪而相望，但清代文書上所見八里坌，不僅是指八里坌港口一處而已，事實上它還包括滬尾。咸豐年間（1851-1861），閩浙總督慶端等人具摺時已指出淡水廳屬之八里坌等處為出入正口，其八里坌口內之滬尾一澳，亦為商船寄椗之區[2]。滬尾口就是清代後期商船雲集的港口。

淡水廳因廳治設在竹塹城，所以淡水廳又習稱竹塹廳。同治年間（1862-1874），竹塹廳所轄地界，頗為遼闊，除東界向山，西臨大海，漢人村庄聚落較為稀少外，其所轄村庄包括竹塹城內東西南北四門，城外附城處所分為東西南北廂及東北、西北廂各庄。在清初康熙、雍正年間（1662-1735），竹塹城郊以外地方，村落稀疏，田野未闢，漳、泉、廣東各籍移民，戶口稀少。其後，由於荒地漸闢，渡海至北淡水者，與日俱增，民戶日移。由竹塹城向北依次為桃澗保、海山保、擺接保、大加蚋保、拳山保、石碇保，直至與噶瑪蘭廳交界的遠望坑庄。從大加蚋保的艋舺街斜向東上為興直保、芝蘭保，直至西海岸止。滬尾庄雖然鄰近淇里岸、北投等庄，但並不屬於芝蘭保，而是屬於興直保，滬尾由於港口較優越而使其地位日趨重要。

從開港通商看滬尾

在清代前期，八里坌、滬尾已經是臺灣淡水廳境內出入頻繁的港口。八里坌、滬尾距離福建沿海五虎門水程較近，

---

2 《宮中檔》（臺北，國立故宮博物院），第2714箱，68包，11469號，咸豐九年十一月二十九日，閩浙總督慶端等奏摺。

商船往來，頗稱便利。但因清廷尚未開放口岸，所以八里坌、滬尾港口常常成為避風或偷渡的口岸。乾隆年間，林爽文起事以後，八里坌、滬尾就成為臺灣北路民人返回閩粵內地的重要出口。乾隆五十一年（1786）十一月二十八日夜間，天地會黨夥攻陷彰化縣城後，征北大元帥王作奉命進攻淡水，署淡水同知程峻遭遇伏擊，因寡不敵眾，自殺身故，竹塹城被會黨攻陷。程峻長子程必大恐關防被會黨奪去，即改裝易服，懷挾淡防同知關防，潛往八里坌，搭船內渡求援。據程必大供稱：「我父親程峻現署淡水同知駐箚竹塹，因彰化賊匪滋事，我父親會同董守備帶領兵役鄉勇前赴中港地方堵禦。賊匪眾多，抵敵不住，我父親存亡不知，賊匪於十二月初七日已至竹塹，肆行擄搶。我恐印信被他搶去，又因彰化地方已被賊踞，不能前往府城，我只得帶印信改裝，跑到八里坌，搭船內渡求救的[3]。」十二月十二日，程必大奔赴福建陸路提督衙門求見任承恩。北路竹塹營外委虞文光、兵丁王元浩亦由八里坌內渡，前往泉州求救。福建永春州人陳班，渡臺多年，在滬尾開張酒店。乾隆五十一年（1786）十二月十四日夜間，天地會黨夥到滬尾燒搶，陳班出門救護，被會黨擄去。會黨頭目何檜將陳班髮辮割去半截，派在會黨股首何馬寮內守更。陳班因貪睡失更，被何馬把耳朵割了一刀。後來由於滬尾兵民協力保護，未受會黨搶劫，其母亦寄信催促回籍，陳班即於十二月十七日夜間逃走，搭坐徐魁春船渡回福建內地，於仙遊縣境內被兵役拏獲[4]。福建巡撫徐嗣曾具摺奏請派

3 《宮中檔乾隆朝奏摺》，第 6 輯（臺北，國立故宮博物院，民國 76 年 6 月），頁 605。乾隆五十一年十二月十三日，福建陸路提督任承恩奏摺。

4 《宮中檔乾隆朝奏摺》，第 65 輯（民國 76 年 9 月），頁 58。乾隆

兵救援臺灣時，亦由五虎門放洋直趨八里坌，內地運送淡水廳的糧餉鉛藥等補給俱由五虎門出口，到八里坌收口。

天地會起事後，聲勢浩大，滬尾地方，亦遭滋擾。現藏《宮中檔》含有閩浙總督、福建巡撫提督等人奏摺，對會黨滋擾滬尾及義民堵禦會黨情形頗詳。乾隆五十一年（1786）十二月初，北路會黨相繼響應林爽文。十二月初十日，八芝蘭會黨頭目賴水等豎立大旗，招募千餘人起事。貢生吳志趙前往艋舺聯絡會黨。八里坌、滬尾、長道坑等處的會黨股首何馬、何記、吳三奇、莊漢等俱各招募會黨千餘人，豎立大旗，四處蜂起，分踞各地，搶佔店舖，焚掠民房。閩浙總督常青原摺，將「滬尾」寫作「戶尾」。十二月十三日，「戶尾庄」義民首蔡才、林球等率領義民三百名，和尚洲義民首鄭窗、黃天麟、趙暢等率領義民六百名，大坪頂庄義民首黃英、王倍等率領義民四百名，合計一千三百餘名進攻「戶尾」、八里坌、長坑道等處，殺斃會黨五十餘人，救出署淡水廳同知程峻及新庄司李國楷兩家官眷，守禦「戶尾」、八里坌等港口[5]。由於兵民協力守護滬尾、八里坌等港，使官兵補給可以從內地源源不絕地由滬尾、八里坌等處港口上岸，而加速了會黨的失敗。

林爽文之役結束後，地方大吏在籌議善後措施時，曾經多次議及八里坌、滬尾開港事宜。例如乾隆五十三年（1788）四月十八日，福康安具摺時已指出淡水八里坌海口，例不准船隻出入，惟多有私自收入港口者。因淡水產米甚多，商販

五十二年七月十八日，附片。

5 《宮中檔乾隆朝奏摺》，第 62 輯（民國 76 年 6 月），頁 721。乾隆五十一年十二月二十四日，閩浙總督常青奏摺。

圖利，順便販運出口。亦有陋規，但無定數，是由淡水同知與淡水都司管理，每年平均同知約得番銀六、七千圓，都司約得番銀四、五千圓，都司又於所得銀內分送總兵一千圓[6]。清廷雖然嚴禁偷渡，但因商船出入頻繁，內地偷渡來臺及由臺郡返回內地者，多經八里坌、滬尾出入。乾隆五十三年（1788）五月初九日，福康安等具摺奏請開放八里坌海口，似便商民。原摺有一段要點如下：

> 查淡水八里坌地方港口距五虎門水程約有六、七百里，逆匪滋事時，經臣徐嗣曾奏明派兵，自五虎門放洋，直趨淡水。嗣後運往淡水之糧餉鉛藥，亦多由八里坌收口，一載以來，甚為利涉，該處港道寬闊，可容大船出入，從前即有商船收泊該處，載運米石，管口員弁藉端需索，得受陋規之事，徒有封禁之名，毫無實濟。且淡水為產米之區，八里坌一港，又非偏僻港口僅容小船者可比，雖臺灣遠在海外，稽查奸匪，不可不嚴。而百餘年來，休養生息，販運流通，實與內地無異，小民等趨利如騖，勢難禁遏。與其陽奉陰違，轉滋訛索，不若明設口岸，以便商民。查鹿仔港對渡蚶江，本係封禁，經永德奏准開設，船隻往來，極為便利，應請將八里坌對渡五虎海口，一體准令開設[7]。

泉州府屬廈門與鹿耳門對渡，蚶江與鹿仔港對渡，福州府屬五虎門南臺與淡水八里坌對渡，就是閩省內地與臺灣渡

6 《宮中檔乾隆朝奏摺》，第 67 輯（民國 76 年 11 月），頁 685。乾隆五十三年四月十八日，福康安等奏摺。
7 《宮中檔乾陸朝奏摺》，第 68 輯（民國 76 年 12 月），頁 218。乾隆五十三年五月初九日，福康安等奏摺。

海的三處正口，向來商船搭載民人，每名索取番銀四、五元不等，索價過多。乾隆五十四年（1789）十二月，閩浙總督伍拉納、福建巡撫徐嗣曾籌議設立官渡章程時奏請酌定：由廈門至鹿耳門更程較遠，每名許收番銀三元；由南臺至八里坌，蚶江至鹿仔港，更程較近，每名只許收番銀二元[8]。由於八里坌正式開設口岸，往返商船更多，渡海來臺者，多由八里坌入口，對臺灣北路淡水等地區的開發，產生了促進的作用。

後來由於八里坌淤塞，船隻多在北岸滬尾停泊。嘉慶十三年（1808）六月二十三、四等日，海盜朱濆率領船隊由大雞籠竄到滬尾口停泊。六月二十五日，海盜撲岸，經義勇屯番協同官兵擊退。勒方錡在福建巡撫任內曾具摺指出，「基隆以南約七、八十里至滬尾溪海口，其南岸名八里坌，從前舟行皆傍南岸，近因沙壅，又皆依北岸行[9]。」李鶴年在閩浙總督任內亦具摺指出，「今則八里坌淤塞，新添各港口，曰大安，曰後隴〔壠〕，曰香山，曰滬尾，曰雞籠，而雞籠、滬尾，港口宏敞，舟楫尤多[10]。」由於八里坌日漸淤塞，滬尾港因較宏敞，而逐漸取代了八里坌的地位。

十九世紀中葉，西方列強為了擴大商業權益，先後發動鴉片戰爭、英法聯軍等戰爭，清廷在西方船堅礮利的威脅下，

---

8 《宮中檔乾隆朝奏摺》，第74輯（民國77年6月），頁309。乾隆五十四年二月初一日，閩浙總督伍拉納等奏摺。

9 《清宮月摺檔臺灣史料（一）》（臺北，國立故宮博物院，民國84年8月），頁3272。光緒六年十二月初七日，福建巡撫勒方錡奏摺抄件。

10 《清宮月摺檔臺灣史料（三）》，頁2020，光緒元年七月十四日，閩浙總督李鶴年等奏摺抄件。

被迫簽訂城下之盟。咸豐八年（1858）五月，天津條約規定，除中英互派使節、內地遊歷外，並加開牛莊、登州、潮州、瓊州及臺灣為商埠。臺灣開港是英人的宿願，惟因換約問題，英法再度啓釁，臺灣開港亦暫時擱置。咸豐九年（1859），美使以最惠國待遇條款，請求在臺灣開埠通商。國立故宮博物院典藏咸豐朝《宮中檔》閩浙總督慶端等奏摺，對八里坌、滬尾開港過程，分析頗為詳盡，節錄一段如下：

> 伏查閩省臺灣一郡，孤懸海外，所轄五廳四縣，島嶼紛歧，向來官商各船，往來停泊，以臺灣縣屬之鹿耳門，彰化縣屬之鹿仔港，淡水廳屬之八里岔〔坌〕等三處為出入正口，其八里岔〔坌〕口內之滬尾一澳，亦為商船寄椗之區，附近滬尾之艋舺地方，並為各商貿販之所。現在咪利堅一國，既經准在臺灣開市通商，設關征稅，自應照原奏，俟該國領事到之後，再由地方官會同妥議交易合宜之處，先行開市征稅，以期無礙大局。惟查該夷原請自十月初九日起扣至兩個月後赴臺開市，現已將及屆期，雖經飛札移行該管鎮道府遵照妥議，分別辦理。第重洋遠隔，風信靡常，往來文報，難以應期，若俟往返稟商，誠恐臨期貽誤，而該郡地皆濱海，處處可通，似應先行酌定馬頭，庶免漫無限制，即該道府亦可循照議行。該署福建藩司裕鐸前任臺灣道時，曾以巡查親歷各口。據稱鹿耳門一處，迫近郡城，鹿仔港口，檣帆薈萃，港道淺窄，均非商夷船隻輻輳所宜。惟查有滬尾即八里岔〔坌〕一澳，地近大洋，貿販所集，堪令開市通商，並於附近

要隘設立海關，照章征稅，以示懷柔[11]。

引文內有「八里坌口內之滬尾一澳」、「滬尾即八里坌一澳」等語，可以了解清代文書所稱八里坌口，包含滬尾港，有時候，滬尾就是指八里坌。咸豐末年，鹿仔港因港口淺窄，已經不是良好的通商口岸。而滬尾則因地近大洋，是較優良的港口。

據福州關稅務司美里登向署通商大臣李鴻章申稱，臺灣關稅事務由地方官辦理，一年收銀四、五萬兩，以洋藥而言，淡水、雞籠、臺灣府、打狗港四處，每年進口至少有五、六千箱，即可徵稅銀十五萬兩，或十八萬兩，倘若由外國人充當稅務司，辦理臺灣新關，則每年足可收銀三十萬兩，實於中國大有利益。他建議以雞籠口作淡水子口，打狗港作為臺灣府子口。因雞籠與淡水相連，打狗與臺灣府相連，故只需稅務司一名，即可辦理四口稅務，按月經費亦不必多，或一千兩，或一千二百兩，即可敷用。李鴻章即請總理衙門移咨福州將軍等按照稅務司章程，轉飭副稅務司速往臺灣遵照辦理。閩浙總督左宗棠、福建巡撫徐宗幹等飛飭臺灣道府妥籌速辦，並扎派副稅務司渡臺會辦。據署臺灣道陳懋烈、署臺灣府知府葉宗元、通商委員馬樞輝稟稱，臺灣本非對外通商口岸，自咸豐九年（1859）美國使臣華若翰請照和議條約在臺灣開市完稅，奏定以淡水滬尾口即八里坌為通商碼頭，閩浙總督慶端飭委福建候補用道區天民渡臺專駐，會同臺灣鎮道府勘定於八里坌設關徵稅。咸豐十一年（1861）六月，英國領事官郇和到臺灣，因鹿耳門外水淺潮大，不能停泊，改

11 《宮中檔》（臺北，國立故宮博物院），第2714箱，68包，11469號，咸豐九年十一月二十九日，閩浙總督慶端等奏摺。

由打狗港上岸，察明臺灣府城海口淤滯，洋船不能收泊，難作通商碼頭，亦定議於淡水滬尾口作為通商碼頭，設關徵稅。區天民渡臺後，即會同臺灣鎮道府各員妥為規畫。區天民又稟請福州將軍文清由閩省選派諳練關書李彤恩等赴臺辦理設關稽徵事宜，籌議章程。經核定於同治元年（1862）六月二十二日開關啓徵[12]。福建巡撫徐宗幹認為臺灣一郡，自南至北，港口紛歧，僅滬尾一處設關開徵，稽查難周。雞籠與打狗既有洋船停泊，應一律添設子口，均歸滬尾正口管轄，並派稅務司麥士威等前往分駐。其中雞籠一口，同治二年（1863）八月十九日開關啓徵，作為滬口尾外口，至於臺灣府海口，既經查明淤淺，未便設立稅口。

臺灣對外開港通商，載在條約，經地方督撫議定實施，定期奏報稅收數目。海關奏報稅銀，定例三個月為一結，一年四結，每結收支數目，例應繕寫四柱清單進呈御覽，分為舊管、新收、開除、實在四項。據福建巡撫徐宗幹奏報，滬尾口自開徵至第八結止，徵收洋稅銀九千八百餘兩，徵收洋藥稅銀一千一百餘兩，徵收洋船噸鈔銀四百餘兩，土貨復進口半稅銀三百餘兩。第九結期內徵收洋稅銀九千二百餘兩，徵收洋藥稅銀二千五百餘兩，徵收洋船噸鈔跟二百餘兩，土貨復進口半稅銀六百餘兩。

各海關徵收洋稅，經總理各國事務衙門會同戶部奏定章程，令各海關將收支數目按結奏報一次，扣足四結，專摺奏銷。國立故宮博物院典藏《軍機處檔・月摺包》含有頗多海關稅收四柱清單。例如福州將軍兼管閩海關稅務文煜奏報滬尾、打狗二口同治七年（1868）十一月十九日至八年（1869）一

12 《月摺檔》，同治六年九月初六日，福建巡撫李福泰奏摺抄件。

月十九日止第三十四結期內洋稅收支數目清單列表如下。

滬尾、打狗二口第三十四結期關說收支數目表：

項目	口別	稅別	收入（兩）		支出（兩）		備註
舊管			48206	852			第三十三結流存稅銀
新收	滬尾口	洋稅銀	5241	259			
		洋藥稅銀	4099	050			
		洋船噸鈔銀	158	000			
		土貨復進口半稅銀	61	290			
	打狗口	洋稅銀	14584	036			
		洋藥稅銀	4400	400			
		洋船噸鈔銀	623	200			
		土貨復進口半稅銀	151	787			
	合計	滬尾、打狗二口新收	29319	022			
	總計	舊管新收	77525	872			
開除		提解總理衙門等			781	200	
		提存解京四成稅銀			11329	898	
		支給稅務司薪俸			9000	000	
	合計	滬尾、打狗二口開除銀			21111	098	
實在		滬尾、打狗二口存稅銀			56414	774	

表中開除項下提解總理衙門及撥給稅務司噸鈔共銀七百八十一兩二錢，原奏聲明此項噸鈔內應提解總理衙門三成銀兩外，其餘七成噸鈔，經通商大臣曾國藩准總理衙門移咨，自三十一結起按月由各口稅務司收領，以為建造塔表望樓之費。

滬尾、打狗二口開放通商後，其稅收總額，逐年增加，例如同治八年（1869）二月二十日起至同年五月二十一日止屆滿三十五結期內，滬尾、打狗二口舊管新收共銀九萬五千四百九兩二錢二分五釐，開除各項支出外，實在節餘稅銀七萬五百三十兩五錢八釐。比較第三十四結盈餘共增加銀一萬四十一百一十餘兩。從滬尾、打狗二口全年貿易總額的逐年增加，可以反映滬尾等港口的日趨繁榮。

從硫磺開採看滬尾

臺灣資源豐富，亟待開發，除農作物或經濟作物外，其餘硫磺、磺油、煤炭等礦物的開採，亦引起中外的重視。其中硫磺、磺油的產地，主要在北淡水。臺灣誌書，記載北淡水地方有硫磺山，出產硫磺等語。林爽文起事以後，聲勢雖然浩大，但因軍火缺乏，或檢拾官兵遺留的彈片，或在北淡水硫磺山私換硫磺，配製火藥[13]，終因補給不足而加速失敗。

清代律例規定，產礦山場山主違禁勾引礦徒潛行偷挖者，照礦徒之例，以為首論；內地私販硫磺五十觔以上者杖一百，徒三年。北淡水硫磺山向來雖然禁止偷挖，但民間私挖硫磺案件，卻層見疊出。其查禁防範私挖事宜，向例是由駐箚滬尾的守備負責。乾隆五十二年（1787）七月，據駐箚滬尾守備羅禮璋稟報，七月初六日，外委陳皋望見大屯山頂有數人挑擔，不由正路，形跡可疑，即率兵丁前往盤查。挑擔者看見官兵上山，即棄擔而逃，遺下麻袋竹筐，俱是硫磺，共十五塊，重四百斤[14]。福建莆田縣民孫漢齊同堂姪孫有從於乾隆五十一年（1786）七月間販賣手巾布，帶往臺灣淡水生理。在淡水硫磺山偷挖硫磺一百八十觔，載回內地，將硫磺藏匿孫有從家。同年九月初，先取硫磺十觔，同至寧德，賣

13 《軍機處檔・月摺包》（臺北，國立故宮博物院），第2778箱，161包，38807號，林爽文供單。

14 《宮中檔乾隆朝奏摺》，第65輯（臺北，國立故宮博物院，民國76年9月），頁93。乾隆五十二年七月二十二日，閩浙總督李侍堯奏摺。

給花炮店林熙盛，得錢分用。乾隆五十二年（1787）七月，孫有從又邀孫漢齊將硫磺一百七十觔裝簍，雇搭翁鷺船隻，仍欲賣給林熙盛，但甫經開行，即被烽火營差弁巡哨搜獲[15]。因私挖盛行，臺灣鎮道遵旨將磺山查勘封禁。

咸豐初年，閩浙總督裕泰具摺時指出，「臺灣淡水廳屬之金包里、大磺山、東瓜湖山、北投山、冷冰窟等處，向為產磺之所，節經各前督臣奏明封禁，並責成艋舺縣丞會同艋舺營參將於每年春夏秋冬四仲月按季赴山查燒一次[16]。」閩浙總督兼署福建巡撫英桂具摺時，亦指出除金包里等處外，芝蘭堡磺山，向例也是奏明封禁。由於華商、英商等爭購硫磺、磺油，福建巡撫徐宗幹等於同治二年（1863）奏請暫行弛禁開採，以資軍火，並派員渡臺查勘，不久，其議又中止。同治八年（1869），三口通商大臣崇厚移咨閩浙總督，奉旨在天津設立機器總局，製造軍火，需用硫磺，故令商人盧璧山前赴臺灣採買。但因北淡水磺山迄未奉旨弛禁，亦未設廠開挖，以致商人盧璧山等無由購買磺斤。究竟各磺山是否有開採的價值，已引起地方大吏的重視。閩浙總督桂英為深入了解實際情形，即令署臺灣鎮總兵官楊在元前往北淡水，率同署淡水同知陳培桂親往芝蘭二保的北投社、大黃港、紗帽山等處勘查磺窟。雖查有百數十處，但因磺氣不很旺盛，若將窟內沙土刨挖煎熬，工本甚鉅，其湧出之磺又無定處，各磺山地處屯社，「內則偪近生番巢穴，外則沿河口岸，處處可通[17]。」

---

15 《宮中檔乾隆朝奏摺》，第 67 輯（民國 76 年 11 月），頁 772。乾隆五十三年四月十一日，閩浙總督李侍堯奏摺。

16 《宮中檔》，第 2709 箱，1 包，221 號，咸豐元年二月二十三日，閩浙總督裕泰奏摺。

17 《月摺檔》，同治九年五月初一日，閩浙總督英桂奏摺抄件。

因此，並未弛禁開採。

光緒初年，福建巡撫丁日昌等為充實福建軍需，並協濟鄰省，即令臺灣道夏獻綸將臺灣所產硫磺、磺油、樟腦、茶葉等項，設法擴充開辦，或由官方設廠，或向民間買收[18]。光緒三年（1877）四月間，丁日昌據督辦臺灣礦務局道員葉文瀾稟稱，冷水窟靠近金包里，每月可產硫磺二百擔左右，洞旁有池一區，亦產硫磺。後因山崩，為沙泥淤塞。若將池前石溝鑿深，放出池水，亦可出磺。此外，大黃山、始洪窟、北投社等處，都產硫磺。至於磺油，則產於淡水之南牛頭巖罅中，與泉水並流而下，其產量每日不過湧出四、五十斤。當地人採取磺油的方法，是盛以木桶，由桶底開竅放水，水盡以後，留在桶底裡的物質，都是磺油，其色黃綠，氣味與洋油相近。丁日昌奏請使用機器開採，估計每日可得百擔左右[19]。

由於北淡水各磺山盛產硫磺，為便於出口，官府遂在滬尾開設磺廠，以生產硫磺。光緒中葉，由張偉堂督辦臺北硫磺局事務。張偉堂，原籍四川瀘州，由監生報捐府經歷，保舉知縣，補放貴州青谿縣知縣。因案被參革職，渡臺投效，奉委辦理臺北硫磺局事務。他在任內，曾因盜賣滬尾磺廠硫磺而受處分。光緒十七年（1891）九月十四、五等日，有商人高承泰，先後到臺北硫磺局購買硫磺一千石。張偉堂即飭滬尾磺廠就近秤付。九月十六日，高承泰將硫磺兌足，裝載駕時輪船，於次日開行。同年十一月初八日，張偉堂因滬尾磺廠陸續積存碎磺，內多渣石，商人均不願購買，於是剔出

18 《月摺檔》，光緒二年九月十九日，福建巡撫丁日昌奏摺抄件。
19 《月摺檔》，光緒三年四月十四日，福建巡撫丁日昌奏摺抄件。

渣磺五百石，裝載駕時輪船，私自運至上海，賣給不識姓名的花炮鋪，得到洋銀六百五十圓，入己花用，並未塡用護照。經福建臺灣巡撫邵友濂查出撤參，發交淡水縣，勒限於一年內將私磺價錢洋銀六百五十圓如數繳案，並按例問擬[20]。光緒年間，洋銀一圓，約為紋銀六錢，洋銀六百五十圓，相當為紋銀三百九十兩。通過此案，可以看出滬尾磺廠曾受地方大吏的重視。

從中法之役看淡水

光緒初年以來，八里坌、滬尾的重要性，更加受到地方大吏的重視。閩浙總督李鶴年具摺時已指出，「伏查艋舺當雞籠、龜崙兩大山前之間，沃壤平原，兩溪環抱，村落衢市，蔚成大觀，西至海口三十里，直達八里坌、滬尾兩口，並有觀音山、大屯山，以為屏障，且與省城五虎門遙對[21]。」八里坌、滬尾的營伍，屬於艋舺營管轄，滬尾置水師守備。何璟在閩浙總督任內亦具摺指出，「伏查臺灣孤懸海外，艋舺營所轄之滬尾地方，又已設口通商，帆檣雲集，該營水師守備，駐紮礮臺，緝捕撫綏，最形喫重，非曉暢營伍，熟悉情形之員，不足以資控扼[22]。」滬尾水師守備員缺，是屬於外海水師題補之缺，必須是熟悉營伍，能約束兵丁之員，始足以彈壓地方。國立故宮博物院典藏各類檔案中，含有頗多歷任滬尾水師守備資料，對於撰寫淡水人物志，可以提供較珍貴的傳記資料。節錄閩浙總督譚鍾麟奏補滬尾水師守備員缺附片如下：

---

20 《月摺檔》，光緒十八年十二月初七日，福建臺灣巡撫邵友濂奏摺抄件。

21 《月摺檔》，光緒元年七月十四日，閩浙總督李鶴年奏摺抄件。

22 《月摺檔》，光緒三年十二月十九日，閩浙總督何璟奏摺抄件。

福建臺灣滬尾水師守備員缺，前以預保守備陳步雲掣補，該員係由本營入伍，例應迴避，經臣咨准部覆，在於臺灣水師守備內揀員對調等因。查有准補臺灣水師協標左營守備李廷琛，年五十七歲，福建詔安縣人，由軍功遞保，留閩儘先守備奏補臺協左營守備，已奉部咨議准。該員水務熟悉，曾署滬尾水師守備，以之調補是缺，洵堪勝任，所遺臺灣水師協標左營守備，即以掣補滬尾水師守備陳步雲對調，與例亦符合，仰懇天恩俯准陳步雲與李廷琛互相調補，俾人地各得其宜，營伍洋防，均有裨益[23]。

由前引奏片內容，可以了解李廷琛的傳記資料，包括年齡，籍貫，出身及居官等情形，對纂修地方人物志，具有重要價值。

全臺雖然口岸林立，但是最重要的港口只有四處，南則安平、旂後，北則滬尾、雞籠。為整頓海防，地方大吏奏請製造師船、修築礮臺。劉明燈在福建臺灣鎮總兵官任內，已專摺奏請製造龍艚師船，分防內港，繼添紅單廣艇，梭巡大洋。劉明燈指出，臺灣大洋有三，即：安平、滬尾、澎湖。澎湖是海中孤島，四面汪洋，請購廣艇二艘駐守；安平購廣艇二艘，兼巡鹿仔港，滬尾亦購廣艇二艘，兼巡雞籠。艋舺生意繁盛，為海盜所垂涎，奏請改造龍艚五號，以輔艇船所不及[24]。

中法之役前後，地方大吏的奏摺，多將「雞籠」改書「基

23 《月摺檔》，光緒十九年九月十八日，閩浙總督譚鍾麟奏片。
24 《月摺檔》，同治六年六月十二日，福建臺灣鎮總兵官劉明燈奏摺抄件。

隆」字樣。據署理福建巡撫張兆棟具摺指出，基隆水勢平穩，洋船可以隨時出入。滬尾一口，當大潮時，巨舟亦可徑達，必須加強防守。滬尾口外的油車口，舊有礮臺基址一所，其內為八里坌及觀音山。岑毓英在福建巡撫任內，曾在觀音山修築礮臺、碉樓，是第二重門戶。張兆棟認為防內不如防外，於是奏請將油車口舊有礮臺，興修完固後，再於八里坌附近的剣仔尾建築礮臺一座，勢成犄角，以資捍衛，並於扼要處所再築暗礮臺數座，並分段添種莿竹，以為屏蔽[25]。修築礮臺是重要的海防措施，福建地方大吏都積極整修礮臺，以防法軍侵犯臺灣。

光緒初年，因越南交涉久無結果，法國海軍司令孤拔（A.A.P. Courbet）為了佔地為質，索賠兵費，於是企圖以其優勢海軍進犯清朝東南沿海，臺灣孤懸外海，遂首當其衝。朝廷下詔起用淮軍名將直隸提督劉銘傳督辦臺灣軍務。《清史稿・劉銘傳列傳》記載光緒年間中法之役一段事蹟如下：

> 十一年，法蘭西兵擾粵閩，詔起銘傳，加巡撫銜，督臺灣軍務，條上海防武備十事，多被採行。抵臺灣未一月，殲敵百餘人，斃其三酋，復基隆，而終不能守。扼滬尾，調江南兵艦，阻不得達。敵三犯滬尾，又犯月眉山，皆擊退，殲敵千餘，相持八閱月。十一年，和議成，法兵始退。初授福建巡撫，尋改臺灣為行省，改臺灣巡撫。增改郡廳州縣，改澎湖協為鎮，檄將吏入山勦撫南、中、北三路，前後山生番，薙髮歸化。丈田清賦，溢舊額三十六萬兩有奇，增茶、鹽、金、煤、林木諸稅。始至，歲入九十餘萬，後增至三百萬。

---

25 《月摺檔》，光緒九年二月十四日，署理福建巡撫張兆棟奏摺抄件。

築礮臺，興造鐵路、電線，防務差具，加太子少保[26]。

前引《清史稿》記載，歷史事件，年月有誤，法兵犯海疆，非始於光緒十一年（1885），是年中法和議成，法兵已退，前後矛盾。劉銘傳加巡撫銜，督臺灣軍務，在光緒十年（1884）五月初四日。月眉山之役，殲敵千餘，誇大戰功。現刊《清史列傳》主要出自清代國史館大臣列傳稿本，其可信度較高。北京中央民族大學王鍾翰教授在《清史列傳》點校序文中已指出，「《清史稿》的列傳所收雖有少數不見於《清史列傳》，而絕大多數的傳，敘事簡略，多半有年無月，有的連年月全都省去，未免失之過簡，對於清史研究工作者的進一步深入鑽討，極為不便[27]。」據《清史列傳・劉銘傳列傳》關於中法之役一節的記載如下：

十年，法人擾海疆，銘傳奉旨賞給巡撫銜，督辦臺灣軍務，因條陳整頓海防，講求武備十條：一、各海口設防，宜分輕重緩急，以期握要；一、各海口礮臺，亟宜改建，以重防守；一、洋面水師兵船，宜次第籌辦，以固海疆；一、長江、太湖水師，亟宜改制，以收實用；一、福建船政局、上海機器局，宜加意整頓；一、請籌購大批槍礮，以節經費而免欺矇；一、稽查軍械，整頓礦務，宜特設軍器局，切實講理，以專責成；一、新募勇隊，宜加裁併，參用練軍，以節餉需；一、嚴定賞罰，以求將才；一、請設局譯刻泰西各書，引掖後進，以造人材。凡數千言，切中時事，多見施

26 《清史稿》，列傳 203，劉銘傳列傳，頁 4。
27 王鍾翰撰〈清史列傳點校序言〉，《清史列傳》（北京，中華書局，1987 年 11 月），（十五），頁 4681。

> 行。五月，行抵臺北。六月，法人來犯，燬礮臺。銘傳以無兵艦，不能爭鋒海上，詐之登陸，與戰於基隆，斬法酋三人，兵百餘，奪纛二，軍械數十件。奉旨嘉獎，並奉慈禧端佑康頤昭豫莊誠皇太后懿旨，發內帑銀三千兩賞給戰士。銘傳以滬尾距臺北僅三十里，形勢尤要於基隆，後路有失，則基隆亦不能守；乃令提督孫開華守之，而退軍後山。其後法人三犯滬，皆不能得志。銘傳既回淡水，策應滬尾愈靈，然礮臺已燬，全恃我軍肉搏相當。時馬江已挫，上海用三輪舟以濟師，皆不克達，銘傳獨力措持八閱月，尋奉特旨補授福建巡撫。十二月，法人犯月眉山，我軍力薄，將士忍飢冒雪，誓死拒守，營官至跣足督戰，僅乃克濟。十一年，和議成[28]。

由前引內容可知法兵擾海疆是在光緒十年（1884）；法兵犯臺，在是年六月；犯月眉山在十二月，未載殲敵人數，滬尾戰役，語焉不詳。國立故宮博物院典藏清代國史館傳包內含有劉銘傳列傳稿本及《劉壯肅公事實》等資料，據稿本記載，賞給劉銘傳巡撫銜，是在光緒十年（1884）閏五月；詔授福建臺灣巡撫則在同年九月。《劉壯肅公事實》一冊，修於壬寅即光緒二十八年（1902）仲秋，其內容較《清史列傳》及劉銘傳列傳稿本更為詳盡，節錄涉及中法之役內容一段如下：

> 十年，法人擾海疆，銘傳奉旨賞給巡撫銜，督辦臺灣軍務。閏五月初二日，陛見，條陳整頓海防，講求武備十條：一、各海口設防，宜分輕重緩急，以期握要；

28 《清史列傳》（十五），頁 4681。

一、各海口礮臺，亟宜改建，以重防守；一、洋面水師兵船，宜次第籌辦，以固海疆；一、長江、太湖水師，亟宜改制，以收實用；一、福建船政局、上海機器局，宜加意整頓；一、請籌購大批槍礮，以節經費而免欺矇；一、稽查軍械，整頓礦務，宜特設軍器局，切實講理，以專責成；一、新募勇隊，宜加裁併，參用練軍，以節餉需；一、嚴定賞罰，以求將才；一、請設局譯刻泰西各書，引掖後進，以造人材。二十四日，行抵基隆，登岸查看礮臺形勢，周歷數日。二十八日，行駐臺北。六月初，法人犯基隆，銘傳聞驚，飛速親往。法人於辰刻開礮，營官姜鴻勝還礮相擊。銘傳到臺後，即奏礮臺本不足恃。蓋我礮臺只有洋礮五尊，礮臺只守當門一面，敵人由旁攻擊，即不能旁應。時章高元、蘇得勝各伏礮臺牆外溝中，敵礮猛攻不息，自辰至午，礮臺前牆全行打碎，火藥房亦同時轟倒礮臺，我不能守，法人亦未佔踞。銘傳以法人一意逞強，有輕我之心，而臺灣又無兵艦，非誘之陸戰不足挫其凶燄，即將海防不能守禦各營飭移山後，以避敵礮。曹志忠正營，並中營，離海雖近，中隔小山，仍令照常設守，一面激勵士卒，豫備惡戰。十六日卯刻，果有法兵四、五人，以一半在曹軍北山頭砧隊築營，以二百餘人直薄曹志忠營，仍用輪船炸礮助攻，自卯至午不息，曹志忠督隊二百餘人迎勦。銘傳派章高元、蘇得勝率隊百餘人，由東路抄擊，復派鄧長安率親軍小隊六十人，由西路繞擊。曹軍見兩路兵至，士氣益壯，奮勇直前。敵見我軍齊進，連放大礮、排槍，鏖戰一時許，我軍所持後膛槍，皆能命中，擊倒法軍山上持旗兵酋二名，山下法兵頭一名，敵潰敗。我軍乘勝追上山頭，將敵營蹋毀，奪獲洋槍數十桿，帳房十餘架，並獲坐纛二面，此外洋行軍最恥之事，斬首級一顆，法軍傷亡不下百餘人，追至船邊，始行收隊，我軍傷亡僅數人。奏入，奉上諭調度有方，深堪嘉尚，著交部從優議敘，奉皇太后懿旨發內帑銀三千兩賞給此次出力兵勇。七月初十、十一兩日，敵兵開礮，我軍憑山為障，開礮對擊，彼礮無所施，我礮屢中其船，彼族頗有傷亡，退泊口門。滬尾海口離基隆八十里，該處僅孫開華所部三營，與李彤恩添募土勇一營，兵力單薄，危急萬分，彼族不得志於基隆。十四、二十等日，復窺滬尾，孫開華等趕將堵口石船接連沈塞，敵見口門已塞，旋駛去。十九日，銘傳親至滬尾，添派礮勇百名，略為布署，即日回基隆。敵逐日以一、二船攔泊滬尾，搜查商船，以阻我軍援應，商船多日不來，消息不通。八月初二日，大雨颶風之中，上海所僱匯利、萬利兩船裝載江陰劉朝祜勇六百人駛到，趕用駁船接卸百餘人，風勢緊急，兩船皆避風入海，匯利仍將原勇裝回，萬利僅卸五十人。初九日，華安輪船裝勇三百餘人，甫抵滬口，即遇法船追回。初十日，法船三隻攻基隆，十二日，復來法船八隻。十三日黎明，敵兵千人於口門外之西山登岸，陳永隆、畢長和各帶勇百餘名接戰，相持兩時之久。敵復從山頭抄擊，章高元、陳永隆等退出山口，拚命抵禦，直至酉刻，敵人猛撲，經我軍擊退，斬法酋一名，我勇傷亡百餘人，將士防守兩月之久，各軍日在炎瘴溽濕之中，人多疾病。八營之眾，能戰者僅千餘人，曹志忠、章高元、蘇得勝皆督率將士身自搏戰，毫無退心。正在全力相持之際，忽報滬尾來敵船五隻，直犯口門，該處礮臺尚未完工，只安礮三尊，以保沈船塞口之處，敵礮如雨，孫開華等督隊還礮相擊，礮臺皆係新用泥土沙袋堆擁，不能堅固，中礮即毀，陣亡礮勇十餘名，張邦才受重傷，危急待援。銘傳度基隆前敵，正萬分危迫，絕無兵力可分，而滬尾為基隆後路，離府城只三十里，僅恃一線之口，藉商船稍通聲問，軍裝糧餉，盡在府城。該口除沈船外，臺脆兵單，萬不足恃，倘根本一失，前軍不戰立潰，必至全局瓦解，不可收拾，不得已先其所急，移師顧守後路，連夜率章、曹各營，由基隆拔營趕回淡水，立派各軍馳救滬尾。十六日，敵船又添三艘，猛撲滬尾海口。二十日卯刻，敵船倏忽分散，一面以排礮轟擊，炸子如雨，一面以洋划小輪船裝兵千餘人，分三路上岸，直捕大小礮臺，勢極凶猛。孫開華見敵兵逼近，立率營官李定明等分頭攔擊，章高元等由北路迎擊。敵兵各執利槍，以全力相犯，自辰至午，槍聲不息，挫而復進者數回。我勇短兵相接，奮力擊殺，張李成領所募土勇一營旁抄，孫開華親率衛隊，奮勇直前，陣斬執旗法酋一名，並奪其旗。我軍見敵旗被獲，士氣益奮，各路齊進，斬馘首級二十五顆，內有兵酋二名，槍斃三百餘名，敵勢不支，紛紛逃退，追至海邊，敵兵爭渡，溺海死者七、八十名，敵船開礮亂擊，自擊毀其小輪船一隻，其所遺格林礮一尊，亦為我軍所獲。捷聞，將士賞賚有差。九月，銘傳拜特授福建巡撫之命。十二月初九日，法人添兵犯月眉山一帶，我軍與敵相持五日，惡戰三日，敵兵皆著雨衣，更番接戰，我軍力薄，無可更換，將士忍飢冒雨，目不交睫，徧身霑濕。曹志忠、林朝棟與各營官皆跣足督戰，月眉山賴以力保。自十年六月至次年二月，先後共八箇月，孤島危懸，苦戰苦守。十一年，和議成，息戰罷兵[29]。

由引文內容可知《清史列傳》所載劉銘傳事蹟的可信度，雖然高於《清史稿》，但仍有疏漏。據《劉壯肅公事實》記載，劉銘傳是於光緒十年（1884）閏五月初二日陛見，閏五月二十四日行抵基隆，查看礮臺形勢，二十八日，行駐臺北。如前引內容，對滬尾戰役，描述尤為詳盡。同年七月十四、二十等日，法兵窺伺滬尾。是月十九日，劉銘傳親至滬尾布署。八月十三日，法船八艘復至滬尾，劉銘傳連夜馳救滬尾。八月十六日，法船又添三艘，猛撲滬尾海口。八月二十日，法兵分三路上岸，為兵勇所擊退。劉銘傳外無軍艦，內乏槍礮，將士苦守鏖戰，力保全島，共支危局，勞苦足錄。

中法之役，臺灣將弁的功過，頗有爭議。據劉銘傳事後指出，法軍進犯臺灣前夕，基隆、滬尾防務仍極鬆懈，由署提督孫開華節制臺北軍務，所部三營，一紮基隆，一紮淡水，一紮滬尾，但兵勇都散住民房，營官楊龍標等出門乘輿張蓋，不能與士卒共甘苦，營務廢弛。光緒十年（1884）六月十五日，法軍進攻基隆，楊龍標尚未接仗，即退奔十餘里。劉銘

29 《劉壯肅公事實》（臺北，國立故宮博物院），王寅仲秋修，傳包2821之3號。

傳將他摘去頂戴，令其至八斗燒煤自贖，並將孫開華所部三營併歸滬尾，派令修築礮臺。自六月十二日興工，至七月底尚無一分工程。為阻遏法艦進入滬尾港口，李彤恩下令填塞海口，安設水雷，孫開華對一切佈置，並不聞問。劉銘傳囑令李彤恩轉勸孫開華速修礮臺營壘，住營督防，但孫開華或住淡水，或住滬尾街，屢勸不聽。七月二十日，劉銘傳親赴滬尾面告敵情緊急，並指摘楊龍標怯懦，孫開華始將楊龍標、向興貴兩營撤換，以李定明、范惠意接帶三營，共領毛瑟槍五百桿。八月二十日，法軍由滬尾上岸，孫開華三營認守南路，章高元、劉朝祜四營認守中路，土勇張李成一營派守北路，法軍由南路上岸，孫開華所部，適當其鋒，李定明帶隊接戰，陣亡百餘人，前隊稍卻，正在危急之際，章高元等率領淮勇大隊直搗其中，張李成率土勇抄擊其後，孫開華堵住橋口，督隊甚嚴，法軍三面受敵，終於退卻[30]。劉銘傳原摺對滬尾之役奏報較詳，節錄一段如下：

> 自十六日法船又添三艘，連前共計八艘，日以大礮向滬尾礮臺猛轟，不少間斷，兵勇無駐足之地，孫開華與章高元、劉朝祜等惟以勇隊晝夜分伏海岸林內，露宿以伺，不敢少事休息。二十日卯刻，敵船倏忽分散，孫開華知其勢必登岸，督令擢勝右營營官龔占鰲帶勇伏於假港；擢勝中營營官李定明帶勇伏於油車口；以後營官范惠意為後應；章高元、劉朝祜各帶武毅銘中兩營營官朱煥明等伏於大礮臺山後為北路，防敵包抄；李彤恩所募土勇軍功張李成一營伏於北路山澗。部署甫定，敵兵一面以排礮轟擊，不下數百響，塵煙

30 《月摺檔》，光緒十一年十月十八日，劉銘傳奏片抄件。

> 漲天，炸子如雨；一面以洋划小輪船多支裝兵約近千餘人，分三路上岸，直撲大小礮臺，勢極兇猛。孫開華見敵兵逼近，立率李定明、范惠意分路攔擊，章高元等由北路迎擊，敵兵各執利槍，以全力相犯，自辰至午，槍聲不息，挫而復進者數四。我勇短兵相接，奮力擊殺，張李成領隊旁抄，孫開華親率衛隊奮勇直前，陣斬執旗法酋一名，並奪其旗。我軍見敵旗被獲，士氣益奮，各路齊進，馘首級二十五顆，內有兵酋一名，槍斃約三百名，敵勢不支，紛紛逃退，直追到海邊，敵兵爭渡覆溺海中者，聞有七、八十人。敵船因救護敗兵，開礮亂擊，自行擊傷小輪船一隻，其所遺格林礮一號，亦為我軍所獲。孫開華部下中後兩營首迎其沖，鏖戰最久，戰士多傷，陣亡哨官三員，傷亡勇丁百人，其餘各營弁勇，俱有傷亡[31]。

中法之後，滬尾礮臺，油車口等地，都是飽經礮火攻擊的陣地，法軍固然傷亡慘重，淮軍土勇亦頗有傷亡，劉銘傳固守滬尾的貢獻，是可以肯定的。但卻遭左宗棠嚴厲譴責，左宗棠具摺指出：

> 法夷犯臺，兵不過四、五千，船不及二十艘，我兵之駐基隆、滬尾者，數且盈萬，雖水戰無具，而陸戰則倍之。撫臣劉銘傳係老於軍旅之人，何以一失基隆，遂至困守臺北，日久無所設施。臣接見閩中官紳，逐加詢訪，並據臺灣道劉璈抄呈臺北府知府陳星聚所奉劉銘傳稟批，始知八月十三日基隆之戰，官軍已獲勝仗，因劉銘傳營務處知府李彤恩帶兵駐紮滬尾，平日

31 《月摺檔》，光緒十年九月十九日，劉銘傳奏摺抄件。

以提督孫開華諸軍為不能戰。是夕三次飛書告急，堅稱法人明日來攻滬尾，兵單將弱，萬不可靠。劉銘傳為其所動，遽拔大隊往援，而基隆遂不可復問。其實，二十日滬尾之捷，仍孫開華諸營之功，即無大隊往援，亦未必失滬尾也[32]。

劉銘傳針對左宗棠所參各節專摺覆奏，其原摺指出，劉銘傳渡臺時，隨帶親兵一百二十名，其次提督孫開華三營，曹志忠六營，每營精壯祇三百餘人。劉銘傳又由臺南調來章高元淮勇兩營。但因當時臺南疫癘盛行，兵丁多病，所以僅調來五百人，後來又添調巡緝營一營。合計劉朝祜百餘人，張李成土勇一營，可知基隆、滬尾兩處，總共只有四千餘人。因此，左宗棠所參基隆、滬尾各營數且盈萬，並非事實。自光緒十年（1884）七月底起，基隆時疫大作，將士十病六七。八月十三日之戰，九營僅挑選一千二百人，內中尚有抱病上陣者。滬尾方面，僅孫開華三營，劉朝祜一百餘人及張李成新募土勇一營。甫經到防，礮臺尚未完工，又無營壘，地勢平坦，無險可扼，情形危迫。劉銘傳即致函孫開華、李彤恩堅守滬尾，劉銘傳將暫撤基隆守軍援救滬尾。十三日，劉銘傳先後接獲孫開華、李彤思、劉朝祜來信，俱稱法船五隻，直犯口門外，升旗開礮，飛書告急，並非李彤恩一人的書信。提督孫開華雖然驍勇敢戰，但器械不精，眾寡懸殊，若劉銘傳不撤基隆守軍，則滬尾必失[33]。劉銘傳援救滬尾，擊退法軍，確實有貢獻。

滬尾、八里坌是艋舺、臺北府的門戶，形勢重要。而觀

32 《月摺檔》，光緒十年十一月十八日，左宗棠奏摺抄件。
33 《月摺檔，光緒十一年二月初七日，劉銘傳奏摺抄件。

音山、大屯山又是八里坌、滬尾的屏障。滬尾設口通商以後，帆檣雲集，商船往來頻繁，為鞏固海防，整飭水師營伍，興建礮臺，遂為當務之急。滬尾口外的油車口，八里坌附近的剜仔尾，觀音山等處，都建有礮臺和碉樓。滬尾庄塘汛附近的紅毛礮臺，更是重要的海防要塞。光緒初年，法國與清廷因越南交涉久無結果，法軍為了占地為質，索賠兵費，企圖以其優勢海軍侵略清朝東南沿海，基隆、滬尾遂首當其衝，清廷起用淮軍名將劉銘傳督辦臺灣軍務。光緒十年（1884）閏五月初二日，劉銘傳陛見，同年閏五月二十四日抵達基隆，查勘礮臺。閏五月二十八日，劉銘傳駐臺北。七月十四、二十等日，法軍窺伺滬尾，是月十九日，劉銘傳親赴滬尾布署。八月二十日，法國海軍登陸，進犯滬尾，為兵勇所擊退，是為滬尾大捷。劉銘傳雖遭左宗棠的嚴參，也遭劉璈的詆毀。但是，滬尾地方得以保護無虞，劉銘傳及淮軍土勇的奮勇抵禦法軍，確實功不可沒。滬尾戰役以後，滬尾的歷史地位，更加提高。滬尾鎮正式改稱淡水鎮，雖然始自 1920 年，但在同治末年、光緒初年，官方文書已有將滬尾改稱淡水口或淡水的例子。據《洋務始末》記載，同治十年（1871）七月十八日，清廷與日本議定通商章程，其第一款所列中國開放通商口岸中就含有淡水廳的「淡水口」。劉銘傳具摺時，淡水與滬尾，已說清楚，例如光緒十年（1884）九月十九日劉銘傳原奏指出，「曹志忠一軍，由基隆退回淡水，該總兵自帶親隊二百人，於十五日趕至滬尾助防[34]。」從淡水趕至滬尾，淡水與滬尾，不是同一地點。經筵講官內閣學士兼禮部侍郎周德潤具摺時則稱：「竊維朝廷用劉銘傳督辦臺灣海防，原藉其威

34 《月摺檔》，光緒十年九月十九日，劉銘傳奏片抄件。

望，冀以破敵也。乃法逆屢犯基隆，始尚竭力抵禦，忽於八月十四日聽信委員李彤恩揑稟，以淡水危急，竟棄基隆不顧，致法人占據十餘里，部下章高元等皆不謂然，臺人閩人尤以為憾，六州鐵能鑄此錯乎？查二十日淡水大捷，孫開華力足殲敵，其不待劉銘傳之救明矣[35]。」周德潤原奏中所稱「淡水大捷」，就是滬尾大捷，滬尾已經改稱淡水。同光年間，以淡水口，或淡水稱滬尾，應該是司空見慣的現象。滬尾地名屢見於官方文書，反映滬尾在清代歷史舞臺上確實扮演了重要的角色。從臺北國立故宮博物院現藏檔案資料考察清代滬尾的地理沿革和歷史變遷，雖然只是片羽鱗爪，缺乏系統，但在今日直接史料日就湮沒之際，即此四十萬件冊之數，亦可提供治淡水學者考研之資。

35 《月摺檔》，光緒十年十月二十一日，周德潤奏摺抄件。

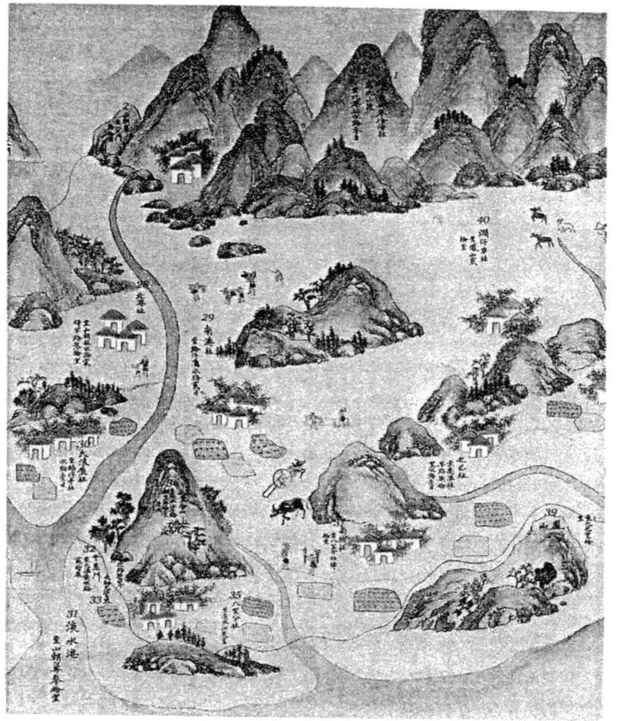

淡水位置示意圖

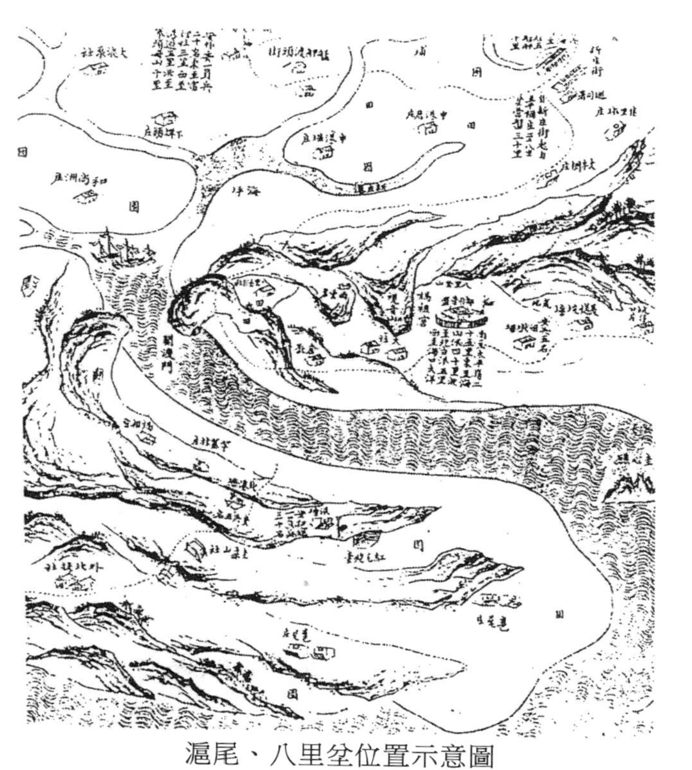

滬尾、八里坌位置示意圖

辦理臺灣等處海防兼理各國事務 臣沈葆楨
閩浙總督 臣李鶴年
福州將軍 臣文煜
福建巡撫 臣王凱泰 跪

奏為臺北口岸四通荒壤日闢外防內治政令難周擬建府治
統轄一所三縣以便控馭而固地方恭摺仰祈
聖鑒事竊惟臺灣始不过海外荒島耳自康熙年間收入版圖
乃設府治領台湾鳳山諸羅三縣諸羅即今之嘉義嘉義以
北未設官也郡南北各一百餘里控制綽乎有餘厥後北壤
漸闢雍正元年拓彰化一縣並設淡水同知主北路捕務與
彰化縣知縣同知蓋明知非一縣令之所能周特以創建城
池籌費維艱姑權宜從事焉已耳雍正九年割大甲以北刑
名錢穀諸務歸淡水同知改治竹塹自大甲溪起至三貂嶺
下之遠望坑止計地三百四十五里有奇嘉慶十五年復以
遠望坑迤北而東至蘇澳止計地一百三十里設噶瑪蘭通判
則人時隨天時地利為轉移期因陋就簡而不可得將矣然由
噶瑪蘭上抵郡城十三日始達由淡水上抵郡城亦七日始
達而政令皆統於台湾當淡水設廳之初不特淡北三貂等
處榛莽四塞即淡南各社亦土曠人稀今則村社毘連荒埔
日闢舊志稱東西相距僅十有七里今則或五六十里或七
八十里不等蘭廳建治以後由三貂嶺統至远望坑復增地
數十里有奇其土壤之日闢不同有如者台北海岸前僅
八百坌一口來往社船不過數隻其餘又港支河僅堪漁捕今
則八里坌淤塞新添各港口曰大安曰後壠曰香山曰滬尾
曰鷄籠而鷄籠滬尾港門宏敞舟楫尤多年來夾板輪船
帆檣林立洋樓客棧闤闠喧闐其口岸之歧出不同有如
者前者台北艋舺雖麻新墾之地土著既少流寓亦稀
百餘年來休養生息前年統計戶口除噶瑪蘭外已四十
二萬有奇近與各國通商華洋雜處睢盱之然即啟釁端
而八里坌一帶從者漸多防範稽查尤非易易其民人之
生聚不同有如者台地所產以靛煤茶葉樟腦為大宗而
皆出於淡北年荒山窮谷栽種愈盛開禀愈繁洋船盤運客
民叢積風氣浮動嗜好互殊淡南大甲一帶與彰化毘連習
尤獷悍同知半年駐行堡衙門半年駐艋舺公所相去百二
十里周奔馳而瘁廢勢所必然況由竹塹而南至大甲尚百
餘里由艋舺而北至滬鷄籠尚各數十里等案層見迭出往
往方急北轅旋憂南顧分身無術枝節横生公事之積壓巨
案之諱飾均所不免督撫知其缺之難必擇循吏能吏以膺
是選而到任後往往覽聲頓減不副所望則地為之也其駑
之馭之難周又如此此淡蘭文風為全台之冠乃歲科章試
聽產特淡屬六七百人蘭四五百人而赴道者此不及之分
之一無非路途險远寒士艱於資斧畏足不前而詞訟一端
則四均受其害刁健者詞窮而遁捏情控府一奉准提累月窮

年被誣者從照雪有期家已為之破矯其黠者因噎廢食弛
不惟促則聽案為胥吏所把持便無可控訴而械鬥之衅萌
蘖乎其中至徒流以上罪為定讞後解郡勘轉需費繁多淹
滯歲月賠累不貲則消弭不得不巧官苦之民尤苦之其政
教之難齊又有如此者所以前者台灣道夏獻綸有改淡水
同知為直隸州改噶瑪蘭為知縣添一縣於竹塹之請臣鶴
年臣凱泰等正飭議試辦委事旋起因之暫停而倭人當騷
動台南之時既有潛窺台北之意經夏獻綸馳往該處預援
札牙狡謀乃息海防洋務瞬息萬變恐州牧尚不足以當之
況去年以來自噶瑪蘭之蘇澳起經提臣羅大春撫番開路
至新城二百里有奇至秀姑巒又百里有奇倘山前之布置
尚未周詳則山後之經營何從藉手故就今日台北之形勢
策之非區之縣而分治之則無以專其責成非設知府以統
轄之則無以挈其綱領伏查艋舺當雞籠龜崙而大山前之
間沃壤平原兩溪環抱村落衢市蔚成大觀西至海口三十
里直達八里岔滬尾兩口並有觀音山大屯山以為屏障且
與省城五虎門遙對非特淡蘭扼要之區實全台北門之管
擬於該處創建府治名之曰台北府自彰化以北直達後山
胥歸統制仍隸於台灣兵備道其附府一縣南劃中櫪以上
至頭重溪為界計五十里而遙北劃遠望坑為界計一百二十
里而近東西相距五六十里不等方圍折算百里有餘擬
名之曰淡水縣自頭重溪以南至彰化界之甲溪止南北相距
百五十里其間之竹塹即淡水廳舊治也擬裁淡水同知改
設一縣名之曰新竹縣自遠望坑迤北而東仍噶瑪蘭廳之
舊治疆域擬設一縣名之曰宜蘭縣惟雞籠一區以建縣治
則其地不足而通商以後竟成都會且煤務方興未拔之民
四集海防既重訟事尤繁該處而未設官亦非佐雜微員所
能鎮壓若事事受成於艋舺則又官與民交困應請改噶瑪
蘭通判為台北府分防通判移駐雞籠以治之臣等為外防
內治因時制宜起見是否有當伏懇
天恩飭部議覆俾有遵循其建設城署請查田賦及教佐營汛
應裁應改應增容俟奉
旨允准後再由台灣道議詳核
奏期臻周密至蘇澳以至奇萊現特營堡為固將來田畝開墾
商民輻輳應否設官臣等隨時察看情形請
旨定奪謹先將台北議建府縣緣由合詞恭疏具陳伏乞
皇太后
皇上聖鑒訓示再此摺係臣葆楨主稿合併聲明謹
奏光緒元年七月十四日軍機大臣奉
旨著軍機大臣會同該部妥議具奏片併發欽此

《月摺檔》，光緒元年七月十四日，沈葆楨等奏摺抄件

閩浙總督兼署福建巡撫臣英桂跪
奏為台灣淡水廳屬久礦山勘明礙難開採擬請照舊封禁以
杜流弊恭摺奏祈
聖鑒事竊照台灣淡水廳屬之芝蘭保金包里等處礦山向係
奏明封禁責成該管文武按季焚燒同治二年間前福建撫臣
徐宗幹會同前督臣左宗棠附片
奏請暫行弛禁開採以資軍火聲明委員渡台查勘並飭候補
道區天民就近體察情形倘有窒礙或礦寙衰旺無定仍設
法認真封禁欽奉
諭旨著照所請該部知道欽此嗣據區天民督同印委各員查勘
瀝陳開採窒礙難行暨據前台灣道吳大廷稟覆產礦之山
現伏無定採礦之寙衰旺難期況海外民情浮動迥與內地
不同與其開採致生事端不若封禁藉杜流弊各在案上年
接准三口通商大臣崇厚來咨以奉
旨在津設立機器總局製造軍火需用硫礦令商人盧璧山前赴
台灣採買臣台地礦山仍議封禁迄未設廠開挖商人盧璧
山赴台購買礦斤無由而得究竟各礦山是否堪以弛禁開
採復飭現署台灣鎮總兵楊在元赴台北一帶查閱營伍順
道率同署淡水同知陳培桂親往芝蘭二保之北投社大黃
港紗帽山等處勘明礦寙雖爲數十處而氣甚不旺獲將
寙內沙土它起煎熬工本甚鉅其湧出之礦向無定處且本
年並未湧出又經黎兆棠委令候補知縣陳瑞民馳往金包
里之冷水寙等處地方履勘與芝蘭保情形大略相同稟請
照舊封禁行司覈議茲據福建藩司鄧廷枏覈詳請
奏前來伏查淡水廳轄之芝蘭保金包里等處礦山地處屯社
內則偪近生番巢穴外則沿河口岸處處可通節經委員暨
台灣鎮道會督地方官查勘籌議並採訪輿論僉認窒礙良
多萬難開採且既在台地情形更非昔比一經弛禁於軍火
既無實濟轉恐別啟隱憂臣籌度再三擬請照舊認真封禁
責成艋舺營叅將會同艋舺縣丞按季焚燒具結申報如有
湧出礦斤飭令該處屯番就近稟報文武衙門官爲經理毋
許奸民私往挖取以杜流弊除咨三口通商大臣崇厚將津
局應需礦斤飭令盧璧山迅赴別省購買並分咨部臣查照
外謹恭摺具
奏伏乞
皇太后
皇上聖鑒訓示再福建巡撫臣兼署毋庸令銜合並陳明謹
奏
同治九年五月初一日軍機大臣奉
旨著照所請該部知道欽此

《月摺檔》，同治九年五月初一日，桂英等奏摺抄件

福州將軍兼署閩浙總督臣文煜
福建巡撫臣丁日昌跪
奏為台北開煤機器已到請專派大員督辦兼查勘硫磺磺油
樟腦茶葉各情形逐漸開采墾種以濬利源而弭外患恭摺具
奏仰祈
聖鑒事竊查台北開煤經前辦理台灣海防大臣沈葆楨
奏請開采旋由總理衙門派洋匠到台踩勘立約購辦機在案
現機器已到洋匠已來萬事草創必需人徹始徹終認真經理
方能日起有功果煤利日興煤市日旺當此帑項支絀之餘
實於台餉大有裨益然以臣等所聞台地之利尚不止煤炭
一宗蓋台山為洪荒以來初闢之新島精華未洩蘊蓄宏深
如硫磺磺油樟腦悉為地產近日台北新茶行於外洋土人但
知有種穀種蔗之利而不暇旁求外人則早剌探得之垂涎
久矣所以年來必格林私運樟腦之案味士達私購磺油之
案曾見疊出雖隨時消弭而彼族眈眈虎視之心至今未已
與其棄而不取徒啟外人覬覦之端何若攬而兼收用資生
民無窮之利前經臣日昌亟飭台灣道夏獻綸將台地所產
硫磺磺油樟腦茶葉等項應如何擴充開辦之處查議稟復
該據報稱硫磺產於淡北北投山冷水窟等處向例封禁
同治二年經前督臣左宗棠
奏請開采嗣又中止然民間私挖偷漏之弊仍不免也采弛禁

開工或由官設廠或向民買收不特裕閩省之軍需兼可濟
鄰省之不足此硫磺之情形也磺油產於淡南之牛頭山岩
罅中與泉水並流而下初每日不過湧出四五十斤同治元
年即有華商英商爭贌之事嗣美領事李讓禮潛蹤到彼托
奸民招引生番為罔利計幸奸民被獲事乃中弭據洋人云
此油若用機器疏通日可得萬斤然無征不信必先有熟悉
其事者購小機僱洋工開鑽試驗但使工本之外畧有贏餘
即可舉行以贍海外之窮民即以杜奸徒之妄念者磺油之
情形也樟腦者用樟木片煎煉成質者也官辦業已夥年自
從前利歸包戶奸民妒而誘洋入山自買遂起釁端腦務以
渙散年來雖因勢利導設卡抽釐終比前減色此樟腦之情
形也淡水之種茶也始於同治初年嗣洋商有到該處販買
出洋者茶價驟高農民趨之競植以為利所以海隅片土市
樓賈船日聚月增現評茶品以摹山石碇諸堡所產為佳山
高露重而味甘也以金包里雞籠三貂等處所產為劣山多
產煤且近海而味鹹也傳聞種茶萬株工本百金三年以後
一歲所采便足抵之其利甚厚台北千巖萬壑居民寥寥誰
非曠壤或招民佃種或僱工種墾行古官焙之法取息裕餉
其利當倍於屯田此茶葉之情形也臣總核諸說大義抵台利
自米糖外以煤茶為大宗而硫磺磺油樟腦或為軍火之用

或為民間所需物既產之於天賦即不宜棄之於地近者異
類無厭之求日以益肆及今不取彼又生心且固台防必練
兵欲練兵先裕餉籌餉款於內地利有時竭不如闢餉源於
台灣利可無窮墾田伐木利微而緩開礦種茶利厚而速利
厚則民不招而自多民多則土不墾而自廓什伍之集遂成
村堡村堡之聚遂成都邑生齒既繁捍衛自固餉精永足兵
氣自強譬之養生中氣充則外感不入矣惟台地南北千餘
里道路迢遠深林密箐瘴雨嵐煙望者裹足而事屬刱始凡
百為難地方官各有守土之責勢難兼顧非派員專辦不可
然非有樸勤廉幹素熟情形兼通洋務之大員亦不足以任
之茲查有布政使銜廣東題奏道葉文瀾自刱辦船政以來總
監工程已逾十載堅任勞怨公爾忘私本年春間因前在暹
羅采木時受溼發病假歸調理現聞已就痊愈該道精明勤
奮沈毅有為機器洋情洞如觀火前以台事方殷曾親到台
南一帶察看情形尤所熟悉經臣日昌函商臣鴻章臣葆楨
均以該道堪勝委任臣等思開煤機器現已次第運到洋匠
亦接踵而來設廠招工駕馭洋匠事務殷煩擬請
旨專派葉文瀾駐台督辦煤等件以專責成仍飭地方官會同妥
辦以免掣肘一面分馳察看硫磺磺油樟腦茶葉各情形可
以舉行者逐漸設法開采會同台灣道夏獻綸隨時稟報核轉
奏聞臣等一面寬籌餉項陸續撥付以資工本之用總期不畏
艱難務著成效用副便民裕餉安內攘外之深意愚昧之見
是否有當伏候
聖裁謹會同大學士直隸總督臣李鴻章兩江總督臣沈葆楨督
辦船政臣吳贊誠合詞恭摺陳明伏乞
皇太后
皇上聖鑒訓示謹
奏
光緒二年九月十九日軍機大臣奉
旨著照所請該衙門知道仍著文煜等飭令各該員認真經理分
馳察看一切情形並著隨時奏報欽此

《月摺檔》，光緒二年九月十九日，丁日昌等奏摺抄件

南洋門戶

——從故宮檔案論劉銘傳在臺灣的建樹

劉銘傳與近代臺灣的開發，有著密切的關係。從中法戰爭期間受命來臺督辦軍務以抵禦外侮擊潰法軍，至建省後正式擔任巡撫，更是不餘遺力推動各項建設，包括清丈田賦、開山撫社、興建鐵路、開科取士等等。一時之間，百事俱興，為臺灣近代化的歷程奠下堅實的基礎。

劉銘傳，字省三，安徽合肥人，少有大志，才氣無雙，不居人下，守臺治臺，皆有建樹。國立故宮博物院典藏軍機處《月摺包》含有劉銘傳奏摺及錄副，計三十七件；清代國史館《月摺檔》含有劉銘傳奏摺、夾片及清單抄件，計二五八件；清代國史館暨民初清史館所修《劉銘傳列傳》稿本，計四冊，事跡履歷冊，計二冊，事實冊，計一冊；軍機處交付國史館片文、禮部咨送國史館片文各一件，都是可信度很高的直接史料，為研究劉銘傳抵抗外侮、治理臺灣的建

劉銘傳像

樹，提供了相當珍貴的資料。

光緒年間，因越南交涉久無結果，法國海軍提督孤拔為了占地為質，索賠兵費，企圖以其優勢海軍進犯中國東南沿海，臺灣孤懸外海，遂首當其衝。清廷下詔起用淮軍名將直隸提督劉銘傳督辦臺灣軍務。

當時中法的臺灣攻防戰，法國以優勢海軍，恃其船堅礮利，封鎖臺灣。劉銘傳外無軍艦，內乏槍礮，將士苦守惡戰，力保全島，共支危局，勞苦足錄，功不可沒。

法兵犯臺期間，被臺灣守軍俘擄及戰敗投降的外國人，包括：越南人二十八名；法兵十二名，法國軍官三名，德國人九名；荷蘭人二名；法人四名。除法人不能回國外，越南人於中法之役結束後全行資送回國，其餘經劉銘傳派歸各營充當教練。

練兵設防以鞏固臺澎

光緒十一年（1885)四月初九日，法國艦隊撤退，開往澎湖。四月二十日，退回越南，基隆、滬尾防務，一律解嚴。法兵既退，劉銘傳即次第辦理設防、練兵、清賦、招撫原住民等項善後事宜。劉銘傳察看形勢後指出澎湖不但為全臺門戶，而且也是南北洋關鍵，守臺灣，必須守澎湖；保南北洋，亦必須以澎湖、廈門為門戶，因此，必須多購大礮，堅築礮臺，製造水雷，屯聚糧薪。

練兵雖然是各省急務，但臺灣是煙瘴之地，勇丁多半染病，將貪兵猾，積弊難除，必須徹底整頓。劉銘傳即會同藩司沈應奎等悉心商酌裁留營數，除鎮標練兵不計外，共留三十五營。臺南及澎湖共十五營，臺北及宜蘭共十五營，中路嘉義、彰化、新竹一帶分派五營。

其中鎮海中軍正營駐紮臺南府城一帶，副營駐紮臺南府城西門外一帶。武毅右軍右營駐紮嘉義、雲林一帶，安平礮勇三哨駐紮三鯤身。鎮海後軍中營駐紮臺東埤南、馬蘭坳一帶，後山海防屯兵營調紮臺東州拔子庄一帶。

鎮海後軍左營駐紮後山花蓮港、吳全城一帶，鎮海後軍前營駐紮臺東新開園、璞石閣等處。棟字正營調紮東大墩省城一帶，棟字副營駐紮臺中橋仔頭、南北投、葫蘆墩一帶，棟字前營駐紮彰化平和厝一帶，棟字隘勇副營駐紮彰化一帶，棟字衛隊營駐紮臺中東大墩一帶，棟字隘勇營駐紮中路大湖一帶。定海後營駐紮彰化一帶，屯軍正營駐紮埔裏社、水長流一帶。定海中營駐紮臺北、淡水、崑崙嶺一帶，定海前營調紮滬尾等處，定海左營調紮宜蘭、蘇澳等處，定海右營調紮彰化一帶，撫標定海正營調紮臺北府東門外一帶，撫標定海副營駐紮臺北、滬尾一帶。

《點石齋畫報》所刊載中法戰爭期「法艦兵叛」圖畫

銘字中軍副營駐紮臺北、基隆一帶，銘字中軍左營駐紮臺北獅球嶺，調紮基隆社寮一帶，銘字中軍右營駐紮臺北、基隆一帶。臺灣巡撫行營親兵兩哨駐紮臺北府城，淮軍隘勇中營駐紮臺北內山新孩兒一帶，淮軍隘勇前營駐紮臺北內山外加輝一帶，淮軍隘勇左營駐紮臺北五指山一帶，淮軍隘勇右營駐紮臺北內山合脗坪一帶，淮軍鎮海礮隊營駐紮滬尾一帶，淮軍臺南防軍營調紮鳳山隘寮等處，淮軍鎮海前軍右營駐紮南路東港一帶，淮軍鎮海中軍前營原駐臺北三角湧，調紮宜蘭，淮軍南字營及臺勇，駐紮宜蘭一帶。

留守各營置正副哨各八員，勇丁各四百九十六名，長夫各一百名。此外，還有義撫軍、土勇、練兵各哨，置正副哨弁各八員，兵丁各四百五十四名，伙夫各四十二名。全臺留防各軍，截至光緒十六年十二月底止，除裁減外，實存淮軍弁勇共三十一營、十七哨、二棚，屯軍五哨，礮勇五哨，練軍二營五哨，在各地操練巡防候遣，淮軍留防臺灣，對保衛臺灣，扮演了重要的角色。

清理田賦以充裕財政

康熙年間，清廷領有臺灣後，所有糧課，是按照鄭氏時代的舊制，每丁歲徵銀四錢八分六厘。乾隆元年（1736），奉旨臺灣糧課照內地例中減則，每丁徵銀二錢，以紓民力，統計全臺歲徵銀三千七百六十餘兩。道光年間，通計全臺墾熟田園三萬八千一百餘甲，又三千六百二十一頃。

全臺舊額人丁餉稅銀八千九百零三兩，供粟一十九萬七千一百三十四石，耗穀九百二十三石，照臺章折價銀一十一萬八千八百三十四兩，餘租折價銀一萬三千四百四十一兩，官租銀二萬八千五百二十七兩，耗羨銀一萬三千六百六十一兩，統計年徵銀一十八萬三千三百六十六兩。其後墾不報升，坍不請豁，年徵銀數逐漸短絀。

劉銘傳認為臺灣土沃產饒，宜使臺地之財，足供臺地之用，不需取給於內地，而後處常處變，均可自全，清理田賦，就成為重要的善後措施。劉銘傳查訪民間賦稅，較內地毫不輕減，主要原因是由於紳民包攬。譬如某處有田若干可墾，先由墾首遞稟承攬包墾，然後分給墾戶，墾首不費一錢，只遞一稟。墾熟之後，墾首每年抽租一成，叫做大租，又有屯租、隘租等名目，而糧課正供毫無續報升科。

因此，劉銘傳奏准由內地選調廳縣佐三十餘人，分派臺灣南北各縣會同公正紳士數人先行編查保甲，就戶開糧。然後逐戶清丈，委派臺灣府知府程起鶚、臺北府知府雷其達，各設清賦總局督率辦理。並由內閣侍讀學士林維源幫同辦理臺北撫墾事務，刊刻木質關防一顆，其文字是「幫辦臺北撫番開墾事務關防」。

劉銘傳臺灣建省圖

光緒十二年四月十八日，劉銘傳奏明清丈全臺田畝後，即於同年七、八月間先後開辦。翌年九月，酌議上中下田園賦則，按戶填給丈單。光緒十六年，基隆、宜蘭、淡水、新竹、彰化、嘉義、安平、鳳山一廳七縣，除官莊田園租額由布政使司另行詳請奏咨外，合計民業田園四十二萬五千二百四十一甲，年徵銀五十萬九千四百九十兩，以光緒十四年啓徵。

埔裏社廳田園二千四百九十八甲，因屬後山新闢之地，奉准減等升科，年徵銀一千三百五十一兩。恆春縣田園四千二百六十九甲，也是後山新闢之地，減等升科，年徵銀二千一百二十七兩，以光緒十五年啓徵。

臺北民業，按向例編為一、二、三等，一等沙田每甲徵銀一兩六分五厘，二等徵銀七錢四分六厘，三等徵銀五錢三分三厘。一、二等沙園比照二等沙田徵銀，三等沙園，每甲徵銀三錢二分。彰化以南沙田分為平、次、下三等，每甲徵銀自七錢七分至五錢五分不等。沙園亦分三等，自四錢四分至二錢二分不等。

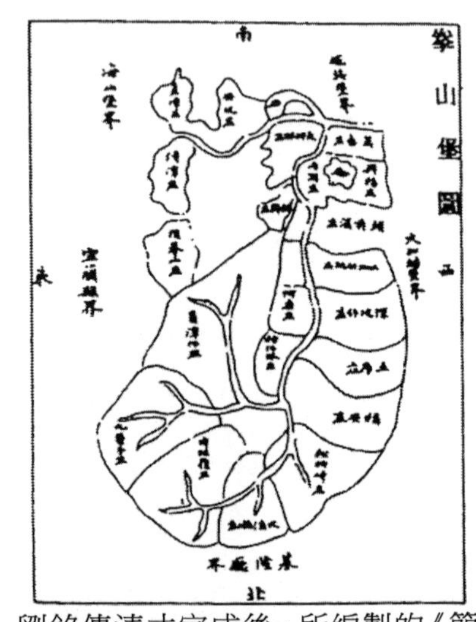

劉銘傳清丈完成後，所編製的《簡明總括圖冊》之〈拳山堡圖〉

臺灣田賦經劉銘傳辦理清丈後，其糧額年徵銀五十一萬二千九百六十九兩，隨徵補水平餘銀一十二萬八千二百四十二兩，加以官莊租額銀三萬三千六百五十七兩，共銀六十七萬四千四百六十八兩。比較舊額，共溢出銀四十九萬一千五百零二兩。劉銘傳自稱，經此清理後，歲增鉅款，可以「裕國家經久之用，定海疆長治之規。」

開山撫社促進山區發展

劉銘傳積極辦理善後事宜，可謂不遺餘力。但他認為設防、練兵、清賦三條，都可以及時舉辦，然而原住民招撫不易，必須等待前三條辦成後，方能議辦。劉銘傳指出：欲使漢人和原住民相安無事，必須及早設法招撫各社，使全臺歸化。則將來只防外患，不憂內侮，攘外必先安內，既可減防節餉，又可開山伐木，以興自然之利。然後修路造橋，以通南北之氣，可謂一舉數得。

臺灣生界原住民，南路後山各社較溫和，中路埔裡社廳所轄北港、萬霧等社較強悍，北路新竹、宜蘭內山各社則叛服無常。劉銘傳認為生界原住民，從前多在外山，「因閩廣客民愈來愈眾，日侵月削，全行擠歸內山，種類繁多，近亦耕種為生，各有統屬，平時亦不滋事。山外土匪、游勇，每有百十成群，聚集於番民交界之處，除搶劫居民外，或侵生番田廬，或誆騙其貨物，一有爭端，即行械鬥。奸民被殺，則訴冤於官，即行勦辦，生番之被殺者，則有冤無處可訴，惟有集眾復仇，每到外山殺人，其平時殺掠生番者，轉得置身事外。」劉銘傳對原住民的評論，是客觀的。

原住民所居住的原始部落

劉銘傳渡臺半年之間，不增一兵一餉，先後招撫內山原住民四百餘社，歸化者七萬餘人。由於內山生活貧苦，由道員林朝棟將舊存旗幟號衣改做衣褲，並勸官紳捐助，計七萬餘套，分別發給各社丁男女。光緒十一年，北路馬來等社就撫後，劉銘傳即飭劉朝祜開通道路，直達馬來各社，並在石碇開路百餘里，通至宜蘭。翌年夏間，陸續就撫七十餘社，南路恆春、埤南及花蓮一帶，先後就撫一百七十二社。

光緒十四年十一月，中路北港、萬霧等四大社男女三百餘人到埔裏廳就撫後，即送社丁充勇，並送子弟入學。北路彰化所轄罩蘭一帶，經道員林朝棟招撫者三十餘社。新竹所轄大壩、樹木繞、大也甘、也為細妹等二十餘社，宜蘭內外溪頭等八社，後山拾高搖等十四社，都先後就撫。由宜蘭大山南趨西面叫做加九岸，東面叫做南澳。光緒十五年二月，南澳老狗內四社，外五社，亦先後就撫。開山撫社，打通道路，不僅增進族群的融和，而且也加速內山社會經濟的發展。

興建鐵路以繁興商務

十九世紀中葉以來，列強在華爭奪利權，外患日亟。清廷為救亡圖存，曾先後舉辦多項新政建設，其中火車鐵路，可速徵調，並通利源，實為裕國便民的一種交通運輸事業，也是求富圖強的當前急務。

由於清季的外交形勢，與臺灣防務的迫切需要，臺灣鐵路的修築，倡議頗早。同治十三年（1874)，日軍侵臺後，丁日昌在條陳中已指出鐵路為將來之所不能不設。光緒二年（1876)十一月，丁日昌渡臺巡視時，又奏陳修築鐵路的重要性。他指出火車日行二千餘里，文報迅速可通，遇有緊急，大軍可以朝發而夕至。光緒六年，劉銘傳亦曾條陳興建鐵路之利，因風氣未開，頗有異議。

光緒十一年九月初五日，奉懿旨改福建巡撫為臺灣巡撫，常川駐紮，劉銘傳為首任臺灣巡撫。臺灣建省伊始，亟須講求生聚，以廣招徠。但因臺灣一島，孤懸海外，港口運輸不便，安平、旗後兩口，限於海湧，自春至秋，不便泊船；

滬尾一口，日漸淤淺；基隆一口，雖可泊船，但陸路運輸不便，內山貨物，尤難運出。為繁興商務，非造鐵路不可。劉銘傳認為若能就基隆開修車路，以達臺南，不獨全臺商務繁興，且與驛務、墾務、海防、建省、橋工，頗有裨益。劉銘傳原奏稱：

> 臺灣四面皆海，除後山無須辦防外，其餘防不勝防，基、滬、安、旗四口，現已購礮築臺，可資守禦，其餘新竹、彰化一帶，海口紛歧，萬無此兵力處處設守。臣已於奏辦臺灣善後摺內陳明在案，如遇海疆有事，敵船以旱隊猝然登岸，隔絕南北聲氣，內外夾攻，立見危迫。若修鐵路，調兵靈便，何處有警，瞬息即至，無虞敵兵由中路登岸，此有裨於海防者一也；臺灣既分省，須由中路建設省城，以便控制南北。查彰化橋孜圖地方，曾經前任撫臣岑毓英察看地形，可以建省，臣於上年九月復親往察看，該處地勢平衍，氣局開展，襟山帶海，控制全臺，實堪建立省城，惟地近內山，不通水道，不獨建造衙署廟宇，運料艱難，且恐建省之後，商賈寥寥，雖有城垣，空無人居。若修車路，商務立見繁盛，於建造各項工程轉運之費，節省尤多，此有裨於建立省城者二也；臺北至臺南六百餘里，中隔大溪三道，春夏之交，山水漲漫，行人隔絕，大甲、房裏兩溪，每年必淹斃數十人，急需造橋，以便行旅。查大甲、房裏、曾文三溪，或寬十里、八里。其次小溪二十餘道，或寬百餘丈、數十丈不等。大甲溪經前任撫臣岑毓英督修石壩，以阻漫流，並未修橋，已費洋三十餘萬元，數月之後為水沖刷淨盡。臣現由上游

> 窄處議修，統計大小溪橋工必須銀三十餘萬兩。今該商等承辦車路，此項橋工二十餘處，一律興修，暫勿〔論〕輪車之利，公家先省橋工銀數十萬兩，此有裨於臺灣工程者三也。

因公款支絀，臺灣商務委員張鴻祿、候補知府李彤恩等議集南洋等商股承修鐵路，約需工本銀一百萬兩，將來即取償於鐵路，以七年歸還本利，不需動用公款。劉銘傳相信鐵路完成後，商務繁盛，數十年後，全臺均成沃壤。

據商務委員張鴻祿等稟稱，已由英、德兩廠先行訂購鐵路鋼條三百三十里，大小鐵橋十一道，火車客車七十具。先由基隆造至彰化，再行接續前進。因招商集股，恐被欺騙，為除疑慮，劉銘傳奏請由內閣侍讀學士林維源督辦鐵路商務。林維源因辦理臺北撫墾事務，不能兼辦鐵路，稟請奏銷鐵路商務差使。

光緒十三年閏四月，劉銘傳奏請改派道員楊宗瀚總辦鐵路商務。鐵路倡議之初，眾商皆以鐵路利厚，兩月之間，即招商股七十萬兩，實收現銀三十萬兩。但因鐵路工程浩大，穿山渡水，挖高填低。候補知府李彤恩勇於任事，商民信服，不料於九月間病故。道員楊宗瀚因病請假回籍，以致各商觀望不前。

劉銘傳所建的臺北火車站內景

劉銘傳臺灣鐵路工程不能聽其終止，於是飭工程師詳細勘估所需經費。據工程人員通盤核算，基隆至彰化，每里合銀三千兩，彰化至臺南每里合銀二千五百兩，合計地價、土工、車房、碼頭四項，共需銀六十餘萬兩。劉銘傳奏請將鐵路改歸官辦，福建每年協濟銀四十四萬兩，暫先挪抵車路應用，俟竣工後，所收腳價，即行陸續歸還成本。光緒十七年十月，基隆至臺北的鐵路，正式通車，劉銘傳興建鐵路的計畫，初步實現，對臺灣的建設，貢獻至鉅。

橋孜圖位於彰化縣藍興堡橋仔頭，臺灣建省之初，就是以中路橋孜圖為省會所在地。劉銘傳奏請在橋孜圖地方建立省城，添設首府，稱為臺灣府，首縣為臺灣縣，將原有臺灣府改為臺南府，臺灣縣改為安平縣。又割嘉義、彰化轄地，就林圯埔添設雲林縣，分新竹轄地，就苗栗街添設苗栗縣，改埔裏社為撫民通判，均隸臺灣府，分徵錢糧。新設府縣，開始籌撥款項，陸續興建城垣及衙署工程。劉銘傳認為橋孜圖地方適當全臺適中之區，足以控制南北，而且距離海口較遠，可杜窺伺。就臺灣形勢及南北平衡發展而言，劉銘傳的規畫，確實頗有遠見。

開科取士以興文風

鄭氏以來，臺灣土地，逐漸開闢，人文日盛，各屬應試文童，各至千餘人，少亦數百人，不亞於內地。臺灣建省以後，因新設府縣，其文武學額，亦須重新調整。光緒十六年，劉銘傳具摺擬定臺灣省各府縣學添設增改文武生童及廩增名額和出貢年限，並繕寫清單，進呈御覽。其中臺灣府學擬定文童進額二十名，又由臺南府學撥歸加廣四名，粵籍文童進額九名。閩籍廩生三十名，增生三十名，一年一貢。粵籍稟生四名，增生四名，四年一貢。閩籍武童進額十二名，又由臺南府學撥歸加廣三名，粵籍四名；臺灣縣學文童進額十五名，又由彰化縣學撥歸加廣二名，廩生十五名，增生十五名，二年一貢，武童進額十名。

彰化縣學文童進額十五名，加廣一名，廩生十五名，增生十五名，二年一貢，武學進額九名；雲林縣文童進額十二名，廩生十名，增生十名，三年一貢，武學進額四名；苗栗縣文童進額四名，廩生五名，增生五名，四年一貢，武學進額由彰化撥歸二名。

臺南府學閩籍文童進額十五名，加廣四名，澎湖四名，恆春一名，粵籍六名。閩籍廩生三十名，增生三十名，一年一貢。粵籍廩生四名，增生四名，四年一貢。武學進額十六名，加廣六名。粵籍進額二名，加廣一名。

安平縣學文童進額十七名，廩生十五名，增生十五名，二年一貢，武童進額十四名；鳳山縣文童進額十七名，廩生十五名，增生十五名，二年一貢，武童進額十四名；嘉義縣文童進額十七名，廩生十五名，二年一貢，武童進額十四名。

臺北府學閩籍文童進額十三名，加增三名，粵籍六名。閩籍廩生二十名，增生二十名，三年二貢。粵籍廩生四名，增生四名，四年一貢。武學進額，閩籍七名，粵籍三名；淡水縣文童進額六名，加增九名，廩生十五名，增生十五名，二年一貢，武童進額四名；新竹縣文童進額六名，加增六名，廩生十名，增生十名，三年一貢，武童進額四名；宜蘭縣文童進額六名，加增六名，廩生十名，增生十名，三年一貢，武童進額四名。

考試制度有它合理的一面，科舉制度是基於尚賢思想所產生的一種傳統考試制度。其中童試是最基本的考試，應試的考生，不論年紀大小，都叫做童生。童試分為三級：縣官考的叫做縣試；知府考的叫做府試。將縣府考過的童生造冊送由學政考試，叫做院試。院試取中後入府縣學肄業，叫做進學。童生分為文童和武童，錄取名額各有限制。進了學的童生，成為生員，由官方供給廩食的生員，叫做廩生；由增廣廩生名額而來的生員，叫做增廣生，簡稱增生，廩生、增生，統稱諸生，就是秀才，社會習稱相公。

劉銘傳開科取士以興文風，對臺灣教育的發展有不可磨滅的貢獻。

清初以來，臺灣人文日盛，清廷開科取士，臺灣社會的精英，多為科舉出身的人才。臺灣建省後，童生、廩生、增生的名額，頗有加增，據劉銘傳於光緒十六年進呈清單所開名額，統計臺灣各府縣學文童進額共二二四名，武童一三三名，文武童合計三五七名；廩生二〇二名，增生二一七名，童生、廩生、增生共七七六名。

各府閩籍和粵籍進額的分配，則頗懸殊。例如臺灣府文武童進額共五十二名，閩籍共三十九名，占百分之七十五，粵籍共十三名，只占百分之二十五；臺南府文武童進額五十五名，閩籍四十一名，占百分之七十四，粵籍九名，占百分之十六。臺北府文武進額共三十二名，閩籍二十三名，占百分之七十二，粵籍九名，占百分之二十八，反映粵籍移民人數，所占比例遠不及閩籍人數。

建設臺灣值得肯定

臺灣與閩粵內地，一衣帶水，閩粵先民絡繹渡臺，篳路藍縷，墾殖荒陬。歷任文武，正經界，籌軍防，興文教，不遺餘力，社會漸趨整合，地域觀念亦日益淡化。且因臺灣自然環境特殊，宛如海上孤舟，較易產生同舟共濟的共識。

劉銘傳渡臺督辦軍務，安內攘外，抵抗法軍侵略，保衛臺灣。建省以後，設防練兵，清理田賦，開山撫社，析疆增吏，興建鐵路，開科取士，綱舉目張，百事俱興，臺灣氣象於是一新。

《點石齋畫報》所載劉銘傳招撫原住民圖

劉銘傳患有目疾、頭痛、咳嗽等症，畏見風日，公務繁劇，病情惡化。光緒十七年三月，劉銘傳開缺回籍就醫，光緒二十一年冬（1896)卒，享年六十歲。緬懷先民慘澹經營的遺跡，劉銘傳保全臺灣、建設臺灣的貢獻，尤其值得肯定。

官印名稱（滿文）：

官印名稱（漢文）：福建臺灣巡撫關防（光緒二十三年三月）
官印名稱（羅馬拼音）：fugiyan tai wan i giyarime dasara amban i kadalan
尺寸：6.5 × 10.4cm

關防為官印之一種，長方形，其制始於明。本為半印，故長方形，文字亦為全印之半。其後勘合之制廢，而稱臨時性質特別官員之印為關防，仍用長方形，文字完全。添設之官只給關防。光緒十一年（1885）九月初五日，臺灣建省，將福建巡撫改為臺灣巡撫，劉銘傳補授臺灣巡撫，使用木質關防，臺灣雖設行省，但必須與福建聯成一氣，如甘肅新疆之制，庶可內外相維，於是奏准將臺灣巡撫改為福建臺灣巡撫。光緒十四年（1888）正月二十一日，劉銘傳正式啟用「福建臺灣巡撫關防」。值得注意的是，上圖「福建臺灣巡撫關防」年代為光緒二十三年（1897），此時臺灣已為日本領有，並不存在福建臺灣巡撫。

原任臺灣巡撫劉銘傳事實
劉銘傳安徽合肥縣人咸豐四年粵匪踞皖陷廬州
六安銘傳與張樹珊張樹聲周盛傳等倡團築堡應
遏賊氛禁戢土匪百數十里內居民安堵耕市不輟
九年帶練隨官軍收復六安欽功奉
旨以千總用十年自備餉糈救援壽州欽功奉
旨加都司銜同治元年李鴻章巡撫江蘇募軍東下知銘傳
知兵招為營帶官銘傳慷慨從開道至上海連戰皆
捷軍聲大振遂立銘軍五月會同潘鼎新招撫南匯

降賊拔難民無算遂合鼎軍移紮杭州就近鈐制降
將吳建瀛等責令剿賊自效偽忠王李秀成養子閩
吳建瀛降由金山衛撲南匯與著縣鄧暗谷降將吳
建瀛相持銘傳從南擊卻之賊竄川沙復招川沙賊
合股迴撲蔓延二十餘里銘傳督吳建瀛守城別派
軍出城夾擊賊潰退官軍乘勝直逼川沙賊由海塘
竄去遂於初五日收復川沙奉
上諭以都司留江蘇補用並加遊擊銜旋又攻復奉賢縣全
山衛奉

上諭免補遊擊以參將補用並賞給綠營巴圖魯名號時四
江口久圍未解復隨李鴻章大破賊於四江口圍解
時常熟亦久困賊中二年正月賊攻益急李鴻章議
攻福山以解城圍二十日銘傳會各軍攻福山城賊
來援銘傳身先士卒擊敗之遂克福山常熟圍解奉
上諭以總兵補用四月與水師提督黃翼升合攻楊庫汎汎
為沿江著名險要悍賊堅守十六日至二十一日先
後擊退援賊二十二日督隊猛攻大呼登城殲賊無
算並將楊庫汎克復時江陰至無錫數十里賊營密

布其江陰另股於五月十四五日復撲楊庫銘傳瘡
剿禽斬千餘人忠逆復渡江迴援將合章護晋潮侍
五逆水陸數十萬眾分路內犯遂議各軍滾營前進
銘傳以七營進攻北漍為左路二十二日復於北岸
紮兩營為右路直倒北漍河邊五逆營五座是夜銘
傳攻破北漍賊營二十七座追殺至八字央顧山以
西一律肅清七月由楊庫進攻江陰十一日踏毀北
門賊壘十二日合各軍攻克東門石營斷賊歸路各
軍滾營前進賊由蘇常等處集大股來援綿亙數十

里銘傳周覽賊勢於七月二十九日由中路進剿各
軍繼進賊大潰跳賊見援賊敗去大懼我軍乘勢促
之遂復江陰奏
上諭以提督記名儘先簡放九月進駐青暘鎮攻克芙蓉圩
朱館護逆遁去遂率五營繞攻焦墊之後時忠侍各
逆力援無錫以護蘇州援賊一日不清蘇錫不能進
取護逆一股受創已深侍逆亦為銘傳擊敗我軍遂
專意併圖忠逆十月銘傳率銘六營至鴨城橋會剿
初十日分營誘敵十一日復調各軍由西谷攻錫城十
二日連毀賊營禽斬無算是日侍護等逆來援潮賊
亦出相助自東南門止禁至新塘縱橫十餘里銘傳
與李鶴章商令張樹珊等先向侍逆土城後進紮十
三日銘傳率各營乘夜三面環攻暗繞賊後燒賊更
樓十餘座節節追殺賊壘盡毀斃賊逾萬十六日賊
復來撲擊敗之馳赴東路會剿時錫城東西已無賊
營遂進攻皋橋直逼城北莫逆率賊二萬餘與護逆
合援二十三日圍撲萬壽橋營一股由橫山章墅青
暘官軍另股由錢周村撲石塘橋銘傳令徐得勝固

守勿出自帶三營堵錢周村橋口調唐殿魁等折迴
堵橋以顧後路二十四五等日該逆疊撲西萬壽橋
均經擊敗二十六日忠逆帶大股二萬餘離我軍里
許築壘銘傳督各軍分三路進攻力戰敗之追殺數
里禽斬二萬餘會禽偽潮王黃子隆父子遂克無錫
金匱等城李鴻章疏稱銘傳血性忠勇摧鋒陷陣請
旨優加獎賞奏
上諭著加恩賞頭品頂戴十一月進剿常州由羊頭橋間道
深入奔牛鎮賊目部小雙乞降即令駐該處以扼丹
陽援賊十四日督軍攻西北門破賊壘三賊蠭擁出
救力戰敗之乘勝攻城連破賊營十數座降賊一萬
五六千人十五日會攻小北門口大石營銘傳正用
千里鏡測望險路忽頂額中槍子登時暈倒幸入骨
未深子旋取出十七日裹傷督各營攻克小北門外
大土城十二月初章逆因奔牛急守將乞援密派弁
捲洋藥四萬筒齎之諭令堅守五日待援初七日帶
隊往援途中皆賊壘無懈可擊銘傳偏師直擣倚營
自固初九日十偽逆之眾圍捕前營另股萬餘鈔襲

我後銘傳率各營分股迎勦自辰至未鏖戰大破之
擒斃六七千人追逐十餘里十四日我軍分三路進
勦密飭奔牛守將唐殿魁等衝出夾擊先破東南賊
營賊驚潰對河賊拚命來拒亦經我軍擊退並將忠
逆所購飛而復來輪船焚毀銘傳遂督隊向奔牛猛
擊賊分股三四萬繞後圍撲值郭松林馬隊突至衝
之賊鳥獸散唐殿魁等追擊十餘里破賊營三十餘
座擒斬無算奔牛之圍遂解奔牛為鎮常交界衝途
降眾投誠後即派唐殿魁黃桂蘭二營冒險併紮忠

護等逆死護金陵老巢後路併力糾集各巨股窺我
兵單重圍困裹用輪船炸礮力爭此地官軍以四千
餘人當十餘萬狂寇力戰解圍厥功尤偉三年三月
十八日銘傳督隊踏毀常州城外賊壘數十座四面
合圍四月初六日轟蹋北門城墻數十丈賊悉力抵
禦銘傳揮軍直進將護逆大股逼入街心節節追勦
會擒偽護王陳坤書等遂克復常州府城李鴻章疏
稱銘傳厥功大猷請
奏
旨優獎

上諭著
賞穿黃馬褂七月二十七日湖州城克復奉
上諭俟
廣德四安克復後查明勞績一併從優保奏時金陵
老巢已克昭逆方挾偽幼主據廣德李鴻章檄銘傳
由建平往勦銘傳採知踞賊在城外築壘遂於建平
布置糧道先令盛軍各營移紮白芳嶺水口自率劉
盛藻等直抵城下賊眾迎拒我軍槍礮齊發賊奔潰
追至西門盛軍亦至賊遂由南門逃竄截殺數百人
廣德收復捷
聞奉

上諭劉
銘傳一軍採知廣德賊在城外築壘督軍馳勦當將
廣德
州城克復勦辦甚為得手廣德克復銘傳追尋賊跡
復兩遇賊於山谷中連戰皆捷四年
諭旨赴
山東一帶勦捻五月十四日行抵濟甯營於城東北
十九日陣斃悍賊千餘拔難民無算遂克長溝圩閻
五月十八日自濟甯拔營疾行二十四日即抵徐州
由睢溪口進勦於六月初二三等日力破崔家樓孫
家寨等處踞賊石弓山龍山之賊聞風膽落悉數自
潰三十日

欽差
大臣曾國藩條奏周家口最為扼要不可無重兵鎮
壓各軍惟銘傳將略最優因以周家口重任付之旋
大破賊於臣店賊竄南頓復於南頓擊之斃賊千餘
賊乘夜越周家口渡沙河復奔睢州迨銘傳追至賊
已先發乃督馬隊馳三十餘里追及之賊四散狂竄
擄禽賊供稱此次東竄之匪係任柱為主而賴汶洸
牛洛紅亦在其中嗣竄賊至扶溝圍縣城知縣告急
銘傳聞信馳援抵宏濟橋遇賊追之至城西賊分三
大股包抄我軍銘傳結陣自固四面環擊連開炸礮
追殺十餘里斃賊千餘城圍立解十八日別軍移紮
周家口乃騰出銘傳之師作為遊擊之師由確山進
勦牛稍股匪十二月率師抵鄂聞賊踞黃陂即由長
仙嶺進規抵王家河唐殿魁在下石港紮營城賊數
千出撲我軍迎擊賊不支張景春追殺至西關外唐
殿魁繼之賊退入城二十八日銘傳派劉盛藻等攻
城賊出萬餘來撲銘傳分投迎勦賊敗入城其馬賊
數千仍排列城外東南一帶銘傳令畢乃爾李錫增
由北門開礮王德成首先登城頭受刀傷見骨田履

安繼之各軍蟻附而上立將黃陂克復賊衆逃竄追
殺至茅屋店其馬賊析回抵敵亦經我軍擊敗奉
上諭劉
銘傳一軍甫經到鄂立克堅城實屬著有微勞自應
量加
獎勵直隸提督劉銘傳著交部從優議敘又
諭黃陂
之役非劉銘傳速到何能攻拔城池五年任賴敗後
自鄂回竄皖省至江口我軍擊敗之禽賊目金添祿
馬汰山二名賊狂奔過谷河我軍營於楊家圩左右
銘傳以重兵在東賊必西竄率師截之前軍果與賊
遇賊忽西忽東馬步二萬餘人分路來撲銘傳遣黃
桂蘭張士元兩營迎擊賊另股撲親軍洋礮等營銘
傳令畢乃爾等連開炸礮張勝埼等衝入賊中生禽
數人賊氣沮銘傳率軍跟勦至山東三月二十二日
於鉅野西北遇牛洛紅黑龍江馬隊擊敗之禽賊三
十餘名二十三日追過韓氏橋步賊伏林中以馬隊
偽敗誘張景春軍銘傳知其詐不令追逐賊仍結隊
南行我軍亦南下與賊並驅抵烏官屯令黃桂蘭衝
擊賊向西潰去追殺十餘里大破賊衆二十七日至
曹縣乘夜掩捕賊館殲殺數十名張牛二逆敗後盤

旋虞碭豐單之間我軍躡之疊有斬馘銘傳以銘軍
自四年以來援鄂援皖援豫援齊將士疲勞已極呈
請休息一二月借資整頓四月十六日銘傳自考城
折回甦匪尤多逆眾敗竄東南入江南徐郡與賴逆
等合股銘傳仍率軍跟蹤緊躡五月任賴一股擾桃
山等處乃會總兵董鳳高軍敗之於荊山橋逆勢不
支全數竄出徐境先是捻逆各股回竄豫皖兩省中
原平曠之地四通八達銘傳察看地勢遂創扼守沙
河之議驅賊於沙河以南以蹙其勢張牛等逆既渡

沙河以南任賴等逆亦將渡沙渡淮並趨南路銘傳
遂自徐州拔赴沙河取道中牟尉氏一路迎擊自朱
仙鎮以下河防由銘軍興築隄墻八月分防各汛工
竣廿一十二兩日趕赴汴梁幫修省城濠隄十四日
銘傳回至尉氏十六日夜賊毀離汴梁十餘里隄墻
銘傳派烏爾國那遜等東剿唐殿魁向北截剿未過
之賊九月十九日曾國藩奏稱銘鼎兩軍兩旬之間
往來一千六七百里縱橫追逐迄未停趾現在杞縣
陳留一帶籌備米糧仍即跟蹤追剿此次賊鋒已挫

疏入奉
上諭銘鼎兩軍追賊至山東汶上境內將梁山之賊三面攻
剿並在鄆城荷澤曹縣東明等處疊次獲勝盡力窮追至
豫省睢杞一帶賊勢已挫著曾國藩檄飭劉銘傳等趕緊
追剿務乘該逆疲乏之餘窮其所向不令喘息是月銘傳
率師會合鼎軍自梁山追賊於鄆城之李家莊曹州
府之新集曹縣之朱家寨考城之敬勝寨等處節節
追剿無役不勝奉
上諭劉銘傳等軍由金鄉鄆城曹州等處追賊幾於無日不

戰先後敗賊二十餘次斬馘甚多實屬異常出力十二月
二十四日銘傳由宋河追賊至京山值大股賊撲縣
城奮擊卻之追至舊口二十八日賊向西佯走誘我
軍復擊殺數十入追至宜城之流水溝六年正月初
一日銘傳督隊抄出賊前擒殺千餘名並擒賊首王
信等數名賊竄安陸我軍跟追與霆軍遇分路夾擊
大捷奉
上諭鄂賊盤踞楊家峯拖船埠永樂河一帶經劉銘傳鮑超
先後進剿將賊擊退官軍追殺六十里斃賊甚多辦理尚

為奮
勉四月十二日師抵黃安紫屏鋪遇大股賊東竄擊
之鏖戰逾時賊始大潰十四日竄至孝感十五日我
軍追抵雲夢乘夜進勦賊驚潰禽賊陳大潰一名賊
向早市奔竄至宛郡銘傳在信陽整頓兩月由棗陽
緊追與賊馳逐東自應山黃陂西出安陸襄棗又由
南陽至鄭州等處日行百里賊望風奔逃遂創防守
運河進扼膠萊之議六月與潘鼎新會勘膠萊河道
形勢合銘鼎奇鳳四軍與東軍先後趕築長墻北起
夏店南至柳林口八月師抵贛榆之沙河行二十里
遇賊敗之賊西南奔至沭陽踞西新河一帶我軍至
黃泥河水勢陡漲僅一橋可通任逆堵住橋口我軍
轟擊斃賊百餘名賊棄橋走我軍追殺甚多忽任逆
率衆回犯銘傳揮軍力勦賊潰散禽三百餘名死者
千餘追至沭陽城南沭陽圍解九月由郯州進發初
八日至王堰地方賊館徧地派隊抄襲賊驚潰追至
牛山禽斬三百餘名是夜賊聚房山一帶復經派陳
振邦等驚潰初九日追至房山賊已北趨贛境銘傳
因行糧不繼仍回郯州時大股賊東竄青州連擾樂

安壽光掠糧安邱濰縣一帶銘傳派隊偵探復恐賊
聞風潛遁於十月十七日分三營迎擊將松樹山以
西賊館十餘處賊二千餘名全數撲滅時任賴兩逆
由東南擁至銘傳自督中左各營東拒任逆派陳君
振邦唐君定奎南擊賴逆賴逆不戰回奔任逆踞牟
山頂復又東奔我軍躡追任逆忽糾牛逆步賊回拒
我軍禦之任牛兩逆亦不敢久拒過汶河北走當賴
逆之奔往牟山以南為大軍所隔不得與諸逆合股
至是任牛兩股潛由安邱城西與賴逆合銘傳遂派
步軍抵任逆派陳君振邦等四路合擊賴逆禽殺無
算任牛各逆見勢不支繞至東北南竄此次各逆竄
濰難保不折回青濟窺伺黃防經銘傳間道繞前連
戰卻賴逆一股被創殆盡奉
上諭嘉
之時賊向諸城南趨二十二日追至日照馬勇槍傷
任逆該逆奔江南贛境銘傳同善慶等於二十四日
追抵贛榆城南伏賊數萬天忽大霧昏不見人賊盡
擁撲來善慶等擱擊三四次不能支銘傳親督先鋒
馬勇將賴牛兩股擊敗復督步隊接應任逆包抄我

後經善慶擊回該逆猶拚死拒敵銘傳督馬步各軍
大呼殺入槍礮如雨賊中忽自驚喊曰當王受槍傷
死矣賊登時潰散我軍乘勝追殺見羣賊用快馬負
任逆屍身狂奔而去奉
上諭著加恩賞給白玉柄小刀一把火鐮一箇大荷包一對
小荷包兩箇十一月銘傳軍赴莒州知會郭松林楊鼎勳
等由莒諸北會勦時善慶軍至進勦東北銘傳亦繞
兵赴之至諸城之小石橋及高密之駐溝等處五戰
皆捷初七日抵諸城東十餘里遇賊北竄當派善慶
等擊之賊東走我軍追擊四十里賊馬千餘回拒經
陳鳳樓徐邦道等迎擊陣斬紅旗賊酋鄭馬糊禽藍
旗賊目張碇柱並斃賊二百餘名奪獲戰馬二十餘
匹該逆狂奔東北而去其已過濰河之賊悉為我軍
衝散據降賊供稱賴逆欲沿黃擄糧再由濟甯上下
搶撲運河銘傳恐賊竄青濟黃防吃重即由安邱間
道馳抵濰縣攔頭迎勦初十日賊竄濰縣東北安墹
地方不虞我軍之先至也銘傳急起迎之適唐仁康
軍亦至我軍行抵安墹日已薄暮逆衆方西散投宿

探知任逆藍旗住東北牛李各股已至西北壽光一
帶銘傳令陳振邦丁壽昌由東路兜擊藍旗一股銘
傳親督劉克仁唐定奎滕學義劉盛休徐邦道陳鳳
樓由正北截勦是夜月色正明我軍沿途追殺賊向
東北逃去銘傳督中軍沿河截殺三更後追抵稻田
已四十餘里月落夜黑分投追捕惟聞槍聲喊聲停
而復起銘傳從火光中急行二十餘里至壽光境之
仇家莊遇唐定奎一軍攻破賊館訊禽賊知即牛逆
宿處乃發號收隊十一日逆衆復由東北盪擁而至
仍圖西竄銘傳督軍攔擊令劉克仁當白旗牛逆黑
旗李逆兩股唐定奎當藍旗任碇任三厭劉三貓兩
股滕學義迎擊馬賊銘傳親帶劉盛休五營接應白
旗賊先敗各軍乘勢齊進賊衆不支全數崩潰是役
也共禽斬三千餘名降散近萬人斬獲朱鳳池等大
小頭目四十餘名二十四日銘傳與郭松林等會於
安邱途次商定分路兜逐二十五日赴青州會勦賊
已西走二十八日竄至新城境見我軍緊追不敢再
西由海邊折回東竄壽光二十九日我軍自南而北

偪賊於海濱洋河瀰河之交賊無路逃竄拼死抵戰
我軍大勝共禽賊匪萬餘人著名大小賊首數百殺
斃不可勝數屍橫四十餘里僅賸馬賊數百奪路而
走據禽賊供稱任柱之兄任碇死於瀰河李鴻章疏
稱銘傳首倡扼守運河併軍兜勦之議卒能大獲奇
捷實屬勞苦功高又云壽光瀰河之役斬獲幾三萬
人賊之精銳器械贏馬輜重拋棄殆盡蓋軍興以來
罕有之事諸將勦捻論功以銘傳為第一曾國藩亦
奏稱巨憝肅清餘氛盡掃定謀以李鴻章為主論功
以銘傳為先奉
上諭著賞給三等輕車都尉世職銘傳自四年五月奉
命勦捻轉戰數省馳逐三年幾無一日休息積勞成疾骸腫
不能乘騎以賊氛未淨不敢乞休至是全股削平乃
請假回籍調養七年西捻張總愚出竄將入河朔奉
上諭假期已滿速赴北路勦賊李鴻章疏陳銘傳病狀極言
連年戰功勞苦蘇省肅清銘傳與程學啟之功多任
賴逆股殲滅銘傳一人之功也銘傳於捻情地勢最
為熟悉湘淮皖豫各統將素皆心折可否仰邀
恩旨令總統前敵馬步各軍
飭下江皖督撫就近催令視師並稱銘傳通習書史素明大
義必能急難赴公奏入奉
上諭江皖督撫就近催令赴軍總統前敵馬步各軍六月初
八日銘傳行抵東昌調齊舊部會同各軍追勦張逆
於鹽山滄州德平等處疊次大捷賊向博平清平一
帶圖撲運河適馬頰河黃水漫入河西北岸長墻築
就銘傳即日進追二十五日會郭松林軍由陵縣南
追賊向博平向東昌逸南李海務竄撲河墻經守軍
擊退銘傳與郭軍圍賊徒駭黃運間議於徒駭河沿
橋口紮駐令步隊由桃橋守至南鎮二十八日賊回
竄擊之追勦數里值河道分歧水溜泥陷銘傳與郭
軍縱橫合擊大股賊匪全數斬禽張逆僅帶數十騎
北逃馬勇追及該逆棄馬遁入高粱叢中投水淹斃
銘傳當派鄧長安兜尋張逆之姪張政江該逆逃至
南鎮正遇銘傳所派駱國忠軍兩軍堵擊獲之禽賊
三四千人餘賊勦滅張逆全股削平捷
聞奉旨

上諭著由三等輕車都尉晉為一等男爵又奉
上諭暫紮張秋以資彈壓九月奉
命督辦陝西軍務十一月初六日抵陝十八日移駐乾州以
纏金道路隔絕賊勢趨重南路奏請
飭定安就近撥隊駐守又奏請唐定奎一軍駐寶雞並分派
左軍滕學義駐隴州右軍黃桂蘭駐鳳縣嗣因二麥
登場宜防擾掠調隊駐防邊境並密陳邊情旋援勦
北山回匪以久病未痊奏請
賞假奏

上諭賞假三月准其回籍調理光緒六年銘傳奏
詔力疾至京十二月初二日條陳開造鐵路言時局日艱
中國非速開鐵路萬不能自強蓋鐵道之利於漕務
賑務商務礦務以及釐捐行旅者不可殫述而於用
兵一道尤為急不可緩之圖鐵路造成呼吸靈通聲
勢聯絡裁兵節餉併成勁旅轉運槍礮軍火朝發夕
至十八省合為一氣一兵可抵數兵之用將來兵權
餉權盡在
朝廷不為疆臣所牽制十年法人擾海疆銘傳奉

旨賞給巡撫銜督辦台灣軍務閏五月初二日
陛見條陳整頓海防講求武備十條一各海口設防宜分輕
重緩急以期握要一各海口礮臺亟宜改建以重防
守一洋西水師兵船宜次第籌辦以固海疆一長江
太湖水師亟宜改制以收實用一福建船政局上海
機器局宜加意整頓一請籌購大批槍礮以節經費
而免欺朦一稽查軍械整頓礦務宜特設軍器局切
實講理以專責成一新募勇隊宜加裁併參用練軍
以節餉需一嚴定賞罰以求將才一請設局譯刻泰

西各書引掖後進以造人材二十四日行抵基隆登
岸查看礮臺形勢周歷數日二十八日行駐臺北六
月初法人犯基隆銘傳聞警飛速親往法人於辰刻
開礮營官姜鴻勝還礮相擊銘傳到臺後即奏礮臺
本不足恃蓋我礮臺只有洋礮五尊礮臺只守當門
一面敵人由旁攻擊即不能旁應時章高元蘇得勝
各伏礮臺墻外溝中敵礮猛攻不息自辰至午礮台
前墻全行打碎火藥房亦同時轟倒礮台我不能守
法人亦未佔踞銘傳以法人一意逞強有輕我之心

而台灣又無兵艦非誘之陸戰不足挫其凶鋒即將
海防不能守禦各營飭移山後以避敵礮曹志忠正
營並中營離海雖近中隔小山仍令照常設守一面
激勵士卒豫備惡戰十六日卯刻果有法兵四五百
人以舟半在曹軍北山頭跕隊築營以二百餘人直
薄曹志忠營仍用輪船炸礮助攻自卯至午不息曹
志忠督隊二百餘人迎剿銘傳派章高元蘇得勝率
隊百餘人由東路抄擊復派鄧長安率親軍小隊六
十人由西路繞擊曹軍見兩路兵至士氣益壯奮勇
直前敵見我軍齊進連放大礮排槍鏖戰一時許我
軍所持後膛槍皆能命中擊倒法軍山上持旗兵酋
二名山下法兵頭一名敵潰敗我軍乘勝追上山頭
將敵營蹋毀奪獲洋槍數十桿帳房十餘架並獲坐
纛旗二面此外洋行軍最恥之事斬首級一顆法軍
傷亡不下百餘人追至船邊始行收隊我軍傷亡僅
數人奏入奉
上諭
調度有方深堪嘉尚著交部從優議敘欽奉
皇太后
懿旨發內帑銀三千兩賞給此次出力兵勇七月初

十十一兩日敵兵開礮我軍恃山為障開礮對擊彼
礮無所施我礮屢中其船彼族頗有傷亡退泊口門滬
尾海口離基隆八十里該處僅孫開華所部三營與
李彤恩添募土勇一營兵力單薄危急萬分彼族不
得志於基隆十四二十等日復窺滬尾孫開華等趕
將堵口石船接連沈塞敵見口門已塞旋駛去十九
日銘傳親至滬尾添派礮勇百名略為布署即日回
基隆敵逐日以一二船攔泊滬尾搜查商船以阻我
軍援應商船多日不來消息不通八月初二日大雨
颶風之中上海所僱匯利萬利兩船裝載江陰劉朝
祜勇六百人駛到趕用駁船接卸百餘人風勢緊急
兩船皆避風入海滙利仍將原勇裝回萬利僅卸五
十人初九日華安輪船裝勇三百餘人甫抵滬口即
遇法船追回初十日法船三隻攻基隆十二日復來
法船八隻十三日黎明敵兵千人於口門外之西山
登岸陳永隆畢長和各帶勇百餘名接戰相持兩時
之久敵復從山頭抄擊章高元陳永隆等退出山口
持命抵禦直至酉刻敵人猛撲經我軍擊退斬法酋

一名我勇傷亡百餘人將士防守兩月之久各軍日
在炎瘴海濕之中人多疾病八營之衆能戰者僅千
餘人曹志忠章高元蘇得勝皆督率將士身自搏戰
毫無退心正在全力相持之際忽報滬尾來敵船五
隻直犯口門該處礮台尚未完工只安礮三尊以保
沈船塞口之處敵礮如雨孫開華等皆隊還礮相擊
礮台皆係新用泥土沙袋堆壘不能堅固中礮即毀
陣亡礮勇十餘名張邦才受重傷危急待援銘傳度
基隆前敵正萬分危迫絕無兵力可分而滬尾為基

隆後路離府城只三十里僅恃一線之口藉資船稍
遮声聞軍裝糧餉盡在府城該口除沈船外台脆兵
單萬不足恃倘根本一失前軍不戰立潰必至全局
瓦解不可收拾不得已先其所急移師顧守後路連
夜率章曹各營由基隆拔營赴回淡水立派各軍馳
救滬尾十六日敵船又添三艘猛撲滬尾海口二十
日卯刻敵船倏忽分散一面以排礮轟擊炸子如雨
一面以洋划小輪船裝兵千餘人分三路上岸直撲
大小砲台勢極凶猛孫開華見敵兵逼近立率營官

李定明等分頭擱擊章高元等由北路迎擊敵兵各
執利槍以全力相犯自辰至午槍声不息挫而復進
者數回我勇短兵相接奮力擊殺張李成領所募土
勇一營旁抄孫開華親率衛隊奮勇直前陣斬執旗
法酋一名并奪其旗我軍見敵旗被獲士氣益奮各
路齊進斬馘首級二十五顆內有兵酋二名槍斃三
百餘名敵勢不支紛紛逃退追至海邊敵兵爭渡溺
海死者七八十名敵船開砲亂擊自擊毀其小輪船
一隻其所遺格林砲一尊亦為我軍所獲捷聞將士

實賚有差九月銘傳拜
特授福建巡撫之命十二月初九日法人添兵犯月眉山一
帶我軍與敵相持五日惡戰三日敵兵皆着兩衣更
番接戰我軍力薄無可更換將士忍飢冒雨目不交
睫徧身霑塗曹志忠林朝棟與各營官皆跣足督戰
月眉山賴以力保自十年六月至次年二月先後共
八個月孤島危懸苦戰苦守十一年和議成息戰罷兵
上念台灣為南洋門戶非改立行省不可乃調授銘傳為台
灣巡撫台灣舊設府一縣四廳二隸台灣道軍事緊

台灣鎮同治末年沈葆楨始奏增設恆春縣其明年
復增設台北府領淡水新竹宜蘭三縣規模草創銘
傳於是斟酌舊制奏請增設府一、曰台灣縣三曰台
灣雲林苗栗廳一曰基隆改舊台灣府為台南府台
灣縣為安平縣畀南廳為台東直隸州增置布政司
一、澎湖鎮一
上悉從
之台灣之立行省自此始台灣生番橫亘南北七百
餘里與民地處處毘連每年戕殺生命至千餘人之
多匪盜藉番地以出沒聚眾搶劫土豪藉防番以斂

貲養勇抗官號令不能行賦税不能清從前官斯土
者相率苟安生番殺人坐視不問致南北四路聲氣
不通銘傳謂如人身血脈不通即呼吸不靈百病叢
生且時事孔棘海上多故內患不除何以禦外乃於
法防撤後察看全台情形前後山荒地未開者甚多
民番仇殺官不究問未免有乖政體況改設行省正
欲闢土以分治緝暴以安民洵非撫番不可遂於十
一、年十月奏明開辦武撫調各路將領分頭勦撫或
親督大隊入山先示以威後懷以德所有南中北三

路及前後山各路之生番均於十五年二月間一律
薙髮歸化送來番童於台北府城中擇地安置教養
時台地賦久未清銘傳辦理清賦事宜十五年十二
月全台丈量清楚給單一律完竣計舊額人丁稅餉
供粟餘租官莊耗羨年共徵銀一十八萬三千三百
六十六兩有奇現定正額除補水平餘銀外計正額
溢出銀三十六萬三千三百四十兩又周覽全台謂
台南台北相距六百餘里崇山大澤緜亙上下卒有
敵師截其中則消息陡絕乃奏請開辦鐵道安設鋪

軌而駛火車而南北通台防愈益鞏是年正月二十
三日奉
皇太后
懿旨賞加太子少保銜十六年
皇上
二旬慶典正月二十六日奉
上諭
著賞加兵部尚書銜三月初二日奉
皇太后
懿旨著幫辦海軍事務旋以受熱過重舊疾舉發再
三奏懇開缺回籍調養
詔允
之二十年日本失和
詔命
視師以疾劇不克赴二十一年冬卒於家遺疏入奉

上諭
劉銘傳秉性忠勇卓著戰功咸豐年間粵捻各匪竄
跡安徽倡辦團練為曾國藩所識拔同治初年隨同李
鴻章募兵東下連拔郡縣會合諸軍苦戰克復常州積
功補授直隸提督勦捻山東河南等省與悍賊縱橫追
逐大小數百戰旋授三等輕車都尉世職復與各軍窮
追首逆張總愚斬首無算捻匪一律蕩平晉封一等男
爵朕御極後特授巡撫臺灣加太子少保兵部尚書銜於
一切應辦事宜克稱厥職前因患病准其開缺回籍調
理方冀寵眷克承長資倚畀茲聞溘逝軫惜殊深劉銘
傳著晉贈太子太保銜照巡撫例賜卹加恩予諡准
其立功處所建立專祠生平戰績事實宣付國史館
立傳任內一切處分悉予開復應得卹典該衙門察
例具奏伊長孫劉朝卿著賞給員外郎伊子拔貢生
劉盛芸著賞給舉人准其一體會試附貢生劉盛芾
著以員外郎用用副篤念藎臣至意欽此尋
賜祭葬如例
予諡壯肅旋由皖撫奏請於原籍建立專祠奉
旨允之同治九年李鴻章疏稱銘傳與臣生同鄉里少
員不羈之才智勇才識可當一面其用兵以操練紀
律為主以愛民除害為歸能駕馭將士使各盡死力
能決機俄頃而應變不窮近年解職家居折節讀書
其志頗雅欲為國家効死力英翰疏稱銘傳性情倜
直臨機果決部下將士精銳善戰紀律嚴明尤為淮
軍之冠福潤疏稱銘傳生而英毅果敢伉爽多智略
善兵法善權謀形勢銘傳長子盛芬廩貢生三品銜
直隸候補道先卒次子盛芸拔貢生
恩賞舉人候選道李鴻章明保
召見奉
旨交軍機處存記三子盛芾附貢生
恩賞員外郎四子盛芥光緒辛卯科舉人二品封典長孫
朝卿
恩賞員外郎承襲男爵諸孫朝望光緒丁酉科舉人刑部
湖廣司行走郎中朝鈺朝倚朝侍朝欽監生道員職
銜

《國史館檔》，原任臺灣巡撫劉銘傳事實，即《劉壯肅公事實》。

劉銘傳片

再，臣[illegible]衙門[illegible]

天恩垂念臺島孤懸，兵單餉絀，

飭令李鴻章設法援應，[illegible]統領之下[illegible]差

名，臣自渡臺後，[illegible]船兵[illegible]未經部署。臺北基

隆固係要隘，滬尾海口離府僅三十里，為西商

之處，祇[illegible]一三營，另無礮臺，又無營壘，現當

[illegible]敵之衝，深以該口為憂。查有[illegible]

江候補知府李彤恩，頗有謀略，[illegible]購沉船十餘隻，

裝載巨石，預備塞口，後因軍械委員羅廷玉

西設水雷，並與洋商購[illegible]消息，沒路得以

無慮。[illegible]

[illegible]方有把握，澎湖礮臺因不足恃，已飭臺灣

道劉璈並澎湖副將周善初，速購沉船裝石

為塞口之用，其[illegible]或不[illegible]船或[illegible]山後

目前布置祇能[illegible]安而難[illegible]及[illegible]臺南防

軍[illegible]款，不多兼有煙病，[illegible]不成軍，現接臺灣道

劉璈來文，援[illegible]內地招勇二千名赴臺

[illegible]補[illegible]，刻值海道艱難，[illegible]勇[illegible]

傳空[illegible]查該道劉璈，性情偏激，不洽輿論，其平日

為官[illegible]，不在[illegible]

既往，但就整頓防務而論，該道如不[illegible]任，將來將

調一營，將換一將，皆費周折，相應請

旨飭令[illegible]缺道部引

見，以免貽誤。至臺灣道一缺，有洋務番務吏治刑名之

責，若無出眾之才，萬難勝任。查有江蘇候補道

龔照瑗，久辦製造及軍務洋務，尤為熟悉，亦

敏捷勤能，廉謹[illegible]，[illegible]年[illegible]

[illegible]以及[illegible]重，如[illegible]

[illegible]

整頓一切，必可[illegible]，可否仰懇

天恩俯念海外道缺需才，非尋常內地可比，

特賜簡用，以裨地方之處，伏候

聖裁。如蒙未敢[illegible]，謹附片密陳，伏乞

聖鑒訓示。謹

奏。

光緒十年七月十九日軍機大臣奉

旨：[illegible]欽此

《軍機處檔》，光緒十年七月十九日，劉銘傳奏片錄副

督辦臺灣防務降二級留任臺灣巡撫一等男臣劉銘傳跪
奏為臺灣擬修鐵路創辦商務以興地方而固海防請[illegible]
旨遵行恭摺仰祈
聖鑒事竊臣據商務委員已革道員張鴻祿候補知府李彤恩等
稟稱上年奉委招致南洋各島貿易閩人來臺合辦商務以
興地方當即專函赴招現有南洋新嘉坡西貢等島閩商陸
續來王廣餘等復信僉稱俱願回籍在臺灣合辦商務業道
等現已集股訂購輪船二隻先行開辦惟臺灣一島孤懸海
外當此分省伊始亟宜講求生聚以廣招徠現在貿易未開
內山貨物難以出運非建鐵路不足以繁興商務查安平旗
后兩口限於海潮自春至秋不便泊船滬尾一口日漸淤淺
輪船來往候潮既擱時日只基隆一口無須候潮便於泊船
因距淡水旱路六十里不便運貨所有各商不得已於滬尾
運就往來若能就基隆開修車路以達臺南不獨全臺商務
暢興且與海防有裨甚大現在公款支絀該道等請集商股
承修約需工本銀一百萬兩將來即取償於鐵路無庸動用
公款擬具章程數條陳請飭核辦理等情前來臣查臺灣一
島孤立海外現在設立省會為南洋之屏蔽必須開濬利源
經費準以自給南北防勇徵調可以靈通方能永保疆圉自
成一省現在辦防清賦以及安設水陸電報本年內外均可
次第竣事惟於鐵路一事臣知其利因經費無出遲遲未敢
猝議舉辦現據該委員等稟請由商人承修於公款無關出
入將來生長厚利實於臺灣大局有裨所有鐵路利益除便
於驛務與商務不計外目前之大利有三請為我
皇太后
皇上陳之臺灣四面皆海除後山無須辦防外其餘防不勝防基
滬安旗四口現已購礮築臺可資守禦其餘新竹彰化一帶
海口紛歧萬無此兵力處處設守臣已於奏辦臺灣善後摺
內陳明在案如遇海疆有事敵船以早晨猝然登岸隔絕
南北聲氣內外交攻立見危迫若修鐵路調兵靈便何處有

警無患即至無庸啟兵由中路登岸此有裨於海防者一也
臺灣既分省須由中路建設省城以便控制南北查彰化橋
孜圖地方曾經前任撫臣岑毓英察看地形可以建省臣於
上年九月復親往察看該處地勢平衍氣局開展襟山帶海
控制全臺實堪建立省城惟地近內山不通水道不獨建造
衙署廟宇運料艱難且恐建省之後商賈裹足雖有城垣空
無人居若修車路商務立見繁盛於建造各項工程轉運之
費節省尤多此有裨於建立省城者二也臺北至臺南六百
餘里中隔大溪三道春夏之交山水漲漫行人隔絕大甲無
衰而溪每年必淹斃數十人急須造橋以便行旅查大甲溪
寬百丈三溪或寬十里八里其次小溪二十餘道或寬百餘
丈數十丈不等大甲溪經前任撫臣岑毓英曾修石堤以阻
漫流並未修橋已費洋三十餘萬元數月之後為水沖刷淨
盡臣現由上游審度議修統計大小溪橋工必需銀三十餘
萬兩今該商等承辦車路此項橋工二十餘處一律興修臺
南輪車路之利公家先省橋工銀數十萬兩此有裨於臺灣
工程者三也臣於光緒六年曾經條陳具奏鐵路之利其時風
氣未開不無異議現在開平業經辦有榜樣可釋群疑且臺
灣與內地情形不同興修鐵路商民因多樂從紳士亦無異
議如蒙
天恩俯准開辦有裨於臺灣大局實非淺鮮臣無任瞻依待
命之至除將商人議立章程另行開單恭呈
御覽外謹將臺灣擬修車路創辦商務請
旨遵行各緣由恭摺由驛具陳伏乞
皇
太后
皇上聖鑒訓示謹
奏
光緒十三年三月二十日

《月摺檔》，光緒十三年三月二十日，劉銘傳奏摺抄件

整飭吏治

——邵友濂與臺灣經營

臺灣與閩粵內地，僅一水之隔，是東南沿海的屏障。在隋唐時期，中原文化已傳播臺灣，明清以來，篳路藍縷，經之營之，開物成務，已立丕基。康熙年間，以臺郡為海外要地，特設重鎮，中法之役後，改建行省，首任巡撫劉銘傳，正經界，籌軍防，興交通，勵教育，綱舉目張，政績卓著。邵友濂繼任巡撫後，清賦改則，整頓吏治，加強防務，籌措經費，對臺灣的經營，功不可沒。

邵友濂與臺灣經營

邵友濂，原名維埏，浙江餘姚人，嗣父邵燦，原任漕運總督。邵友濂由監生報捐員外郎，清文宗咸豐六年（1856）三月，分發籤掣工部。穆宗同治元年（1862）五月初二日，期滿奏留。是年七月，邵燦卒，奉旨邵燦歷年辦理清准一帶防範事宜，實力實心，不辭勞瘁，地方得臻安謐，加恩其子工部候補員外郎邵維埏俟服闋後，以工部員外郎儘先補用[1]。同年十二月，丁本生父憂。四年（1865）五月，服闋，應鄉試，中乙丑補行辛酉、壬戌兩科鄉試舉人。八年（1869）七月，捐花翎。十年（1871）十二月二十日，補授工部虞衡司

1 《國史館檔・傳包》（臺北，國立故宮博物院），第3449號，吏部開邵友濂履歷單。

員外郎。十三年（1874）八月二十日，記名以御史用，尋充補總理各國事務衙門漢章京，充當普陀峪萬年吉地工程監督。光緒元年（1875）二月二十一日，工部以邵友濂監督工程出力，奏請在任以知府不論雙單月遇缺前先即選，先換頂戴。二年（1876）五月，試俸三年期滿，題請實授。四年（1878）五月二十二日，總理衙門王大臣以邵友濂自到署當差，已歷五年之久，辦理交涉及出使事宜，案牘紛煩，悉臻妥協，實為得力之員，奏准援照成案，撤銷御史，仍留工部員外郎本缺，在總理各國事務衙門當差。九月二十六日，總理各國事務衙門又奏准俟補知府後在任以道員歸候補班前先即補，俟知府開缺，歸道員班後加二品銜。十一月，出使俄國大臣吏部左侍郎崇厚以邵友濂年壯才明，通達政體，派辦俄國股事務有年，奏請隨帶出洋，開去員外郎缺，以道員用，作為頭等參贊，一俟差竣，仍留總理衙門章京上行走。五年（1879）九月初八日，奉旨署理俄國欽差大臣。六年（1880）八月，奉寄諭留於俄國襄辦通商要件。七年（1881）四月三十日，出使俄國大臣曾紀澤奏派邵友濂賫送改訂俄約章程、地圖等件到京，總理各國事務衙門王大臣以章程、地圖已進呈批准，邵友濂已無經手未完事件，請仍留總理衙門當差，奉旨依議。八年（1882）二月二十八日，奉旨補授江蘇蘇松太道，四月十四日到任。九年（1883），法越戰事起，法人潛遣兵船進窺臺灣，以牽制清軍。邵友濂襄辦臺防，偵敵蹤，備軍械，籌餉需，皆悉心經畫。十年（1884），中法講和，命邵友濂隨同全權大臣兩江總督曾國荃辦理和約，旋因會議決裂，長江戒嚴，命章合才留上海會同邵友濂鎮撫兵民，加意彈壓，並保護各國商民。曾國荃以邵友濂體用兼資，堪膺重寄，具摺奏保。十一月，命邵友濂會同辦理援臺事宜。十一年（1885），中法和議成，臺北解嚴，邵友濂戰守出力，經劉銘傳等奏請獎勵。是年六月初三日，敍功，賞給一品封典。十二年（1886）正月，奉旨赴香港辦理鴉片協定，會商開辦洋藥稅釐。二月，曾國荃遵旨飭邵友濂由海道入京，與總理各國事務衙門商議一切。六月二十日，補授河南按察使，十三年（1887）二月二十四日，補授福建臺灣布政使，七月二十日任事[2]。十四年（1888），以舉辦清丈地畝出力，賞加頭品頂戴。十五年（1889）三月初五日，據卞寶第片奏邵友濂因感受濕熱，時患濕滯泄瀉等症，給假一月，准其內渡就醫。六月初三日，命邵友濂補授湖南巡撫，即行入京陛見。十一月，奉命暫兼署湖南提督。十二月，丁本生母憂，服闋。十七年（1891）四月初二日，補授福建臺灣巡撫。邵友濂自陞授按察使至巡撫臺灣，凡三次入覲。十月二十四日到任。邵友濂在福建臺灣布政使任內，經理賦役，劉銘傳曾稱其才長心細，辦事有條不紊。邵友濂雖是一位「無大擔當，缺乏理想的人」[3]，卻熟悉臺情，因此，劉銘傳開缺後，清廷即命邵友濂為福建臺灣巡撫。

行政區劃的調整

邵友濂補授福建臺灣巡撫後，積極整頓吏治。臺灣文武各職，本為海疆要缺，其中宜蘭縣隸臺北府，光緒十六年（1890），福建督撫會摺奏請以候補班前補用知縣沈繼曾補授宜蘭縣知縣。邵友濂到任後，以宜蘭地方逼近內山，時有民番交涉案件，且有不法之徒，糾結黨羽，魚肉良民，頗稱難

---

2 《清德宗景皇帝實錄》，卷 239，頁 17；《清史列傳》，卷 63，頁 8，謂遷臺灣布政使在光緒十三年，疑誤。

3 郭廷以，《臺灣史事概說》（臺北，正中書局，民國 64 年 4 月），頁 208。

治，知縣沈繼曾，人雖耐勞，惟因精神不能如舊，措置一切，顧此失彼，於知縣一缺，人地不堪相宜，邵友濂乃請旨將沈繼曾開缺，留省遇有相當之缺，另行請補。同時為加強防務，於行政區劃，亦有更張。臺灣分省之初，巡撫劉銘傳曾會同總督楊昌濬奏請以彰化縣橋孜圖地方建立省城[4]，添設臺灣府臺灣縣，以原有臺灣府改為臺南府，臺灣縣改為安平縣。其初原以橋孜圖地方適當全臺適中之區，足以控制南北，而且距離海口較遠，可杜窺伺。但因橋孜圖地方，本來為一小村落，環境皆山，瘴癘甚重，仕宦商賈裹足不前，因此，自從彰化設縣後，戶口仍不見增加。邵友濂指出由南北兩郡前往橋孜圖，均非四、五日不可，其中溪水重疊，夏秋輒發，設舟造橋，頗窮於力，文報常阻，轉運艱難。臺中海道淤淺，風汛靡常，輪船難於駛進，不獨南北有事接濟遲滯，即平日造辦運料，亦增勞費。省會地方，壇廟衙署局所，在所必需，用款浩繁，經費又無從籌措，所以分治多年，迄未移駐。邵友濂認為以橋孜圖地方建立省城，「揆諸形勢，殊不相宜。」於是督同臺灣司道詳加審度，以籌定久遠之計，並具摺奏稱：「查臺北府為全臺上游，巡撫、藩司久駐於此，衙署庫局，次第矗成，舟車多便，商民輻輳，且鐵路已造至新竹，俟經費稍裕，即可分儲糧械，為省城後路，應即以臺北府為臺灣省會，將臺北府為省會首府，原編衝繁難，改編衝繁疲難四字請旨要缺，如遇缺出，於通省知府內揀員調補，所遺員缺請旨簡放。改淡水縣為省會附郭首縣，原編衝繁難，改編衝繁疲難四字題調要缺，如遇缺出，在外揀員調補。其臺灣府

4　《臺灣省通志稿》，卷三，頁 7，謂橋孜圖在彰化縣藍興堡橋仔頭庄地方。

仍照原編衝繁疲難四字題調要缺，如遇缺出，在外揀補。新設之臺灣縣，照原編刪一衝字，編為繁疲難三字調要缺。臺灣府衙署現在彰化縣城，不必移於臺灣縣，以節繁費。彰化縣原係繁難中缺，即以彰化縣為附府首縣，改為衝繁難要缺。原有臺南府之鳳山、嘉義兩縣，當日合閩省各縣缺以計繁簡，皆繁難兩字缺，今就臺灣各縣缺核計，俱稱難治，均應增為繁疲難三字要缺，此外各廳縣悉仍其舊，如此轉移，庶幾名實相符，規模大定[5]。」

雲林設縣之初，本在林圯埔（南投縣竹山鎮）建立縣治，其後因林圯埔迫近內山，氣局褊小，經邵友濂奏請移駐斗六。林圯埔雖非居中扼要之區，但因地近內山，宵小最易藏跡，不可過於空虛，而且年來樟腦事務日盛，各腦丁等五方雜處，良莠不齊，林圯埔相離斗六縣治二十五里，地方空虛，恐有鞭長莫及之勢。光緒二十年（1894）四月十九日，邵友濂奏請於林圯埔添設縣丞一員，稱為「雲林縣林圯埔分防縣丞」，舉凡竊盜、賭博等案，皆可就近查拏，對於治理地方，實有民番，以便同捕界址，即以附近的沙連、西螺、海豐、布嶼、四保歸林圯埔縣丞分防，其餘地界，仍由雲林縣典史管轄，並將雲林縣知縣舊署作為林圯埔縣丞衙門，不必另建。因新設縣丞並無分徵錢糧，其廉俸役食等項，俱照彰化縣鹿港縣丞成例，由雲林縣在於徵收錢糧存留項下支銷[6]。

臺北府屬的大嵙崁（大溪），位於南雅山下，地方奧衍，環繞叢岡，北距淡水縣治七十里，南距新竹縣治一百二十里，

---

5 《軍機處檔・月摺包》（臺北，國立故宮博物院），第2729箱，42包，130888號，光緒二十年正月二十五日，邵友濂奏摺錄副。

6 《軍機處檔・月摺包》，第2729箱，48包，132749號，光緒二十年四月十九日，邵友濂奏摺錄副。

為淡水、新竹兩縣沿山扼要之區，光緒十二年間，巡撫劉銘傳曾派內閣侍讀學士林維源幫辦臺北撫墾事務，奏陳南雅地方，可分設一縣，未見實施。南雅地方，自開辦撫墾以後，民番交錯，久成市鎮，茶葉、樟腦萃集，商賈輻湊，生業日繁，又因歷年用兵，宵小出沒靡常，彈壓稽查，均關緊要，經邵友濂酌議後指出若照劉銘傳原議分設縣缺，則「糧額並無增益，轉多分疆劃界之煩」，「若暫事因循，則淡水縣遠附府城，又苦鞭長莫及。」唯有分防，俾資控制。光緒二十年（1894）五月，邵友濂奏請添設分防同知一員，以管束社番，兼捕盜匪，作為衝繁難調要缺，稱為「臺北府分防南雅理番捕盜同知」，以淡水、新竹兩縣沿山地界歸南雅同知管轄，所有民番詞訟、竊盜、賭匪等案，准其分別審理拏禁，遇有命盜重案，就近勘驗通報，自徒罪以上仍送淡水、新竹縣審擬解勘。至於南雅同知應支養廉，則按照基隆同知年支銀八百兩由布政司給領，其年額俸銀照例支銀八十兩，並照澎湖分防通判設衙役四十九名，年支役食銀三百餘兩，編入淡水縣存留項下動支。

海陸防務的加強

臺灣開港後，以基隆口作為淡水子口，以打狗港作為臺灣府子口，添設海關，同治三年（1864），派駐稅務司，委員徵收洋稅，並議准輪船於安平口起卸貨物，仍歸打狗完稅領單，其後因安平口泊船較多，又經稅務司議准分徵稅項。光緒年間，安平所收稅項多於打狗，且安平近在臺南府城外，打狗遠隸鳳山縣，繁簡不同，稅務司議請移駐安平，仍派幫辦一員留辦打狗稅務，經總稅務司赫德核准，於光緒二十年四月二十日移駐安平，同年六月，邵友濂奏請將安平作為正口，打狗改為外口，兩口原設委員書役人等，亦一體互移。

十九世紀中葉以來，列強在華爭奪利權，加緊侵略，外患日亟，清廷為救亡圖存，曾先後舉辦多項新政建設，其中火車鐵路，可速徵調，並通利源，實為裕國便民的一種交通運輸事業，也是求富圖強的當前急務。由於清季的外交形勢，與臺灣防務的迫切需要，臺灣鐵路的修築，倡議頗早。同治十三年（1874），日軍侵臺後，引起再議海防時，丁日昌在條陳中已指出鐵路「為將來之所不能不設」。光緒二年（1876），丁日昌接任福建巡撫後，更有在臺灣興築鐵路的計劃，並於同年十一月間啓程渡臺之際，再度向朝廷提出其計劃，迨抵臺灣巡視形勢後，又具摺奏陳鐵路與開礦的重要性，認為鐵路日行二千餘里，軍情瞬息可得，文報迅速可通，遇有緊急，大軍可朝發而夕至[7]。光緒十一年（1885）九月，臺灣建省，改福建巡撫為福建臺灣巡撫，常川駐紮，福建巡撫事務由閩浙總督兼管，劉銘傳出任福建臺灣巡撫。

十三年（1887）三月，奏准修築臺灣鐵路，擬定商辦鐵路章程，先由基隆造至彰化。十七年（1891）十月，基隆至臺北的鐵路通車。邵友濂繼任福建臺灣巡撫後，察看鐵路工程為難情形，奏准造至新竹即行截止，並以路工用過經費，早逾銀百萬兩，原撥福建協款，因防營勇餉不敷，陸續撥歸善後海防項下支銷，鐵路工費，隨時商由地方紳商借墊，援案奏請截留臺灣新海防捐輸銀兩，分別動用歸補，經海軍衙門會同戶部議准。邵友濂屢飭督辦鐵路工程道員蔣斯彤督工趲辦，造抵新竹，於光緒十九年（1893）十一月竣工通車，

7 呂實強，《丁日昌與自強運動》（臺北，中央研究院近代史研究所，民國 61 年 12 月），頁 300。

邵友濂親臨勘驗，橋路各工及碼頭溝道，均屬平穩堅實，途中分段設立車房，分別出售客貨各票，以憑搭載，兼為火車乘客上下停頓之所，輿情稱便。邵友濂具摺指出原估工程，雖然詳審精密，但因臺灣地土鬆浮，田園漫衍，培築不密，立形坍卸，坡陀參差，巒壑倚伏，曲直無定，高下靡常，北穿獅嶺時，洞邃百尋，南度龜崙（桃園龜山鄉），則坂踰九折，其路工艱難情形，已可概見。而且谿澗縱橫，水流湍急，必須隨宜宣束，因勢隄防，矗址重淵，構基陡岸，洪波方迅，則累石旋傾，積沙已深，排樁亦陷，此為橋工艱難的情形，益以人工料價，海外居奇，資用倍增，實非逆料所及[8]，計自基隆廳道頭起至新竹縣南門外止，鐵路長一百八十五里，相當一〇六・七公里，路廣十一、二尺，軌條濶三尺六寸，重三十六磅，其機關車共八輛，重十五噸，或二十五噸。機關車及車輛，是向德國工廠訂購[9]，計有客車二十輛，貨車二十六輛。自基隆至新竹，共設十六站，站房為土造，稱為火車房，鐵路所過，大小橋梁共七十四座，溝渠五百六十有八，軌條購自英國，而枕木則皆用臺產，工師多用粵人，路工多為兵工，所以工費較省[10]。光緒二十年（1894）正月，善後局司道將臺灣創辦鐵路借墊支給銀數開具清單，其中購買民間田園土地銀二萬三千四百餘兩；購買外洋鋼條車輛鐵橋器具價值、保險等項銀三十八萬六千八百餘兩；僱船盤運物料需

---

8 《軍機處檔・月摺包》，第 2729 箱，40 包，130281 號，光緒十九年十二月初七日，邵友濂奏摺錄副。

9 《臺灣史》（臺北，眾文書局，民國 68 年 2 月），頁 451，謂機關車購自英國。現置臺北省立博物館前側的一號火車頭「騰雲號」，係購自德國，為 HOHENZOLLERN 廠所製造。

10 《臺灣史》，頁 451。

用船租及舵水薪火銀九千七百餘兩；拽運物料給過犒賞器具等項銀五千八百餘兩，以上各款共銀四十二萬五千八百餘兩，由兵部照數核銷。此外創修路工碼頭橋溝票房柵欄等項銀八十六萬七千餘兩；遷移古塚枯柩銀二千九百餘兩，以上二款共銀八十六萬九千九百餘兩，由工部照數核銷，以上各款合計共支過銀一百二十九萬五千九百餘兩，統由地方紳商隨時借墊支給。邵友濂援案奏請截留新海防捐輸項下歸補。在未竣工以前所收票價、養路各項開支及應建商務局屋、修理火車廠房等經費，統歸入海防案內彙案造報。臺灣開創鐵路，諸事草創，經營七年之久，始告竣工，其一切開山築路計劃，必須由熟悉工程，擅長測算之人主持其事，始能舉辦，臺灣鐵路就是由在臺辦理煤務的教習英國人瑪體孫（H.C.Matheson）就近兼辦。鐵路竣工之後，邵友濂奏請援照各國教習之例，賞給瑪體孫三等第一寶星，查照式樣製造頒給，並咨呈總理各國事務衙門發給執照，以資觀感。

邵友濂到任後，除接辦鐵路外，又議及擴充槍彈、火藥兩廠。臺灣機器局製造子藥，每年所生產，僅敷防軍各營操用，餘剩無幾。邵友濂以臺灣內逼「生番」，外防海口，軍火為第一要需，而且臺省孤懸海島，外洋有警，接濟困難，所需子藥，必須未雨綢繆，俾免臨時束手。因此，邵友濂奏請增建廠屋，添購機器。由於海防喫緊，已於光緒二十年九月以前將機器購運到臺，估計每年可加造洋火藥十萬觔，子彈二百餘萬顆。其應需委員工匠薪工等項，每年約銀一萬四千餘兩，此項常年經費，仍在海防項下動支。邵友濂具摺指出槍子、火藥兩廠所製造的子彈、火藥，已「堪備緩急之需」[11]。

---

11 《軍機處檔・月摺包》，第 2729 箱，56 包，135488 號，光緒二十

臺灣建省後，各項經費的開支，極其龐大。臺灣通省錢糧有限，據布政使唐景崧詳報光緒十九年通省額徵錢糧銀五十萬六千五百餘兩，截至是年十二月十八日邵友濂具摺奏報時止，其實完上忙錢糧銀十四萬五千五百餘兩，提解司庫銀十二萬二千五百餘兩，惟自光緒十四年至十八年各屬錢糧奏銷冊報總共未完銀三十一萬零三百餘兩。至於其每年各項開支，包括支給各軍統領辦公費、淮軍弁勇長夫薪糧，各礮臺弁勇薪糧公費、各管帶屯丁官弁鹽菜口糧、水陸練營官弁練兵伙夫薪糧、裁撤外省勇丁回籍行糧、通商局、文報局、郵政局、西學堂、電報局、臺北軍械所、機器局、臺北開採煤炭委員及僱募煤師薪水、購買外洋機器、軍火物料、招撫番社通事番丁口糧、輪船管駕舵水薪糧公費、修建兵勇草房瓦屋及撫慰局等經費，據統計光緒十八年分共支出銀一百七十萬四千九百餘兩，其稅收來源主要為旂后、滬尾等口徵收關稅、洋藥釐金、臺北茶葉釐金、百貨釐金、鹽課、出售煤炭價、收樟腦、硫磺價贏餘、基隆金砂抽釐等項，光緒十八年分共收銀一百六十一萬二千餘兩，扣除光緒十七年分不敷銀四十七萬八千餘兩，及十八年分支出銀一百七十萬四千九百餘兩，統共不敷銀五十七萬零九百餘兩。臺灣分省後，以自有之財，供其自用，仍不敷用，只得截留滬尾、打狗等口關稅，以充臺防經費。

光緒二十年（1894）六月，日軍啓釁後，清廷以臺灣孤懸海外，日軍垂涎臺灣，密諭福建臺灣巡撫等預為籌備，邵友濂遵旨妥籌防守事宜。邵友濂鑒於臺北據全臺上游，基隆、滬尾為要口，蘇澳次之，所以先令提督張兆連、知府朱上泮、

年九月十七日，邵友濂奏摺錄副。

參將沈棋山各就礮臺，酌量形勢，分別扼守。因地段綿亘，港灣紛歧，各營不敷分佈，復於後路飭調已革提督李定明駐滬尾，統計駐防三口兵力為舊勇九營，新募十五營。又飭道員林朝棟督率舊勇一營，新募三營，唐景崧亦陸續募成三營，分駐獅球嶺、關渡，以策應海口，另於新竹新募一營，以顧後路。臺南安平、旂后兩口，各有礮臺，恒春向未設防，亟應扼要增守。都司邱啓標舊駐鳳山等處，邵友濂即飭邱啓標帶同舊勇一營，新募一營，前往恒春駐紮，並由臺灣鎮總兵萬國本督飭舊勇四營，新募五營，分防安平、旂后兩口，兼顧臺南府城，又於嘉義新募一營，協力設守。澎湖為海中孤島，無險可憑，由總兵周振邦於原有防練三營外，增募兩營，緊扼礮臺，設法固守。後山民居寥落，就地無可增募，邵友濂遂飭原駐營哨，就近聯絡民番，以便同壯聲勢。中路背山腹海，港口最多，故於原有營哨之外，另募三、四營，以資彈壓，而備援應。此外邵友濂又飭令各口礮臺多儲藥彈，認眞操練，並將儲存水雷百餘具分發各口，愼密埋藏，以輔礮臺之不逮。但因槍械短少，不能自製，機器局所出子彈，亦僅敷平日操演之用，成營既眾，勇數倍增，軍火異常竭蹶，邵友濂所請擴充藥廠的計劃，未蒙部准，是時日軍聲勢甚盛，防務緊急，邵友濂不願過事拘泥，即飭令各廠放手製造彈藥，晝夜趕工，一面電請南洋大臣劉坤一、兩廣總督李瀚章轉飭聶緝椝就商上海洋商，分別撥購毛瑟林明敦各項槍枝、子彈運臺濟用。臺灣需械固急，需餉尤殷。統計舊有及新募各勇，不下六十餘營，赴江浙廣東等處已募未到者尚有八、九營，加上楊岐珍、劉永福兩軍，合計在八十營以上，所有糧餉、軍火之費，每月至少需銀二、三十萬兩。臺灣分省後，以自有之財，供其自用，並無餘裕，邵友濂通籌全局後，曾將臺灣餉械支絀情形，電請總理各國事務衙門具奏，廷議令南北洋大臣、閩浙總督預籌協濟。邵友濂恐緩不濟事，奏請飭諭戶部指撥各省海關的款，並准其先向上海洋商訂約籌借銀一百五十萬兩，以應防務急需，事後再由各關按照部撥歸款[12]，但不久後邵友濂奉旨內調。光緒二十年九月，調補湖南巡撫，卸任內渡，抵上海時，因病請假就醫。次年四月，因假期已滿，病仍未痊，奏請開缺。二十七年（1901），卒於家[13]。

同光年間，列強窺伺臺灣，虎視眈眈，日軍犯臺後，中興名臣沈葆楨以欽差大臣奉命保臺，事平後，規劃善後，倡導自強新政。沈葆楨補授兩江總督後，丁日昌離閩赴臺，巡歷南北兩路，刷新吏治，整頓營伍，改革財稅，頗多建樹，而奠定自強新政的基礎。中法戰後，臺灣建省，劉銘傳補授首任臺灣巡撫，銳意經營，致力於撫番、清賦、設防、煤礦、輪船、電訊、鐵路等多項建設，使臺灣面目一新，而成為近代化最有成就的省分[14]。歷任大吏經營臺灣，積極推行各項新政措施，旨在鞏固海防。臺灣在中日甲午戰前的政治措施，其重心是在於撫番拓墾與設官分治，「政治近代化的目標是內地化，推動此一近代化的原動力是抵禦外侮的入侵。因此此時所謂的內地化是被視為抵禦外侮的防衛政策的一部份。更由於內地化亦含有社會及文化的意義，故當時撫番拓墾及設

12 《軍機處檔・月摺包》，第 2729 箱，53 包，134311 號，光緒二十年七月初四日，邵友濂奏摺錄副。

13 《清史列傳》，卷 63，頁 9。

14 曹永和，《臺灣早期歷史研究》（臺北，聯經出版事業公司，民國 68 年 7 月），頁 494。

官分治的成效亦造成臺灣整個的政治與社會文化的向前推進[15]。」劉銘傳去職後，由其屬僚邵友濂調陞巡撫，繼續經營臺灣，清理賦役，整飭吏治，調整行政區劃，加強海陸防務，改建省城，續築鐵路，籌措經費，其經營臺灣，仍有不少貢獻。但一方面由於邵友濂素性較為保守，器局狹隘；一方面由於新式的防務體系，需要高度的技術，專門的人才，龐大的經費，同光年間，清廷財政紊亂，庫帑支絀，經費拮据，臺灣經營，為清季自強措施的一部份，當時內外形勢並不順利，其物質條件尤為缺乏。因此，邵友濂繼任巡撫後，僅能在原有的新政基礎上維持舊有的規模，無法繼續擴充。建造鐵路雖為當時新政中最重要的一項，終因經費無著，僅通車至新竹，彈藥兩廠的擴充，亦因戶部駁回而作罷，邵友濂只得採取緊縮政策，以致其新政建設，成效不著。

15 李國祁撰，〈清季臺灣的政治近代化——開山撫番與建省（1875-1894）〉，《中華文化復興月刊》，第八卷，第十二期（民國64年12月），頁14。

頭品頂戴福建臺灣巡撫臣邵友濂跪
奏為查明革員私運礦價照數追繳按例擬結恭摺仰祈
聖鑒事竊臣前因訪聞硫礦局委員已革貴州青谿縣知縣張偉
堂有將局存硫礦私運出口售賣之事當經撤委附片
奏請發交淡水縣訊明押追照例擬辦於光緒十八年三月十
七日奉
硃批著照所請該部知道欽此轉行欽遵茲據代理淡水縣知
縣葉意深審明擬議解由臺北府詳經臺灣道兼按察使
銜顧肇熙核轉前來臣覆加查核緣張偉堂籍隸四川瀘
州由監生報捐府經歷保舉知縣前補貴州青谿縣知縣
因案被參革職來臺投効奉委辦理臺北硫礦局務光緒
十七年九月十四五等日有商人高承泰先後赴局買礦一
千石張偉堂當飭滬尾礦廠就近秤付價已收訖報解嗣高
承泰於九月十六日將礦先足裝載駕時輪船並派夥楊林
赴局請給護照楊林中途患病迨至二十二日早始行到
局張偉堂以為船未開行隨將護照填給至楊林領回滬
尾駕時輪船已先於十七日開行以致該礦出口在前給
照在後又是年十一月初八日張偉堂因滬尾礦廠陸續積
存碎礦內多渣石商人均不願買遂剔出渣礦五百石裝載
駕時輪船私自運至上海賣與不識姓名花碱鋪得洋六百
五十圓入己花用並未填用護照臣查出撤參發交淡水縣
勒據該革員於一年限內將私賣礦價洋六百五十圓如數
繳業審明擬議解府轉道詳經覆核無異應即擬結查例載
監守盜倉庫錢糧入己數在三百三十兩至六百六十兩杖
一百流二千五百里勒限一年追完如限內全完流徒以下
免罪等語此案革員張偉堂辦理硫礦局務因滬尾礦廠積
存碎礦內多渣石商人均不願賣難剔出渣礦五百石私自
運至上海售賣得洋六百五十圓入己花用實屬監守自盜
按每洋一圓作銀六錢共合銀三百九十兩自應按例問擬
張偉堂合依監守盜倉庫錢糧入己數在三百三十兩至六
六百六十兩杖一百流二千五百里例擬杖一百流二千五
百里已於一年限內全完照例免罪並免刺字臺礦業已奏
明弛禁買礦之不識姓名花碱鋪應免查究其出口在先
給照在後之硫礦一千石訊因商夥楊林赴局領照中途
患病所致並無另有情弊應毋庸議所繳礦價洋六百五
十圓飭解硫礦局查收歸款張偉堂另有欠繳貴州青谿縣
任內銀兩應俟結案後派員解往黔省查追除將供招咨部
外所有審明定擬緣由理合恭摺具
奏伏乞
皇上聖鑒飭部核覆施行謹
奏
光緒十八年十二月初七日奉
硃批刑部議奏欽此

《月摺檔》，光緒十八年十二月初七日，邵友濂奏摺抄件。

頭品頂戴福建台灣巡撫臣邵友濂跪
奏為台灣鐵路造至新竹工程告竣恭摺仰祈
聖鑒事竊照光緒十三年四月二十八日總理海軍事務衙門議
准台灣開辦鐵路欽奉
禧端佑康頤昭豫莊誠壽恭欽獻皇太后懿旨依議欽此遵經前
撫臣劉銘傳招集商股銀一百萬兩
奏請先由基隆造至彰化委員督商承辦嗣因商股觀望不前
工料棄置可惜
奏請撥用福建協款銀一百四萬兩收回官辦先後均奉
硃批著照所請該衙門知道欽此臣到任後察看工程為難情
形
奏准辦至新竹即行截止並以路工用過經費早逾百萬原撥
福建協款因防營需餉不敷准續撥歸善後海防項下支銷鐵
路工需隨時商由地方紳商借墊援案
奏請截留台灣新海防捐輸銀兩分別動用歸補經海軍衙門
會同戶部議准覆奏奉
旨依議欽此欽遵各在案查飭前辦鐵路工程道員蔣斯彤稽
工趕辦業經造抵新竹於光緒十九年十一月一律工竣旋
經臣親臨勘驗橋路各工以及碼頭溝道均屬平穩堅寔途
中分段設立車房分別出售客貨各票以資搭載業為大衆

上下傳頌之所利捷異常輿情稱便臣查台灣環海一島港
汊紛歧仰蒙
聖主眷念海防准辦此項工程為居中控制之策乃以工費浩大
經營七年之久前就台北設工當時原估工程何嘗不詳審
精密而事未盡相副者台灣地土鬆浮田園淺衍培築不密
坍卸立形又或坡陀參差亂盤倚伏曲直無定高下靡常北
穿獅嶺則洞邃百尋南度龜崙則坡踰九折路工之難如此
谿澗縱橫水流湍急隨宜宣泄兩旁隄防矗址重淵搆基陡
岸洪波方迅則累石旋傾積沙已深則排樁亦陷橋工之難
又如披重以人工料價海外居奇資用倍增殆非逆料計自
基隆艋舺頭起至新竹縣南門外止車路一百八十五里
用過經費共銀一百二十九萬五千九百六十兩有奇已由
地方紳商隨時借墊支給除飭核寔報銷並俟截留新海
防捐輸如數歸補外所有台灣鐵路造至新竹工竣日期緣
由理合恭摺具陳伏乞
皇上聖鑒謹
奏
光緒二十年正月二十七日奉
硃批該衙門知道欽此

《月摺檔》，光緒光緒二十年正月二十七日，邵友濂奏摺抄件。

奏 邵友濂 錄路工緣由

另抄交 戶部 海軍衙門

另抄交 戶部 海軍衙門

正月二十七日

正月二十七日

頭品頂戴福建臺灣巡撫臣邵友濂跪

奏為臺灣鐵路造至新竹工程告竣恭摺仰祈

聖鑒事竊照光緒十三年四月二十八日總理海軍

事務衙門議准臺灣開辦鐵路欽奉

慈禧端佑康頤昭豫莊誠壽恭欽獻皇太后懿旨依議

欽此遵經前撫臣劉銘傳招集商股銀一百萬兩

奏請先由基隆造至彰化委員督商承辦嗣因商

股觀望不前工料業置可惜

奏請撥用福建協款銀一百四萬兩收回官辦先派

均奉

硃批著照所請該衙門知道欽此臣到任後察看工

程為難情形

《軍機處檔・月摺包》，光緒十九年十二月初七日，
邵友濂奏摺錄副（局部）。

以昭信守

——《清國時代官署印影集》導讀

臺灣與閩粵內地一衣帶水，明朝末年，內地漢人大量渡海來臺。鄭芝龍等人入臺後，獎勵拓墾，泉、漳等府民人相繼東渡，篳路藍縷，墾殖荒陬，經過先民的慘澹經營，於是提供內地漢人一個適宜安居和落地生根的海外樂土。

臺灣拓墾社區的形成及行政區域的調整，與臺灣本島的地理特徵，都有密切的關係。福建巡撫丁日昌具摺指出，「臺灣地勢，其形如魚，首尾薄削，而中權豐隆。前山猶魚之腹，贏腴較多，後山則魚之脊也。」臺灣中央山脈縱貫南北，將全島劃分為東西兩部分，形成不對稱的條狀層結構，形狀如魚，西部為前山，面向中國大陸，很像魚腹，膏腴肥沃：東部為後山，為山脈所阻隔，好像魚脊。福建總督高其倬具摺時亦稱，「臺灣地勢，背靠層山，面向大海。其山外平地，皆係庄民及熟番居住，各種生番，皆居深山之中，不出山外。」由於地理位置的近便，早期渡海來臺的閩粵漢人，主要是從福建沿海對渡西部海口，其拓墾方向，主要分佈於前山平地。

清聖祖康熙二十三年（1684），清朝將臺灣納入版圖後，設立臺灣府，府治在臺南府城，領臺灣、鳳山、諸羅三縣，並劃歸廈門為一區，設臺廈道。臺灣府隸屬於福建省，開科取士，實施與內地一致的行政制度。雍正元年（1723），巡視臺灣御史吳達禮奏請將諸羅縣北分設知縣一員，典史一員，淡水增設捕盜同知一員。同年八月，經兵部議准，將諸羅縣分設一縣為彰化縣，建縣治於半線。

康熙年間，臺廈道轄區含臺灣與廈門。雍正五年（1727），轄區縮小，僅限於臺灣與澎湖，改稱臺灣道，駐臺南府城。臺灣道員，向係調缺，福建督撫等員因臺灣道出缺，往往夤緣徇情。為釐剔弊端，乾隆皇帝格外賞給臺灣道按察使銜，俾有奏事之責，遇有地方應辦事件，即可專責奏事。

臺灣為海疆重地，康熙六十年（1721），朱一貴事件後，清朝中央政府認為有必要每年從京城派出御史前往臺灣巡查，將所見所聞據實具奏。次年，正式派出御史，滿、漢各一員。但因巡臺御史職分較小，不能備悉地方情形，有名無實。自乾隆五十三年（1788）二月起正式將巡臺御史之例停止，改由閩浙總督、福建巡撫、福州將軍、福建水陸師兩提督每年輪派一人前往稽察。

清朝總兵為武職正二品官，管轄本標及所屬各協、營，鎮守本鎮所屬地區，受本省總督、提督管轄。康熙年間，臺灣設總兵官一員，為臺灣、澎湖地區最高軍事指揮官，所轄綠營共十營，每營官兵各一千名，全臺共一萬名，統稱臺灣鎮，康熙五十七年（1718），創立北路淡水營。雍正十一年（1733），添設城守營，並擴編北路營、南路營，全臺增兵近三千名。乾隆五十三年（1788），增兵一千二百名。嘉慶十三年(1808)，北路淡水營升為艋舺營。嘉慶十七年（1812），創設噶瑪蘭營，臺灣鎮綠營官兵增至一萬四千名。同治八年（1869），實施裁兵加餉政策，綠營官兵僅剩七千多名。咸豐、同治年間，地方團練、鄉勇逐漸取代綠營，成為戰鬥主力。臺灣防務亦逐漸轉移到湘軍、淮軍之手。

雍正九年（1731），割大甲以北至三貂嶺下遠望坑，所有刑名錢穀諸務，歸淡水同知管轄。嘉慶十五年（1810），又以遠望坑迤北而東至蘇澳，增設噶瑪蘭通判。

同治十三年（1874）四月，為防列強窺伺臺灣，清朝中央政府命沈葆楨巡視臺灣，兼辦各國通商事務。沈葆楨為鎮撫地方，防範窺伺，議訂於鳳山縣瑯𤪍築城設官，增設行政區。同年十二月十八日，沈葆楨率同臺灣府知府周懋琦等抵瑯𤪍，勘定車城南十五里的猴洞作為縣治，擬定縣名為恆春縣，先設知縣一員，審理詞訟，並撥給親勇一旗，以資彈壓地方。

淡水廳因治所設在竹塹城，所以清朝官方文書亦作竹塹廳。淡水廳所轄地界較為遼闊，地方空曠。夏獻綸在臺灣道任內已有改淡水廳為直隸州，改噶瑪蘭同知為知縣，添一縣於竹塹之請。沈葆楨鑒於外防內治難周全，而於光緒元年（1875）奏請調整行政區域。沈葆楨等人以艋舺非特為淡水、噶瑪蘭扼要之區，其實也是全臺北門管鑰。因此，奏請於艋舺創建臺北府，仍隸於臺灣兵備道。南劃中壢以上至頭重溪，北劃遠望坑，設立淡水縣，為臺北附府一縣。自頭重溪以南至彰化大甲溪止，裁淡水同知，改設新竹縣。自遠望坑迤北向東原噶瑪蘭廳舊治疆域，改設宜蘭縣，並改噶瑪蘭通判為臺北府分防通判，移駐雞籠。

中法戰役後，為鞏固臺灣防務，劉銘傳積極辦理練兵設防，興建鐵路。清朝中央政府亦已認識到臺灣為南洋門戶，非建立行省不可。光緒十一年（1885）九月初五日，頒佈懿旨，將福建巡撫改為臺灣巡撫，常川駐紮。福建巡撫事，即著閩浙總督兼管。首任臺灣巡撫為劉銘傳，開始使用木質關防。同年十月十五日，閩浙總督楊昌濬具摺奏請敕部換頒臺灣巡撫關防，以重信守。清朝中央政府曾以原設臺灣道一員遠駐臺南，難以兼顧，而擬於臺灣道之外，另添設臺北道一員。但楊昌濬、劉銘傳認為與其添設臺北道，不如添設布政使司布政使。臺灣雖設行省，但必須與福建聯為一氣，庶可內外相維。楊昌濬、劉銘傳遵旨議定臺灣巡撫，改稱福建臺灣巡撫；臺灣布政使，改稱福建臺灣布政使。光緒十三年（1887）二月，邵友濂補授福建臺灣布政使。劉銘傳患有目疾、頭疼、咳嗽等症，因公務繁忙，所以病情日益惡化。光緒十七年（1891）三月，劉銘傳開缺回籍就醫。同年四月初二日，命邵友濂補授福建臺灣巡撫。

臺灣建省之初，巡撫劉銘傳會同總督楊昌濬奏請以彰化縣橋孜圖地方建立省城，添設臺灣府臺灣縣。將原有臺灣府改為臺南府，臺灣縣改為安平縣。邵友濂繼任巡撫後，以橋孜圖地方氣象荒僻，揆諸形勢，殊不相宜。邵友濂具摺指出，臺北府為全臺上游，巡撫、布政使久駐於此，衙署庫局，次第麤成，應以臺北府為臺灣省會，將臺北府做為省會首府，改淡水縣為省會附郭首縣，臺灣府衙署在彰化縣城，不必移於臺灣縣，即以彰化縣為附府首縣。

臺北府屬大嵙崁，位於南雅山下，為淡水、新竹兩縣沿山扼要之區。光緒十二年（1886），劉銘傳曾派內閣侍讀學士林維源幫辦臺北撫墾事務，擬於南雅地方分設一縣。邵友濂繼任巡撫後指出，若照劉銘傳原議，分設縣缺，則糧額並無增益，轉多分疆劃界之煩，淡水縣遠附府城，又苦鞭長莫及。因此，唯有分防，方足以控制。光緒二十年（1894）五月，邵友濂奏請添設分防同知一員，以管束各社原住民，兼捕盜匪，作為衝繁難調要缺，稱為「臺北府分防南雅理番捕盜同知」。

臺灣建省後，曾經議及在南投竹山林圮埔添設雲林縣。其後因林圮埔地近內山，氣局褊小，經邵友濂奏請移駐斗六，至於林圮埔應否添設佐雜分防之處，則批飭司府察度情形，另行妥議辦理。旋經臺灣府知府陳文騄查明林圮埔雖非居中扼要之區，但因地近內山，亦不可過於空虛。且該處腦務日盛，腦丁等五方雜處，良莠不齊。縣治移駐斗六，相離林圮埔二十五里，恐有鞭長莫及之勢。因此，酌議添設縣丞一員，稱為「雲林縣林圮埔分防縣丞」，舉凡竊盜、賭博等案，俱可就近查拏。並以附近沙連、西螺、海豐、布嶼四保即歸林圮埔分防縣丞管轄，其餘境界仍由雲林縣典史管轄，即可將雲林縣舊署作為縣丞衙門。陳文騄詳由臺灣布政使唐景崧會同臺灣道兼按察使銜顧肇熙轉請奏咨頒印發領。光緒二十年（1894）四月十九日，邵友濂具摺奏請添設雲林縣林圯埔分防縣丞，同年五月二十一日奉硃批准行。

臺灣除農作物外，其餘樟腦、茶葉、煤炭、硫磺、磺油等經濟資源的開採，已逐漸引起清朝中央政府的重視。硫磺多產於淡北金包里冷水窟等處，向例封禁。同治二年（1863），經閩浙總督左宗棠奏請開採，不久又終止。磺油產於淡南牛頭岩罅中，與泉水並流而下。據勘察磺油若用機器開採，每日可得百擔。金包里冷水窟每月可產硫磺二百擔。金包里附近的大黃山、始洪窟、北投等處，俱產硫磺。光緒初年，福建巡撫丁日昌奏請設立督辦礦務局，籌劃以機器開採。

臺灣南北兩路雖然逐漸開通，但深谷荒埔迄未開拓。沈葆楨等曾奏請開放禁令，招徠墾戶，以開發後山。臺灣後山，南起恆春、八瑤灣，北至蘇澳，番社林立。想要打通後山，必須開路撫番。同光年間，臺灣後山的開山，分由北中南三路展開，都是以開路方式，逐漸開通後山。在清朝前期，閩粵流動人口扮演了重要的角色；同光年間，防軍官兵扮演了重要的角色。

同治五年（1866），劉明燈調補臺灣鎮總兵官，並率領湘軍系統的楚軍新左營赴臺，成為臺灣有防軍之始。同治十三年（1874），牡丹社事件後，淮軍來臺駐防。同年，福建成立綠營練軍。光緒元年（1875），臺灣綠營倣楚軍營制編為練軍。同年，福建綠營練軍奉命調臺，前往南澳進行開山撫番。光緒初年以降，臺灣實施開山撫番政策，以武力開路，臺灣防軍擔負攻擊主力。光緒十一年（1885），臺灣建省，劉銘傳重視防軍的戰鬥力量，遂令臺灣部分團練模倣防軍營制改編土勇營，投入開山撫番的戰鬥。許毓良撰〈清末臺灣的防軍〉一文列表統計同光年間臺灣防軍總數多達五十個，包括：新左軍、靖海軍、蘭字營、鎮海營、宣義右營、綏遠前左旗、振字營、福靖新右營、福靖右營、福銳左營、潮晉營、綫槍營、飛虎左右營、海字營、綏靖營、健勇營、吉字營、恪靖營、仁綏營、櫂勝營、銘字營、慶字營、祥字營、功字營、巡緝營、勝勇營、昌字營、武毅營、定海營、海防屯兵營、南路屯軍、南番屯軍、巡撫親兵哨、淮軍隘勇營、屯軍營、臺防衛隊營、南字營、淮軍臺勇營、義撫軍、臺灣善後局親兵、臺灣左右翼練兵、大甲左翼練兵、安平左右翼練兵、北路中營練兵、嘉義營練兵、恆春營練兵、防軍營、石頭營、打鼓山營等等，逐漸發揮取代綠營的作用。光緒十二年(1886)，劉銘傳更倣淮軍的營制改造番屯，投入開山撫番的行列。

臺灣後山南路自社寮至卑南為止，共紮振字四營，綏靖軍一營，由總兵官張其光，同知袁聞柝主持，自同治十三年（1874）九月間越崑崙坳而東。同年十月初七日，官兵至諸也葛社。十月二十日，抵卑南，計程數里。總兵官張其光別開社寮一路，分兵扼守，逐段開通，直過卑南。

臺灣後山北路自蘇澳至新城，共駐十三營半，水師一營，由提督羅大春主持，自同治十三年（1874）九月十八日啟程。九月二十五日，至大濁水溪，過大清水溪、太魯閣。十月十三日，抵新城。十月十四日，至岐萊、花蓮港之北。自蘇澳至花蓮港，合計二百里，沿途建築碉堡，分佈勇營捍衛。北路是後山橫走秀姑巒、加禮宛之道，北路的開通，勇營官兵之功，不容忽視。

臺灣後山中路自牛輻轆至璞石閣為止，共紮勇營二營半，由南澳鎮總兵官吳光亮主持，自同治十三年（1874）五月初九日起至八月初八日止，所開之路包括：鐵門洞、八月關、八母坑、架扎、雙峰仞、粗樹腳、大崙溪底、雅托等處，共計七十九里，沿途設立塘坊卡所十處，由副將吳光忠等各率所部駐紮。後山中路以璞石閣、水尾為適中之地，北可控制岐萊、秀姑巒，南可聯絡卑南。

光緒三年（1877）五月十二日，督辦福建船政候補京堂署理福建巡撫吳贊誠自恆春縣城東北行，過射麻、里萬、里得、八瑤、阿眉等社，於同年五月二十八日行抵卑南。卑南周圍百餘里，有八個番社，八個番庄，一個民庄，都由綏靖營一營分紮各處。

勇營官兵開發後山，工程浩大，十分艱辛。後山疫氣盛行，幾乎是十勇九病。尤其後山各社生界原住民恃險抗拒官兵，兵勇非病即死，但因列強環伺，後山若棄之不顧，必為列強所佔，後患更深。因此，勇營官兵開發臺灣後山的措施，實有不得已的苦衷。

清朝中央政府為強化對臺灣的治理，屢經調整行政區域，設置各級職官，頒給官印，以昭信守，賦予他們一定範圍的權力，使他們在朝廷的指令下，推行政策，並進行管理。官印是官府所用的印信，用木或金石雕刻文字。清代印信分為璽、印、關防、鈐記、戳記等。按璽，古代尊卑之印，俱稱璽，秦漢以後，只有皇帝之印稱璽。秦時用玉雕刻，習稱玉璽，玉璽遂為皇帝所專用。唐朝武后，曾改璽印為寶。清朝制度，御璽又稱御寶。

中央和地方各級常設機構或官員多用印，方形。由於各機構和官員的地位、品級不同，因而所用印的質料、文體和尺寸大小也各不相同。印，又稱印章，始於秦。漢朝制度，官秩六百石、四百石至二百石以上，其印文即稱某官之印。關防也是印信的一種，始於明初。明太祖因部臣及布政使用預印空白紙作弊，事發後，經議定用半印勘合行移關防，因關防本為半印，所以是長方形，文字也是全印之半。其後勘合制度廢除，而稱臨時性質特別官員的印信為關防，仍用長方形，文字完全。添設之官，不給印，衹給關防。清朝制度，關防，一般為臨時性機構及辦理財經、工程事務的機構所使用。總理衙門及各部院掌理文書銀糧料物等官廳，皆用關防。明朝制度，凡按洪武定制所設官吏，都用方印，其未入流各官則用條記。條記，清代稱鈐記，凡文職佐雜及不兼管兵馬錢糧武職官員，用木鈐記，由布政使發官匠刻給。各府、州、縣、僧道、陰陽、醫官等鈐記，亦如佐雜例，由官匠鐫刻正字發給。圖記俗稱戳記，其文體及大小厚薄，各有定制。民間印於帳籍等圖記，亦稱戳記。

國立中央圖書館臺灣分館典藏《清國時代官署印影集》一冊，原為臺灣總督府圖書館藏書。原書搜集清代臺灣文武各機關官印，共計一百七十七顆，都是從各種文書上印模剪貼成冊，大致可分成印、關防、鈐記、戳記四大類，每印之下以楷書錄出漢字印文。因各種文書用印時，蓋在年號下方，所以從文書上剪貼官印時，大多數仍保留原文書年月字樣。各官署印信除漢文外還有滿文，其中滿漢合璧印信，為數頗多。滿文是由老蒙文脫胎而來，亦即以老蒙文字母為基礎，拼寫女真語，而發明了拼音文字，由上而下，由左而右，直行書寫。各官署印信中的滿文，除少數印刷體外，大多數為篆體滿文。滿漢文意相近，臺灣地名，按漢字讀音譯出滿文。各官署印信因有滿文，可以更精確了解漢字印文含義。如光緒三年（1877）九月，「統帶臺南防勇候補道方關防」，滿文讀如 "tai wan i julergi ergi jugūn i seremšere baturu be uheri gaiha oron be aliyara fang dooli hafan i kadalan"，關防中「臺南防勇」，滿文即「臺灣南路防勇」。

《臺灣文獻叢刊》第七十八種，以《清國時代官署印影集》是日本人在割據臺灣之後整理的，而以日本人的口吻定出書名，所以改稱《清代臺灣職官印錄》。原書有「福州府印」、「浦城縣印」，因為不屬臺灣範圍，所以被刪去。還有兩方字跡模糊和三方重複的印信也被刪去，共存一百六十三方官印。原書是館藏古籍，為保存原貌，不改動書名，各官署印信，亦未刪去。

現存清代臺灣官署印信，反映清朝中央政府的治臺政策，有它的積極性。康熙二十三年（1684），清朝將臺灣納入版圖後，仍然保存臺灣的郡縣行政制度，設府治，臺灣府隸屬於福建省，開科取士，實施和福建內地一致的行政制度，就是將臺灣作為清朝內地看待，未曾置於東三省、新疆、西藏之列，確實具有積極意義，對臺灣日後的歷史發展，影響深遠。

同光時期，由於列強的加緊侵略，爭奪在華利權。清朝為救亡圖存，開始重視邊防，並先後展開各項新政措施，建設海防，移民實邊。朝野也都注意到臺灣的重要戰略地位，其治臺政策也開始大幅度的調整，於是沈葆楨等人在臺灣積極開發後山，打開後山封閉的社會，以便推動海防建設，即所謂開山而後臺灣安，內安而後可言海防建設。清朝治臺政策的調整，雖然是外鑠的，惟就穩定東南局勢，保全臺灣而言，清朝治臺政策的大幅調整，臺灣後山的積極開發，確實具有時代的意義。

臺灣從康熙二十三年（1684）歸入清朝版圖至光緒二十一年（1895）割讓於日本，歷經二百年的開發史，開墾耕地面積共八百五十萬畝，人口激增至三百七十餘萬，行政建置擴展為一省三府，一直隸州，四廳，十一縣。臺灣開發成果的顯著，與閩粵先民的墾拓，臺灣地理的特徵，清朝政策的調整，都有十分密切的關係。惟因臺灣孤懸外海，其人文景觀卻自成一區，在社會、經濟方面的發展，都經歷過非常顯著的變化，同時建立了十分複雜的土地制度及租佃關係，而形成臺灣獨有的特點。本書能夠順利問世，主要得力於張家榮先生的精心策劃，陳譽仁先生協助排版核對，吳涵捷小姐協助資料整理，國立臺灣大學歷史學系博士班吳國聖同學、國立政治大學民族學系碩士班陳怡欣同學協助滿文羅馬拼音轉寫校對。《清國時代官署印影集》具有高度史料價值，原書的出版，有助於清代臺灣歷史的研究。

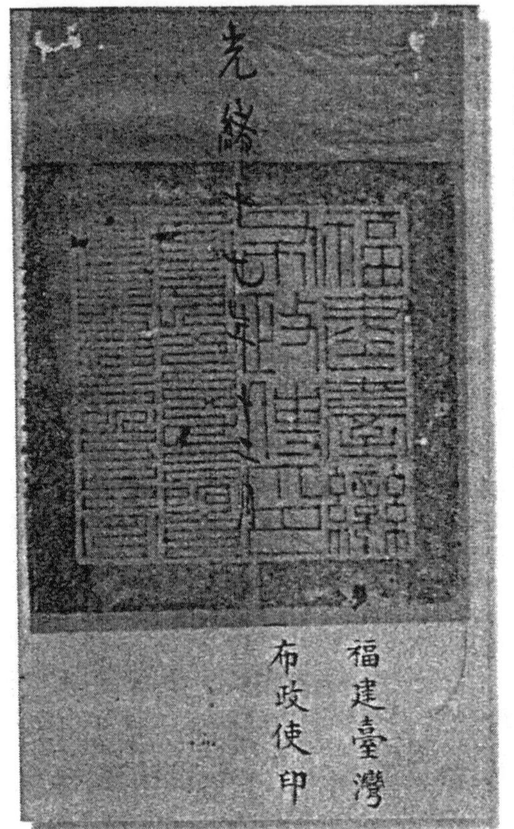

官印名稱（滿文）：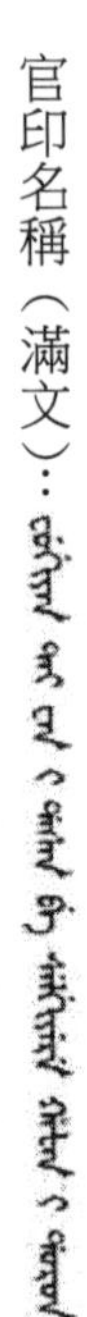

官印名稱（漢文）：福建臺灣布政使印（光緒十七年十二月）
官印名稱（羅馬拼音）：fugiyan tai wan i dasan be selgiyere hafan i doron
尺寸：10.0 × 10.0cm

承宣布政使司布政使，簡稱布政使，俗稱藩司，掌管全省行政及財政。光緒十一年（1885），臺灣建省後，添設福建臺灣布政使，駐臺北府。光緒十三年（1887），首任布政使邵友濂到任，掌管臺灣全省財政、兵餉、土地田畝等，並兼管茶釐、稅釐、鹽務、郵政、鐵路、輪船、電報等局。

官印名稱（滿文）：ᡶᡠᡤᡳᠶᠠᠨ ᡳ ᡨᠠᡳ ᠸᠠᠨ ᡳ ᠪᠠᠪᡝ ᠰᡝᡵᡝᠮᡧᡝᠮᡝ ᡨᡠᠸᠠᡴᡳᠶᠠᡵᠠ ᡯᡠᠩ ᠪᡳᠩ ᡤᡠᠸᠠᠨ ᡳ ᡩᠣᡵᠣᠨ

官印名稱（漢文）：鎮守福建臺灣總兵官印（光緒十年閏五月）
官印名稱（羅馬拼音）：fugiyan i tai wan i babe seremšeme tuwakiyara dzung bing guwan i doron
尺寸：10.3 × 10.3cm

清朝總兵為武職正二品官，管轄本標及所屬各協、營，鎮守本鎮所屬地區，受本省總督、提督管轄。康熙年間，臺灣設總兵官一員，為臺灣、澎湖地區最高軍事指揮官，所轄綠營共十營，每營官兵各一千名，全臺共一萬名，統稱臺灣鎮。乾隆、嘉慶以後，臺灣鎮官兵增至一萬四千名。臺灣鎮總兵官所用印信，稱為「鎮守福建臺灣總兵官印」。

官印名稱（滿文）：

官印名稱（漢文）：臺南府印
官印名稱（羅馬拼音）：tai nan fu i doron
尺寸：8.1 × 8.1.cm

臺灣分設臺北、臺灣兩府。臺北府管轄淡水、新竹、宜蘭三縣；臺灣府管轄臺灣、鳳山、恆春、嘉義、彰化五縣。光緒十一年（1885），臺灣建省後，將臺灣全省劃分為臺北、臺灣、臺南三府，築省城於彰化橋孜圖，附郭設臺灣府臺灣縣為首府。改原有臺灣府為臺南府，臺灣縣改為安平縣，仍與臺南府同城。

官印名稱（滿文）：ᡨᠠᡳ ᠸᠠᠨ ᡶᡠ ᡳ ᡩᠣᡵᠣᠨ

官印名稱（漢文）：臺灣府印（光緒十九年十月）
官印名稱（羅馬拼音）：tai wan fu i doron
尺寸：8.2 × 2cm

清世祖順治十八年（1661），鄭成功逐臺灣荷蘭人，置承天府，名曰東都，設天興、萬年二縣。清聖祖康熙二十三年（1684），改置臺灣府，屬福建省，領臺灣、鳳山、諸羅三縣。府置知府一人，秩正四品。乾隆二十八年（1763），改從四品。知府掌總領屬縣，宣布條教，興利除害，決訟檢姦。三歲察屬吏賢否，職事修廢，刺舉上達，地方要政白督、撫，允迺行。

官印名稱（滿文）：ᡨᠠᡳ ᠪᡝ ᡶᡠ ᡳ ᡩᠣᡵᠣᠨ

官印名稱（漢文）：臺北府印
官印名稱（羅馬拼音）：tai be fu i doron
尺寸：7.8 × 7.8cm

光緒元年（1875）七月，辦理臺灣等處海防兼理各國事務沈葆楨奏請於艋舺創建臺北府治。同年十二月二十日，清廷批准設臺北府，附郭設淡水縣，裁淡水、噶瑪蘭二廳，新設新竹、宜蘭二縣。光緒五年(1879)，臺北府興工築城。光緒十年（1884），臺北府城興建竣工，壘石為城，周一千五百有六丈，闢五門，又築一郭，題曰「巖疆鎖鑰」。

官印名稱（滿文）：

官印名稱（漢文）：臺灣縣印（光緒十三年八月）
官印名稱（羅馬拼音）：tai wan hiyan i doron
尺寸：6.6 × 6.6cm

康熙二十三年（1684），清朝政府將臺灣納入版圖後，設臺灣府，領臺灣、鳳山、諸羅三縣。光緒元年(1875)，臺灣增設臺北府，以淡水縣為附郭，臺灣府以臺灣縣為附郭。光緒十三年（1887），巡撫劉銘傳會同閩浙總督楊昌濬奏請以彰化縣橋孜圖地方建立省城，添設臺灣府臺灣縣，將原設臺灣府改為臺南府，以臺灣縣為首縣。

官印名稱（滿文）：ᡥᡝᠩ ᠴᡠᠨ ᡥᡳᠶᠠᠨ ᡳ ᡩᠣᡵᠣᠨ

官印名稱（漢文）：恆春縣印
官印名稱（羅馬拼音）：heng cūn hiyan i doron
尺寸：6.8 × 6.8cm

同治十三年(1874)四月，清廷命沈葆楨巡視臺灣，兼辦各國通商事務。沈葆楨擬於鳳山縣瑯璚築城設縣。夏獻綸、劉璈等人勘定車城南 15 里猴洞地方，山勢迴環，一山橫隔，中廊平埔，周圍約 20 餘里，可以作為縣治。同年十二月十八日，沈葆楨率同臺灣府知府周懋琦等抵瑯璚，議定於猴洞設縣，擬定縣名為恆春縣。沈葆楨奏請先設知縣一員，審理詞訟，並撥給親勇一旗，以資彈壓地方。光緒元年（1875）十月十八日，興工築城，告成於五年（1879）七月十五日。

官印名稱（滿文）：

官印名稱（漢文）：彰化縣印（同治七年七月）
官印名稱（羅馬拼音）：jang hūwa hiyan i doron
尺寸：6.8 × 6.8cm

清世宗雍正元年（1723），巡視臺灣御史吳達禮奏請將諸羅縣北分設一縣為彰化縣，建縣治於半線。江蘇宿州人秦士望，以拔貢生出仕，雍正十二年（1734），秦士望調彰化縣知縣。因邑治初建，制度未備，秦士望即以典學致治為施政重心，凡有利民生者，罔不為之。翌年，仿諸羅之法，環植刺竹為城，建四門，鑿濠其外。林爽文之役後，士民呈請捐築土城。後因土城不能堅實，改用磚石。嘉慶十六年（1811）十二月，購料興工。道光四年（1824）五月，建造工竣。

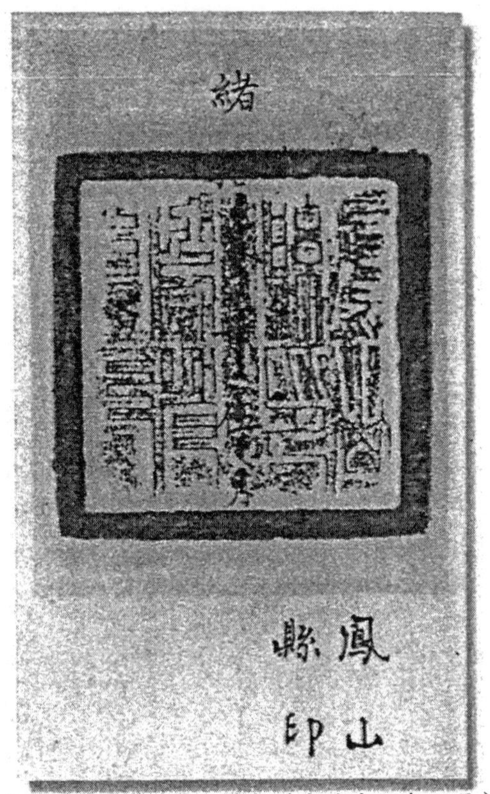

官印名稱（滿文）：

官印名稱（漢文）：鳳山縣印（光緒十二年五月）
官印名稱（羅馬拼音）：fung šan hiyan i doron
尺寸：6.8 × 6.8cm

康熙二十三年（1684），設鳳山縣治於興隆莊，原為土城，莊大田之役以後，因城垣、衙署已遭焚燬，遂於城東埤頭街插竹為城。嘉慶十一年（1806），海盜竄擾臺灣，埤頭新城被燬，經福州將軍賽沖阿奏准縣治遷回興隆莊舊城。道光五年（1825）七月，興工重修，就舊城基址移向東北，將龜山圍入城中，彎曲取直，周圍計 864 丈，城樓四座，礮臺四座。道光六年（1826）八月，竣工。道光二十七年（1847），鳳山縣治遷回埤頭，補種新竹。

官印名稱（滿文）：

官印名稱（漢文）：福建臺灣巡撫關防(光緒二十三年三月）
官印名稱（羅馬拼音）：fugiyan tai wan i giyarime dasara amban i kadalan
尺寸：6.5 × 10.4cm

關防為官印之一種，長方形，其制始於明。本為半印，故長方形，文字亦為全印之半。其後勘合之制廢，而稱臨時性質特別官員之印為關防，仍用長方形，文字完全。添設之官只給關防。光緒十一年（1885）九月初五日，臺灣建省，將福建巡撫改為臺灣巡撫，劉銘傳補授臺灣巡撫，使用木質關防，臺灣雖設行省，但必須與福建聯成一氣，如甘肅新疆之制，庶可內外相維，於是奏准將臺灣巡撫改為福建臺灣巡撫。光緒十四年（1888）正月二十一日，劉銘傳正式啟用「福建臺灣巡撫關防」。值得注意的是，上圖「福建臺灣巡撫關防」年代為光緒二十三年（1897），此時臺灣已為日本領有，並不存在福建臺灣巡撫。

官印名稱（滿文）：ᡩᠠᠨ ᡧᡠᡳ ᡥᡳᠶᠠᠨ ᡳ ᡩᠣᡵᠣᠨ

官印名稱（漢文）：淡水縣印（光緒九年十一月）
官印名稱（羅馬拼音）：dan šui hiyan i doron
尺寸：6.8 × 6.8cm

雍正元年（1723），劃諸羅縣虎尾溪以北，置彰化縣、淡水廳，縣署、廳署俱在半線。雍正九年(1731)，廳治移至竹塹。乾隆二十一年（1756），淡水同知王錫縉將淡水廳署遷建於竹塹西門內，並遷建竹塹巡檢署於廳署西南畔。道光七年（1827），改建竹塹城，將刺竹改用磚石修建。光緒元年（1875），臺灣增設臺北府，裁淡水、噶瑪蘭二廳，附郭設淡水縣。光緒四年（1878），淡水縣衙署遷於大加蚋保艋舺。

土地開發

——清代臺灣土地開發與族群衝突

移墾社會的形成及其發展，與人口流動有著密切的關係。在清代人口流動現象中，福建和廣東就是最突出的兩個省分，其人口流動方向，除了向海外移殖南洋等地外，主要是向土曠人稀開發中的鄰近邊區流動。臺灣與閩粵內地，一衣帶水，土曠人稀，是開發中的邊疆地區，可以容納內地的過剩人口。明末清初以來，閩粵民人渡臺覓食者，接踵而至，生聚日眾。清廷領有臺灣後，臺灣土地制度發生了重大的變化，鄭氏時代的官田、屯田等名目，都被廢除，准許私人開墾，並佔有土地，同時致力於撫番工作，生界原住民歸化的番社，與日俱增。但清廷對原住民的治理政策，不同於雲貴等地區的苗疆。清初以來，在苗疆改土歸流，雷厲風行，廢除土司，准許漢人進入苗疆墾荒。但清廷在臺灣依舊維持番社的體制，並未進行類似苗疆改土歸流的措施。清廷一方面獎勵墾荒，准許私人開墾，併佔有土地，一方面禁止內地移民越界墾荒。閩粵移民渡海來臺後，紛紛爭墾番界，或租地耕種，或任意侵佔，而掀起了墾荒高潮。有清一代，臺灣社會經濟的變遷，最引人矚目的就是流寓人口的急遽增加，耕地開發面積的顯著擴大，族群衝突案件的頻繁發生。

清代臺灣移墾社會的族群結構

清代人口的流動現象，最明顯的特徵，是屬於離心流動，主要是人口因壓力差而產生流動的規律。已開發人口密集地區，形成了人口高壓地區，開發中地曠人稀地區，則為人口低壓地區，於是過剩人口大量從高壓地區快速流向低壓地區。清聖祖康熙、世宗雍正年間（1662-1735），閩粵地區的人口壓迫問題，已極嚴重，人多米貴的現象，尤為普遍。閩粵沿海地區愈來愈多的過剩人口，因為生計艱難而成為流動人口。其流動方向，除移殖南洋等地國外移民外，主要為國內移民，或由閩粵東南沿海流向西北山區，或移至閩粵鄰省，或東渡一衣帶水的臺灣。這一人口流動現象，對閩粵鄰省及臺灣地區的社會變遷，都產生了相當大的作用。

康熙五十三年（1714）十一月十五日，福建巡撫覺羅滿保進呈滿文奏摺，原摺有一段內容說：「臺灣縣地方狹窄，方圓不足五十里；鳳山縣地方，寬近五十里，長近四百里；惟諸羅縣地方雖寬五十里、百里不等，長卻近千里。其地雖有三十六社番人及從內地前往之人立庄種地者甚多，惟據稱因地方大，未墾之地尚多，田地亦肥云云。是以奴才囑令新調往諸羅縣知縣周鍾瑄盡力招工開墾。」原摺奉康熙皇帝硃批云：「知道了，臺灣地方廣開田地，聚集之人眾多，但為眼前計而已，日後福建地方無窮禍患將由此而生矣，爾等應共同詳議，不可輕忽[1]。」但因閩粵民人貪臺地肥饒，故爭相渡臺墾荒。

---

1 《宮中檔康熙朝奏摺》，第九輯（臺北，國立故宮博物院，1977 年 6 月），頁 436。康熙五十三年十一月十五日，福建巡撫覺羅滿保奏摺。

清代臺灣移墾社會的形成及族群的分佈，都與臺灣的自然地理有密切關係。福建總督高其倬具摺時指出，「臺灣地勢，背靠層山，面向大海。其山外平地，皆係庄民及熟番居住，各種生番，皆居深山之中，不出山外[2]。」福建巡撫勒方錡具摺時說得更詳盡，其原摺有一段敘述云：

> 查臺地人民，約分五類：西面瀕海者，閩漳、泉人為多，興化次之，福州較少；近山者則粵東惠、潮、嘉各處之人，號為客民；其一則為熟番；又其一則新撫之番，名之曰化番，即後山各社稍近平坦處也；至於前山後山之中脊深林邃谷，峭壁重巒，野聚而獸處者是為生番。此五類之人，除生番外，其四類多有從西教者，異時為患，何可殫言，而就目前論之，惟生番未馴教化，其熟番、化番各社親習漸久，尚能就我範圍，誠使撫馭有方，大可助後山防務[3]。

按照福建巡撫勒方錡的分類，臺灣族群主要可分為閩人、客民、熟番、化番、生番五類，分佈於不同的自然環境裡，有其生態特徵。福建臺灣鎮總兵官王郡具摺時，對生番、熟番的分佈，也有簡單的描述。他指出，「臺灣自我朝開闢以來，則有生熟貳番，其向西一帶山腳服役納課者為熟番，而分散居山不入教化者為生番。是此生番無布帛可衣，少穀黍而食，種類非一，分社以居[4]。」臺灣族群，除生番、化番、熟番外，主要為閩粵移民。閩浙總督崔應階具摺奏稱：

---

2 鄧孔昭撰，〈清政府禁止沿海人民偷渡臺灣人口的影響〉，《臺灣研究十年》（福建，廈門大學，1990 年 10 月），頁 266。

3 《月摺檔》，光緒七年二月初三日，福建巡撫勒方錡奏片。

4 《宮中檔雍正朝奏摺》，第十一輯（1978 年 9 月），頁 221。雍正六年九月初一日，福建臺灣鎮總兵官王郡奏摺。

臺灣一郡，除番子之外，絕無土著之民，俱係外來流寓，內閩人約數十萬，粵人約十餘萬。熟番统計百十社，不及萬丁。伊等極其馴良，奉公維謹，偶有差遣，亦皆不辭勞苦，勇往向前，設臺地盡係熟番，竟可無為而治。粵民多屬耕種為活，但貪得好勝，衛護同鄉，眾心齊一，間有並無恆產游手好閒者，亦十居二、三，既無恆業，易致為匪。至於在臺閩民，多半好勇鬥狠，聚散無常，惟利是務，恩不可結，法不可威，所謂狼子野心，最難約束。其間有地土家室者，尚為知自愛，而游手之徒，罔知顧忌，無所不為[5]。

引文中所稱流寓人口，就是指閩粵外流的流動人口。福建總督高其倬具摺時已指出臺灣府所屬四縣之中，臺灣一縣，皆係老本住臺之人，原有妻眷。其諸羅、鳳山、彰化三縣，皆係新住民。他指出，「現今三縣之人，閩粵參半，亦不盡開田耕食之人，貿易者有之，雇工者有之，飄蕩寄住全無行業者有之。即耕田之人，亦有二種：一種係自墾田土，自身承種者；一種係承種他人田土為其佃戶者。但佃戶之中，又自不同，亦有承種田數甚多，且年久者，亦有承種甚少，且年淺者[6]。」閩粵移民渡臺後，或開田耕食，或從事貿易。其中置有田地者，稱為業主，業主招募流民，種地研糖，稱為佃丁，又叫做雇工[7]。福建巡撫鐘音具摺時，對閩粵移民的生計，及

5 《軍機處檔・月摺包》（臺北，國立故宮博物院），第 2771 箱，71 包，10889 號，乾隆三十四年九月二十四日，閩浙總督崔應階奏摺錄副。

6 《宮中檔雍正朝奏摺》，第八輯（1978 年 6 月），頁 473。雍正五年七月初八日，福建總督高其倬奏摺。

7 《宮中檔雍正朝奏摺》，第十一輯（1978 年 9 月），頁 124。雍正六

其社會適應問題，有一段敘述如下：

> 臺灣一郡，孤懸海外，人民煙戶，土著者少，流寓者多，皆係閩之漳、泉，粵之惠、潮，遷移赴彼，或承贌番地墾耕，或挾帶貲本貿易，稍有活計之人，無不在臺落業，生聚日眾，戶口滋繁。而內地無業之民，視臺地為樂土，冒險而趨，繹絡不絕。請照以往者有之，私行偷渡者有之。到臺之後，或倚親戚而居，或藉傭工為活，或本無可倚，在彼遊蕩者，亦實蕃有徒，奸良混雜，莫可辨別[8]。

閩粵移民渡海入臺之初，除了極少數可以倚靠親戚而居外，大都缺乏以血緣紐帶作為聚落組成的條件，通常是採取祖籍居地的關係，依附於來自同祖籍同姓或異姓村落，而形成了以地緣關係為紐帶的地緣村落。同鄉的移民遷到同鄉所居住的地方，與同鄉的移民共同組成地緣村落。基於祖籍的不同地緣，益以習俗、語言等文化價值取向的差異，早期東渡臺灣的閩粵移民，大致分為泉州籍移民、漳州籍移民及廣東籍客家移民等三個族群，其聚落遂形成所謂的泉州庄、漳州庄及廣東客家庄，以地緣為分界。譬如臺灣南路鳳山縣下淡水港東、港西等里，主要為廣東籍移民所建立的客家庄。彰化縣快官庄、番仔溝、溪州庄、鹿仔庄、過口庄、秀水庄、中庄、沙連保、柯仔坑等庄，以泉州籍移民居多，稱為泉州庄。至於過溝仔，三塊厝、大里杙、坊橋頭、瓦窯庄、林圯埔、許厝寮、半線保、馬芝遴保、大崙、半路店、大肚、下保、

年八月十八日，巡視臺灣監察御史夏之芳等奏摺。

8 《宮中檔乾隆朝奏摺》，第十二輯（1983 年 4 月），頁 478。乾隆二十年九月十一日，福建巡撫鐘音奏摺。

苦苓腳、山仔腳、南勢庄、竹頭崎庄，四張犁等庄，則以漳州籍移民居多，稱為漳州庄。諸羅縣境內笨港一帶的北港為泉州庄，南港為漳州庄，但插居南港的泉州籍移民，為數卻極眾多。淡水廳因治所遷至竹塹，所以又習稱竹塹廳。

陳孔立著《清代臺灣移民社會研究》一書根據《問俗錄》的描述，概括了臺灣移民社會的基本特點，包括：在人口結構上，除了少數原住民以外，多數居民是從大陸陸續遷移過來的，人口增長較快，男子多於女子。在社會結構上，移民基本上按照不同祖籍進行組合，形成了地緣性的社會群體；一些豪強之士成為業主、富戶，其他移民成為佃戶、工匠，階級結構和職業結構都比較簡單。在經濟結構上，由於處在開發階段，自然經濟基礎薄弱，而商品經濟則比較發達。在政權結構上，政府力量單薄，無力進行有效的統治，廣大農村主要依靠地方豪強進行管理。在社會矛盾方面，官民矛盾和不同祖籍移民之間的矛盾比較突出，在一定程度上掩蓋了階級矛盾[9]。誠然，在臺灣移墾社會裡，番漢之間，以及不同祖籍族群的矛盾，確實相當突出，反映了族群由衝突到融和的過程。

閩粵移民爭墾番界與族群衝突

鄭成功驅逐荷蘭人後，將臺灣各社原住民的稅課，按社地寬狹，以定派銀的多寡，稱為社餉。清初領有臺灣後，土地制度發生了重要變化，鄭氏時代的官田、屯田及文武官田等名目，都被廢除，准許私人開墾，並佔有土地，而確立了土地私有制，包括官地、民地及番地。閩粵移民相繼東渡，

9　陳孔立著，《清代臺灣移民社會研究》（福建，廈門大學出版社，1990年10月），頁19。

或爭墾番界，抽藤吊鹿，或向番社租地耕種，年貼社餉。富豪之戶及各衙役多任意開墾，隱匿錢糧。雍正初年，福建總督高其倬具摺奏稱：

> 臺灣田土，向當臺灣初定之始，止臺灣一縣之地，原有人戶錢糧，故田土尚為之清楚。其諸羅、鳳山二縣，皆係未墾之土，招人認墾，而領兵之官，自原任提督施琅以下，皆有認佔，而地方文武，亦佔做官庄。再其下豪強之戶，亦皆任意報佔，又俱招佃墾種取租。迨後佃戶又招佃戶，輾轉頂授，層層欺隱。按其賦稅，每田一甲，不過內地之十餘畝，而納八石有餘之粟，似種一畝之田而納十畝之粟，類若田少賦種。然佃戶之下，皆多欺隱，佃戶下之佃戶，又有偷開，至業主不能知佃戶之田數、人數，佃戶又不能究其下小佃戶之田數、人數。實則種百畝之地，不過報數畝之田，究竟糧少田多，是以家家有欺隱之產，人人皆偷開之戶。若欲清查海外巖疆，恐其滋變，相延愈久，清理愈難[10]。

地方文武，認佔官庄，豪強之戶，任意報佔，隱匿錢糧。巡視臺灣監察御史索琳等訪察臺灣郡田糧積弊之後，亦具摺奏聞。原摺略謂：

> 臺灣全郡，盡屬沙壤，地氣長升不降，所有平原，總名草地，有力之家，視其勢高而近溪澗淡水者，赴縣呈明四至，請給墾單，召佃開墾。其所開田園，總以甲計，每田一甲，約抵內地之田十一畝有零，仍分上

---

10 《宮中檔雍正朝奏摺》，第六輯（1978 年 4 月），頁 831。雍正四年十一月八日，閩浙總督高其倬奏摺。

> 中下三則取租，上田每甲租穀八石八斗，中田每甲租穀七石四斗，下田每甲租穀五石五斗。上園每甲租穀五石，中園每甲租穀四石，下園每甲租穀二石四斗。此循鄭氏當日徵租舊額，開臺之後，地方有司即照此額徵糧，業戶以租交糧，而無餘粒，勢不得不將成熟田園，以多報少。訪聞有以十甲之田園，而止報四、五甲者，此業主欺隱之弊也。至於佃丁自食代耕，且備牛種，若果照甲還租，便鮮餘利，勢又不得不從傍私墾，以瞞業主，訪聞有墾至二十甲而止還十甲租穀者，此又佃丁欺隱之弊也。輾轉相矇，遂至百甲田園完糧者不過二、三十甲，此通臺相沿之大弊也[11]。

業主固然欺隱田糧，自食代耕的佃丁，更是輾轉相矇，以多報少，弊端叢生。

臺灣的官庄，就是清初領有臺灣後文武各官私墾田園，收取租息自用的庄田。其中藍張興庄，位於猫霧捒社境內，是私墾番界鹿場荒埔而形成的一個官庄，舊名張鎮庄。這裡原來由原住民納餉銀二百四十兩，禁止漢人開墾。康熙四十九年（1710），臺灣鎮總兵官副將張國報墾其地，代替原住民納餉，招墾取租，立戶陞科。因該庄是由臺灣鎮張國報墾，所以稱為張鎮庄。但因張鎮庄逼近生界原住民鹿場，每當秋冬草枯水涸之際，原住民便出草擾害。康熙五十八年（1719）九月間，張鎮庄佃民被生界原住民殺死九命，經閩浙總督覺羅滿保檄飭燬棄張鎮庄，逐散佃民，開除課額。張鎮庄地方，原屬諸羅縣所管，康熙六十一年（1722），諸羅縣知縣孫魯到

---

11 《宮中檔雍正朝奏摺》，第八輯（1978 年 6 月），頁 682。雍正五年八月十二日，巡視臺灣監察御史索琳等奏摺。

任後，親赴張鎮庄地方，立石為界，不許漢人擅自進入。

張鎮庄被燬棄後，即成荒埔。雍正二年（1724），張鎮庄地方改隸彰化縣。福建水師提督藍廷珍轉典張鎮庄，令管事蔡克俊前往招墾，自立庄戶[12]，墾熟田畝計四百九十一甲，每甲計田十一畝，收租六石，每年共收佃民租穀二千九百四十六石[13]。張鎮庄因中經燬棄，後來又經藍廷珍復興招墾，所以改稱藍興庄。但因藍、張二家都是業主，故又稱藍張興庄。由於私墾越界問題日趨嚴重，番漢衝突案件，遂層出不窮。福建總督高其倬具摺時，曾針對藍張興庄的存廢問題提出他的看法，節錄原奏一段內容如下：

> 彰化一縣，新經設立，田土錢糧，俱為有限，其所管有藍張興一庄，其地向係番人納餉二百四十兩，原任總兵張國，原認墾其地，代番納餉，招墾取租，數年之前，提督藍廷珍轉典其庄，現聚墾種田土者已二千餘人，地方文武官因生番到其處殺人，以為開田惹番，意欲驅逐墾戶，以地還番。臣細思詳問，以為此處若不令開墾，當禁之於始，今已有二千餘人，又有墾出之地，一經驅逐則此二千有餘失業之人，俱在海外，置之何所？但若聽業主私據，佃戶混佔，不於起初清理，又必似諸、鳳二邑之流弊。臣意欲將此田總行清查，所有田畝，令各墾戶報出認賦，即為永業。各墾戶當初開未定之時，又聞驅逐，自無不聽從。俟報明查清，不必照諸、鳳二縣之例，以一甲之田定粟八石，

12　《宮中檔雍正朝奏摺》，第五輯（1978 年 3 月），頁 280。雍正三年十月十六日，巡視臺灣監察御史索琳等奏摺。

13　《宮中檔乾隆朝奏摺》，第十四輯（1983 年 6 月），頁 20。乾隆二十一年三月二十日，福建巡撫鐘音奏摺。

> 止照內地，照其畝數，以定糧數，量寬其力，以下則起科，大約可得一千、二千兩額賦，或再稍多，亦未可定，竟將原納二百四十兩之番餉題請開除，藍、張二家總不許霸佔，並趁量田之時，兼查人戶，編清保甲，更立四界，令官嚴查，不許墾戶侵耕出外，似屬一勞永逸，久長可行[14]。

藍張興庄墾種田地的墾戶既有二千餘人，實不便驅逐，福建總督高其倬奏請以下則起科，並開除番餉，使藍張興庄成為漢族移民合法的耕地，一方面不許藍、張二家業主霸佔，一方面嚴禁墾戶侵耕出外。

閩省地方大吏多主張開墾荒地，以盡地利，同時也極力避免開田惹番，不許墾戶越界私墾。巡視臺灣監察御史索琳等具摺奏稱：

> 北路彰化一帶係新設，地稍偏遠，臣等見多未闢之土，亦宜召民開墾，以盡地利，而益國賦。案查淡水同知臣王汧經詳稱，北路虎尾溪以上閒原寬曠，其召民開墾之法，毋許以一人而包佔數里地面，止許農民自行領墾，一夫不得過五甲。十夫連環互保，內擇誠實之人為長，定限三年，比照內地糧額起科。一夫為匪，並坐九人；一夫逃亡，逋課九人，覓補攤賠，使其互相稽察。再如熟番場地，向有奸棍認餉包墾，久假不歸之弊，若任其日被侵削，番眾無業可依，必至退處山內，漸漸變為生番，宜令大社留給水旱地五百甲，中社留給水旱地四百甲，小社留給水旱地三百甲，號

14 《宮中檔雍正朝奏摺》，第六輯，頁 832。雍正四年十一月初八日，閩浙總督高其倬奏摺。

為社田，以為社番耕種牧獵之所，各立界牌，將田場甲數四至，刊載全書，使日後勢豪，不得侵佔。其餘草地，悉行召墾，並限三年起科[15]。

限制墾戶包佔地面，並為原住民保留社田，都具有正面的意義。然而墾戶佃丁貪得無厭，得寸進尺，爭相越界侵墾番地，以致番漢衝突，屢見不鮮。為了便於說明，可就雍正朝臺灣番漢衝突案件，列出簡表如下：

雍正年間臺灣番漢衝突案件分佈表

年　月　日	衝突地點	廳　縣	案　情　摘　要
3年8月4日	打廉庄	諸羅縣	八月初二日，打廉庄民李諒等同往水沙連山口濬通水道。初四日，李諒等先回至投斷山腳，李諒被生番鏢死，割去頭顱。
3年8月17日	藍張興庄	彰化縣	八月十七日三更時分，生番數十人到藍張興庄放火，殺死佃丁林愷等八人。
3年9月10日	武勝灣社	淡水縣	社丁林送等五人被兇番射死。
3年10月9日	東勢	彰化縣	彰化縣民李化、柯左二人同往東勢山砍木，水裡等社生番鏢死李化，割去頭顱，柯左帶傷走脫。
3年10月14日	武勝灣社	淡水廳	淡水廳秀朗社兇番殺死武勝灣社丁林宋等五人。
3年10月16日	武洛社	彰化縣	武洛社熟番貓力父子到山邊砍竹，貓力被生番鏢死，割去頭顱，其子走脫。
3年10月20日	南勢庄	彰化縣	十月二十日夜間，生番突入貓霧捒南勢庄，鏢死支更庄民林逸等二人。
4年2月18日	大武郡保	彰化縣	二月十八日夜間，大武郡保新庄練

15 《宮中檔雍正朝奏摺》，第八輯（1978年6月），頁684。雍正五年八月十二日，巡視臺灣監察御史索琳等奏摺。

年　月　日	衝突地點	廳　縣	案　情　摘　要
	新庄		總李雙佃丁葉陣等十一人被兇番殺死，燒屋三十九間，焚死耕牛十八隻。
4年3月7日		彰化縣	二月初七日夜間，船匠曾謙被野番殺死。
4年3月20日	大里善庄	彰化縣	三月二十日夜間，大里善庄民黃賢亮等十一人被水沙連生番殺死，燒屋八座，焚斃耕牛九十八隻。
4年4月4日	鎮平庄	彰化縣	佃民江長九等二人被野番殺死。
4年4月11日	柴頭井庄	彰化縣	四月十一日夜間，柴頭井庄民賴阿秀等被野番殺死，燒屋三十二間，焚斃水牛十八隻。
4年6月17日	石榴班庄	諸羅縣	六月十七日早，諸羅縣庄民陳登攀等五人前往斗六東埔地方採收芝麻時，被水沙連生番殺死。
4年8月22日	新東勢庄	鳳山縣	鳳山縣港西里新東勢庄佃民邱連發家傭工人邱雲麟往埔種作，被生番殺害，割去頭顱。
4年10月2日	東勢	彰化縣	南日社熟番十一名同往東勢山邊砍木修整番厝，被內山生番五十餘人突出殺死仔木等四名，割去頭顱三顆，箭傷二名。
4年10月8日	阿蜜里庄	彰化縣	十月初八日初更時分，有生番二十餘人各帶弓箭鏢槍到彰化縣貓羅社阿蜜里庄殺死佃丁邱未，割去頭顱，鏢傷佃丁林福等人。
4年10月12日	藍張興庄	彰化縣	十月十二日二更時，生番數十人至北勢藍張興庄殺害管事許元泰、甲頭余廷顯各一人，佃民盧友臣等八人，俱割去頭顱。

年　月　日	衝突地點	廳　縣	案　情　摘　要
4年10月15日	南北投鎮	彰化縣	南北投鎮竹腳寮丁壯林三，民壯宋八在水沙連河邊被生番殺死，割去頭顱及左手腕，奪去七十二號鳥槍一桿。
4年11月10日	快官庄	彰化縣	初十日初更，生番數十人到彰化縣境內快官庄，燒屋十間，殺死庄民陳平等四人，俱割去頭顱，焚斃牛四隻。又到藍張興庄殺死外委許元太及庄民十人。
4年11月13日	半線庄	彰化縣	十三日一更時分，半線庄被生番焚燒茅屋四間，殺死探親民人林喜，割去頭顱。
4年11月18日	枋寮	鳳山縣	枋寮界外傀儡生番鏢傷砍柴民人陳六姐等三人，次日，陳六姐傷重身故。
5年3月17日	阿猴社	鳳山縣	三更時分，阿猴社番丁巴陵等六名，被山豬毛、北葉二社傀儡生番殺害，俱被割去頭顱，番寮被燒。
5年 閏3月10日	加走庄	鳳山縣	傀儡生番殺害加走庄砍柴民人陳義。
5年 閏3月13日	東勢庄	鳳山縣	二更時分，鳳山縣懷忠里東勢庄糖廍被兇番放火殺害民人蘇厚等二人，割去頭顱，鏢傷蘇文等二人。
5年 閏3月15日	新東勢庄	鳳山縣	二更時分，傀儡生番至新東勢庄殺害民人謝文奇等二人，割去頭顱，並鏢傷賴南應等三人。
5年5月12日	竹塹庄	淡水縣	竹塹庄民俞毓惠等三人入山砍鋸枋桷，俱被右武乃、合歡山生番殺死，割去頭顱。
6年12月28日	長興庄 竹葉庄	鳳山縣	長興庄管事邱仁山帶領佃民入山開圳，放水灌田，被傀儡生番殺死十二人。同日夜間，生番又追至竹葉庄殺傷佃民張子仁等二人，焚燒草寮牛隻。

年　月　日	衝突地點	廳　縣	案　　情　　摘　　要
7年2月1日	田尾庄	鳳山縣	是日夜間，傀儡生番潛至山腳田尾地方將車草的茄藤社番男婦五名殺死，又殺死上淡水開埔的番婦一口，擄去幼番一名，又殺死下淡水小幼番一名，焚燒草寮，燒斃牛隻。
7年2月3日	阿猴社	鳳山縣	阿猴社熟番巴寧因往山尋看茅草遇一傀儡生番藏在草裡，被巴寧鏢死。
9年12月24日	沙轆	彰化縣	牛罵社熟番十二人駕車到大甲西社，被兇番射傷巡兵二人，兇番圍燒沙轆同知衙署，殺死衙役三、四人，箭傷三人。
9年12月29日	貓霧捒庄	彰化縣	大甲西社兇番在貓霧捒各庄焚燒房屋，殺傷居民。
10年5月11日	桃仔園新庄	淡水廳	龜崙社熟番焚燒社丁郭生房屋，射殺郭生等五人，又焚燒桃仔園庄、新庄等處民房，截搶公文。
10年閏5月2日	彰化縣署	彰化縣	南大肚等社兇番圍燒彰化縣城臺灣道典史等衙署。
10年閏5月8日	貓霧捒庄	彰化縣	大甲西社兇番大肆焚殺貓霧捒各庄。
10年閏5月12日	快官庄	彰化縣	十一日，大甲西社兇番直抵彰化縣治東北西三面，大肆焚殺，十二日，又焚殺快官庄。
10年閏5月17日	中港	淡水廳	十七日晚沙轆等兇番數百名搶奪中港商船二隻，殺死船員七名。
10年閏5月21日	南日庄	淡水廳	沙轆等社兇番燒燬南日庄營盤。
10年6月11日	快官庄	彰化縣	北路兇番殺傷柴坑仔、快官庄居民。

資料來源：《宮中檔雍正朝奏摺》，臺北，國立故宮博物院。

雍正皇帝在位十三年（1723-1735），簡表中所列番漢衝突案件共計三十八起，平均每年約三起。案件地點分佈於諸羅、彰化、鳳山三縣及淡水廳，其中諸羅縣境內共二起，約佔百分之五，彰化縣境內共二十一起，約佔百分之五十五，鳳山縣境內共八起，約佔百分之二十一，淡水廳境內共七起，約佔百分之十九，這種分佈現象說明雍正年間彰化縣地區已經是新的拓墾重心，另一方面反映鳳山縣和淡水廳境內的開發拓殖已經相當活躍。番漢衝突的原因，主要是由於墾戶佃丁的越界私墾番地，例如開通水道，引水灌田；入山砍柴或砍竹；佃丁採收農作物等。墾戶佃丁的房屋、耕牛，多被焚燒，受害者頭顱，多被割去。福建巡撫潘思榘具摺時，對臺灣族群衝突的由來，有一段分析如下：

> 竊以寧謐海疆，全在安輯臺灣，而安輯臺灣，必須番民得所，故於受事之後，刻刻留心，每遇自臺回至內地人員，靡弗詳加諮詢。近年以來，調臺文武各官，尚知檢束，換班兵丁，亦頗畏法。該地流寓多，而土著少，流寓之人，俱係粵東惠潮，閩省漳泉等府人民。惠潮之人，列庄而居，戶多殷實，不致流於匪僻；漳泉之人，窮窘而散處，或代人傭作，或佃人地畝，或搭蓋寮廠，養鴨取魚以資生。甚至覬覦生番田土，侵墾番界，大抵不肖生事之輩，多出於漳泉。其土著熟番，素為安分。至生番僻處山後，性狠而愚，以殺人頭多者為大家。因該地奸民抽藤弔鹿，入其界內，侵其田土，致被殺害，原非無故而肆橫[16]。

16 《宮中檔乾隆朝奏摺》，第一輯（1982 年 5 月），頁 21。乾隆十四年三月十二日，福建巡撫潘思榘奏摺。

惠潮漳泉各府移民因侵墾生番田土，以致常被殺害。因地方文武及漢人爭相越界墾荒，使原住民不得其所，而導致嚴重的族群衝突。

據藍張興庄鄉保稟報，雍正三年（1725）八月十七日三更時分，有生番數十人到藍張興庄放火，殺死佃丁林愷等八人，拾有番鏢、番箭、番刀等物。八月二十日，諸羅縣知縣孫魯奉命署理彰化縣知縣，同日即接獲藍張興庄鄉保稟報。孫魯隨即前往藍張興庄相驗，查明藍張興庄因逼近生界原住民鹿場，所以原住民不時出入，不令民人開墾。孫魯查明放火燒屋殺害佃丁的是貓霧捒社生番，孫魯原稟內指出，「查勘該地，原屬鹿場。今藍提督又往開墾，未免有礙，林愷等之被殺，明係自取[17]。」同年十月二十日夜間，又有生番突入貓霧捒南勢庄放鏢殺死支更庄民林逸、朱宣二人。同年八月初二日，諸羅縣打廉庄佃民同往水沙連口濬通水道。八月初四日，曾寶、李諒二人先行回到投斷山腳，李諒被生番鏢死，割去頭顱，曾寶走脫。

雍正四年（1726）十一月初十日初更時分，生番數十人到彰化縣境內快官庄焚燒茅屋，共九間，殺死庄民陳平等四名，俱被割去頭顱。十一月十二日二更時分，生番數十人至北勢藍張興庄，殺害庄民。被殺害的民人包括管事許元泰、甲頭余廷顯各一名及佃民盧友臣等八名，合計共十人，俱被割去頭顱。據佃民林明等稟報，十一月十三日一更時分，半線庄亦被生番焚燒茅屋四間，殺死探親民人林喜，割去頭顱。

閩粵內地移民渡臺後，與各社原住民，原以土牛為界，

17 《宮中檔雍正朝奏摺》，第五輯（1978 年 3 月），頁 589。雍正四年二月初四日，福建巡撫毛文銓奏摺。

其逼近內山生番各隘口，則設有隘寮，由地方官派撥熟番常川看守。但因漢人佔墾荒地，也常引起熟番的不滿。例如水沙連地方，介於諸羅與彰化兩縣交界，原來是荒埔，漢人戴澤等在水沙連荒埔開墾，雍正四年（1726），戴澤轉賣給武舉李潮龍管業。其後因通事陳蒲亦赴縣署請墾，互相爭控，經彰化縣勘斷分管。但由於前後荒埔遼闊，日開日廣，綿長三十餘里，橫亙十餘里，墾熟田園一千五百七十餘里，大小村落二十四庄，男女戶口二千餘人，番民雜處，常滋事端[18]。

雍正九年（1731）十二月間，彰化縣大甲西、牛罵、南大肚等社原住民大肆焚毀，據被大甲西社拿去的番婦供稱：「聽見他土官蒲氏講，張太爺起造衙門，撥番上山取木料，每條木要番一百多名，又撥番婆駛車，番婆不肯，通事就拿藤條重打，十分受不得苦，故此作歹的[19]。」供詞中的張太爺，即淡水同知張弘章。據高山等報稱，同知張弘章稟性躁率，以致激變番民。據北路營參將靳光翰報稱：「同知張弘章，眾番恨入骨髓，二十四日，被番人追至綏斯寮，章飛馬得脫。有守備王樊回至半線，見百姓數百將張弘章圍住辱詈，經王樊喝止[20]。」福建漳州鎮總兵官初有德將淡水同知張弘章激變番眾的原因，分析具摺奏聞，節錄要點如下：

> 查得臺灣土番，久入版圖，素沐聖恩，早已懾服心志，相安寧貼，已非一日。今不意如此兇頑猖獗，不能改

18　《軍機處檔・月摺包》，第2740箱，48包，6683號，乾隆十六年四月二十四日，福建臺灣鎮總兵李有用奏摺錄副。

19　《宮中檔雍正朝奏摺》，第十九輯（1979年5月），頁308，雍正十年正月十四日，巡視臺灣兵科掌印給事中高山等奏摺。

20　《宮中檔雍正朝奏摺》，第十九輯，頁401，雍正十年二月初三日，管理福建海關事務郎中準泰奏摺。

> 悔歸誠者，蓋因承平日久，地方官恣肆漸生。聞得淡水同知張弘章起蓋衙署，派令土番男婦做工，逐日勞苦，抑勒不堪。其衙役人等，又將少年番婦有姿色者兜留夜宿。再聞得該汛兵丁及民社遊巡地方，經過番社，需索土番飯食。夫文員擅役土番，縱容衙胥不法，汛防兵丁民壯復騷擾番社，以致番眾懷恨，此激變之所由來也[21]。

淡水同知衙署的起蓋，反映臺灣北路的拓墾，確實頗有成效，起蓋衙署是移墾社會的必要工程。但由於地方文武擅役土番，騷擾凌虐，引起番眾的公憤，使番漢族群的矛盾更加激化。

乾隆年間，閩粵移民越界私墾的問題，乃極嚴重。閩浙總督喀爾吉善等具摺時已指出除了藍張興庄以外，藍廷珍子姪人等均在附近置產報墾。其孫藍日仁倚藉昔年聲勢，不安本分，仍在彰化縣地方呼朋引類，自稱田主，擅將內山原住民地界任意侵佔，給人耕種，每年抽取租銀，稱為犁頭，以致遠方無賴之偷渡過臺賃種荒田，又結交廳縣衙役及附近奸徒，包庇分肥，益無忌憚。喀爾吉善密飭臺灣道書成查拏，據書成稟稱，藍廷珍之孫藍日仁原在彰化大姑婆界內報墾有業，後因希圖射利，貪取犁頭，遂將毗連番界內荒地擅自批撥當地棍徒林順良等耕種，廳縣衙役孫瑞、林傳等通同一氣，彼此分肥。因肆無忌憚，任意私墾，以致族群衝突案件，仍然層見疊出。

羅漢門分為內門和外門，居臺灣南北兩路之中，內門離

---

21 《宮中檔雍正朝奏摺》，第二十輯（1979 年 6 月），頁 337，雍正十年七月二十日，福建漳州鎮總兵官初有德奏摺。

臺灣府城七十餘里，外門又離內門二十餘里，僻處內山原住民地界，外門以東過下淡水溪，即為生番地界。內山番社甚多，每於秋深水涸草枯之際，生界原住民即涉溪至沿邊一帶庄寮，或焚燒寮房，或戕殺佃民。閩浙總督喀爾吉善細加訪察後具摺指出，「外門東北，地名東方木燒羹寮界外荒埔，皆可墾作田園，無業游民，時時覬覦，前往私墾，屢經嚴拏禁止。實緣該地與生番僅隔一溪，內地民人在彼立庄開墾，生番以逼近彼社，慮加擾害，即時出焚殺[22]。」為避免番漢衝突，福建督撫飭令嚴禁私墾，在生番界內的荒埔鹿場，即使有土可耕，有泉可引，亦不許漢人越界墾種。同時規定靠近內山生界的荒埔，雖在定界之外，也禁止漢人居住耕種。但因閩粵移民與日俱增，界內禁墾荒埔，多被漢人搭寮居住，漸次墾闢，番漢衝突案件，就是漢人越界私墾過程中的產物。易言之，越界侵墾是因，番漢衝突是果。例如彰化內凹庄柳樹湳一帶的西邊有北投、南投等社，是界內熟番；東邊是水沙連，共二十八社，其中二十四社每年僅納鹿餉，不與界內熟番一體當差，是屬於界外熟番，其餘四社則為生番。

乾隆十六年（1751）十二月初八日夜間，突有原住民數十人擁入內凹庄，焚燒茅屋八間，殺死賴、白二姓男婦共二十二口，俱被割去頭顱。十二月初九日夜間，原住民百餘名到柳樹湳庄，放火焚燒營盤，殺死汛兵七名，殺傷五名。十二月十一日，原住民又在南投、北投等庄殺死漢人數十名，內有一家十二口，被殺十一人。據通事張達京率同副通事葉福、賴春瑞等分頭查訪後稟稱，漢人兵丁被殺，是斗截社生

22 《軍機處檔・月摺包》，第 2740 箱，33 包，4749 號，乾隆十四年八月十八日，閩浙總督喀爾吉善奏摺錄副。

番為首，帶領眉加臘社、截仔社生番出山焚殺。但據內凹庄被焚殺逃脫老人向知縣程運青稟稱，焚殺漢人的原住民，實係熟番，老人曾親見熟番頭包青布，身穿青白番衣，能說漳泉土音，並非生番，而是地方文武嫁禍生番。把總王友具稟時指出，因內凹庄民賴相、賴蔭、白惜等平日佔墾水沙連草地起釁，致被殺害全家二十二名。柳樹湳汛地逼近南北投社番出入弔鹿處所，以致被焚殺。福州將軍新柱奉命暫署福建巡撫印務，新柱具摺時指出起釁根由是因庄民簡耕等向熟番租地墾種，並未納租，以致熟番不甘，率眾戕殺[23]。

閩粵移民固然越界私墾內山生番荒埔，同時也向熟番租地墾種。因此，不僅生番焚殺漢人，熟番也常與漢人發生衝突。熟番與生番，多結為親戚，熟番偶有私仇宿怨，即暗中勾引生番出山焚殺[24]。通曉番語的漢人，進入內山後，散髮改裝，娶番女為妻，稱為番割，他們也常帶領生番出山劫奪。巡視臺灣監察御史禪濟布對番漢衝突的由來，提出他的看法：

> 細查歷年生番傷人緣由，皆因一、二無知愚民，貪圖小利，入內山溪岸，非為樵採竹木，便是開掘水道，甚至踞其鹿場，而募丁耕種，無非自取其禍，以戕厥命，況番性雖嗜殺，不過乘黑夜，值雨天，潛雨天，潛伏伊近界草間，窺伺人伴稀少，突出鏢殺，取人首飾金，以稱好漢，從不敢探越內地有剽刦殺掠之患[25]。

23 《宮中檔乾隆朝奏摺》，第二輯（1982 年 6 月），頁 341。乾隆十七年三月二日，福州將軍暫署福建巡撫印務新柱奏摺。
24 《宮中檔乾隆朝奏摺》，第八輯（1982 年 I2 月），頁 356。乾隆十九年閏四月二十五日，福建按察使劉慥奏摺。
25 《宮中檔雍正朝奏摺》，第五輯（1978 年 3 月），頁 448。雍正三年十二月初二日，巡視臺灣監察御史禪濟布奏摺。

樵採竹木，開掘水道，募丁耕種，都是移墾社會的開發工作，對生態環境影響頗鉅。福建巡撫毛文銓對番漢衝突的原因，也提出類似的說法。其原摺指出：

> 推原生番一種，向不出外，皆潛出於伊界之中，耕耘度活，內地人民不知利害，或因開墾而佔其空地間山，或因砍伐而攘其藤梢竹木，生番見之，未有不即行殺害，釀成大案者。為今之計，惟有清其域限，嚴禁諸色人等，總不許輒入生番界內，方得無事。歷任督撫諸臣亦無不頻加禁飭，總難盡絕。今臣已檄行道府移會營員，務令逐一查明，在於逼近生番交界之間，各立大碑，杜其擅入[26]。

閩粵內地移民因開墾而侵佔生番空地，或入山砍柴抽藤，所以遭遇生番殺害。地方大吏雖然檄飭立碑為界，頻加禁飭，但漢人不顧禁令，無不越界私墾。福建總督高其倬針對番漢衝突的問題，提出了幾項措施，其原摺略謂：

> 番人焚殺一節，此事情節中有數種：一則開墾之民侵入番界，及抽藤弔鹿，故為番人所殺，此應嚴禁嚴處漢人，清立地界，不應過責番人；一則番社俱有通事，通事刻剝，番人憤怨，怨極遂肆殺害，波及鄰住之人。或舊通事與新通事爭佔此社，暗唆番人殺人，此應嚴查僉准通事之地方官及嚴懲通事，而番人殺害無辜者，亦應兼行示懲；一則社番殺人數次，遂自恃強梁，頻行此事，殺人取首，誇耀逞雄，此應懲創番人，以示禁遏。臣再四詳思治番之法，最先宜查清民界、番

26 《宮中檔雍正朝奏摺》，第五輯，頁 390。雍正三年十月十九日，福建巡撫毛文銓奏摺。

界，樹立石碑，則界址清楚，如有焚殺之事，即往勘查。若係民人入侵番界耕種及抽藤弔鹿，致被殺死，則懲處田主及縱令侵入番界之保甲鄉長店主。如漢民並未過界，而番人肆殺，則應嚴懲番人。但向來非不立界，而界石遷移不常，又數里里許，方立一通石碣，若遇斜曲山溪之處，量界既難，移那亦易，未為妥協，以行令臺灣文武，又與新府縣面說，令會同徹底踏查清楚，隨其地勢，或二十步、三十步，即立一碣，大字書刻，密密排布，不可惜費，既定之後，非經有故另詳，不許擅移尺寸。界址既清，庶生事之時，係番係民，清查有憑，懲處庶可得實[27]。

為避免番漢衝突，清查界址，添建隘寮，勘築土牛，樹立碑碣，都是重要的防範措施。同時在治罪條例上規定凡民人私入番境，杖一百；如在近番處所抽藤弔鹿伐木採樵者，杖一百，徒三年。如有偷越番界運貨者，失察之專管官降調，該管上司罰俸一年。臺地民人不得與番民結親，違者離異治罪，地方官參處[28]。其目的，主要在於減少番漢衝突的頻繁發生。

番漢衝突以外，閩粵移民亦因開發土地動輒械鬥，或是閩粵分類械鬥，或是漳泉分類械鬥，甚至同籍而鬥，有清一代，臺灣械鬥案件層見疊出，大都與移墾社會的不穩定有密切的關係。其起因，主要是由於墾戶或開墾集團對於社會資源的爭奪，或因爭墾荒地，或因爭奪水利灌溉，各墾戶互相凌壓，以致族群衝突案件，層出不窮。同時又由於分類械鬥

---

27 《宮中檔雍正朝奏摺》，第八輯，頁 470。雍正五年七月初八日，福建總督高其倬奏摺。

28 《月摺檔》（臺北，國立故宮博物院），同治十三年十二月初五日，閩浙總督李鶴年等奏摺抄件。

的頻繁發生，而造成族群分佈的變化，或各地區移殖人口的移動。例如彰化大甲地區大規模的移墾，主要是始自康熙中葉以後，閩籍移民林姓、張姓等人由鹿仔港北上開墾，粵籍移民邱姓等則率眾開墾九張犁、日南、鐵砧山腳、大安等荒埔。雍正年間，粵籍移民開拓柳樹湳，漳州籍移民林姓等率領族人自大里杙南下向平埔族租得土地，建設村落。其後因分類械鬥，粵籍移民聲勢較弱，於是遷入東勢。內地漢人初至岸里社時，曾以割地換水方式，與原住民訂立墾約，出資興建下埤水圳，以二分圳水歸原住民灌溉。前後有粵籍移民張姓、李姓等人率領族人鄉親大肆拓荒。乾隆年間，粵籍移民在岸里社北庄等地拓墾，形成以廣東嘉應州移民為核心的地緣村落。其後因閩粵分類械鬥頻仍，粵籍移民遷居銅鑼、大湖等地，而形成了粵籍客家庄地緣村落。

閩粵移民常因爭墾荒埔，而滋生事端，例如淡水廳界外烏樹林、黃泥塘二處，因逼近內山，生番出沒堪慮，經淡水同知段玠召募鄉勇二十名，分隘防守。其烏樹林一處，是粵人張昂為鄉勇首，給予牌戳，許墾就近荒埔，以抵作眾鄉勇口糧。其武陵、馬陵二處埔地，接近烏樹林，原本是霄裡社通事鳳生的產業。乾隆四十三年（1778）及四十五、六等年，鳳生將兩處埔地先後招漢佃閩人林淡、李探、蕭朝際、賴力等合股開墾，議明限年成熟，定額納租。張昂以武陵埔地先經其族張淑攀向鳳生故父知母六認墾，出有壓地番銀三十圓未還，指不退地，藉稱原作鄉勇口糧，分向武陵、馬陵兩埔墾丁閩人李華、顏沃、林淡、陳輝等抽租爭鬥。張昂等赴淡防廳呈控，經同知馬鳴鑣訊明張淑攀墾種一年花息，足抵壓租，斷令退還，另查埔地撥給。後經查明張昂已於黃泥塘墾有埔地，口糧充裕，毋庸另撥，斷結在案。

乾隆四十八年（1783）七月十六日，佃丁閩人李華等邀集股夥在武陵埔分地。張昂藉詞守隘，向李華等抽分口糧，李華不依，爭鬧而散。次日，股夥董生之子董醇即董郎以張昂現住隘寮，亦係股業地基，倡言拆寮，免其藉口抽租。同一天，張昂同各鄉勇護衛庄民，入山樵採。董郎即乘間糾同股夥林振等十五人各用山豬鏢、棍棒等前往拆寮。張昂回寮後即率鄉勇張研等向李探較論，打傷董郎。七月十八日，林淡轉告其兄林雲。林雲糾同股夥族親王海等二十一人分路伏截，殺死張昂等四人，並燬屍滅跡。林雲等犯經審擬後，俱被就地正法[29]。由於閩粵民人爭抽墾租而導致連殺四命，焚屋燒屍，支解滅跡的慘劇。

在分類械鬥過程中，各移墾集團多扮演了重要的角色。例如福建漳州府龍溪縣人翁雲寬東渡臺灣後，在諸羅縣境內開墾，陸續墾成田庄十六處，家道富足。乾隆四十七年（1782）九月間，漳、泉兩府移民大規模分類械鬥，到處焚搶，漳籍移民逃難，躲入翁雲寬庄內。翁雲寬令管事陳楚仁分米煮粥，資給日用。咬狗竹等庄是翁雲寬所開聚落，被泉籍移民施斌、吳妹率眾強搶。翁雲寬庄佃羅瓦等人，也出庄搶殺。翁雲寬以縱佃焚搶的罪名，於乾隆四十八年（1783）九月十二日中風監斃[30]。

彰化縣境內大里杙庄也是漳州籍林姓移民開墾的聚落，在彰化漳、泉分類械鬥期間，同樣扮演了重要的角色。大里

29 《宮中檔乾隆朝奏摺》，第五十八輯（1987 年 2 月），頁 64。乾隆四十八年十一月初三日，福建臺灣道楊廷樺奏摺。

30 《宮中檔乾隆朝奏摺》，第五十九輯（1987 年 3 月），頁 821。乾隆四十九年閏三月二十六日，閩浙總督富勒渾奏摺。

杙距離內山水沙連生番各社約有二十多里，可墾荒地廣大。康熙年間，有漳州人林恪因隻身無食，渡臺營生，頗有積蓄，後來入墾大里杙，漸成聚落。大里杙東倚大山，南繞溪河，橫長各約五里，可容萬餘人。乾隆年間，大里杙庄林姓族人已有二、三千人。福建水師提督黃仕簡認為大里杙庄林姓族人是漳、泉分類械鬥的首惡，必須大加懲創。其原摺奏稱：

> 黃添等因泉人眾多，恐難抵禦，私約漳庄大里杙林姓於八月二十九日出庄，連攻番仔溝、過溝仔、新庄仔、鹿仔港等庄，俱被阻回，已有解散之勢，又係已正法之漳匪黃添等私留大里杙庄民守護保庄。大里杙庄民林慊即林士謙於九月初六日復糾眾出庄，四鄉羅漢腳，從而附和。其在逃番仔溝庄泉人謝笑籍詞幫護，鹿仔港等庄鄉親亦黨眾互鬥，乘機搶殺，從茲此散彼聚，延及貓霧捒之犁頭店，葫蘆墩、沙轆、大肚街、牛罵頭，並大武郡、燕霧、東西螺、海豐港、布嶼稟等處各保庄，肆害月餘，漳邑被擾大小村庄約二百餘處，據控殺命者已有數百命，甚至殺死把總林審。是大里杙之漳匪與番仔溝之泉匪，作惡實甚。而大里杙漳匪首先聽邀攻庄，尤為起事首惡，若不大加懲罰，實無以儆兇惡，而安良善[31]。

大里杙庄是漳州庄，番仔溝等處是泉州庄，漳、泉分類械鬥期間，各分氣類的地緣村落，都扮演了十分重要的角色。大里杙不僅成為漳州籍移民的避難所，同時也是小刀會、添弟會逸犯的逋逃所。林爽文領導天地會起事以後，漳州籍移民

31　《宮中檔乾隆朝奏摺》，第五十四輯（1986 年 10 月），頁 585。乾隆四十七年十二月二十八日，福建水師提督黃仕簡奏摺。

的勢力迅速膨脹，彰化境內北庄神岡、牛罵頭地方的粵籍移民，因勢力單薄，而移居南坑庄、葫蘆墩、東勢角等地。其後又因嘉慶年間的分類械鬥而遷至貓裡地方。嘉慶十年（1805），粵籍客民黃祈英隻身來臺，進入中港溪斗換坪，開始與原住民交換物品，漸漸取得原住民信任，並取番婦，從番俗，改名斗乃。他後來邀同鄉張大滿、張細滿等入山，約為兄弟，亦各娶番女。嘉慶二十五年（1820），黃斗乃等開墾三灣荒埔。其後又沿中港溪進入南庄開墾，黃斗乃藉著原住民的保護，越過土牛界限，進入番界墾闢荒埔。但因閩人蔡阿滿曾向淡水廳納餉領墾三灣、南庄一帶荒埔而為墾首，並帶領族人定居土牛口，於是建立土牛庄，閩籍移民和粵籍移民既因開墾形成勢力，遂種下道光六年（1826）分類械鬥的禍根[32]。

臺灣後山開發與族群衝突

臺灣土地的開發與臺灣的地理特徵，有著密切的關係。福建巡撫丁日昌曾把臺灣比喻為一條魚，他說：「臺灣地勢，其形如魚，首尾薄削，而中權豐隆，前山猶魚之腹，膏腴較多，後山則魚之脊也[33]。」清代前期，臺灣土地的開發，主要集中於前山平原或荒埔。清代後期，一方面由於前山開發，已經日漸飽和，一方面由於日本及西方列強的覬覦臺灣，為建設海防，鞏固疆域，朝野都已注意到臺灣在國防上的重要戰略地位。同治末年，日本藉口琉球海難事件，出兵牡丹社等地，派遣輪船運送糧食衣物，接濟日軍，日本船隻自風港

32　陳運棟編，《頭份鎮志初稿》（苗栗，頭份鎮志編纂委員會，1979年10月），頁21。

33　《月摺檔》，光緒三年三月二十五日，福建巡撫丁日昌奏摺抄件。

航行到枋寮，測水深淺。當清朝驛夫齎遞公文前往琅𤩝，行經平埔時，竟為日軍所阻，最後由間道旁達。刺桐腳庄民，則勾結日軍進攻龜紋社。

在北路方面，有日人前往岐萊地方租地蓋屋。西洋人亦至內山遊歷、伐木，美國駐廈門領事恆禮遜曾親往水沙連遊歷多日，厚給民番衣食物件，有些洋人到水沙連照相繪圖。水沙連、秀姑巒等地，已建有教堂，信教民番，與日俱增。日本及列強的舉動，嚴重的威脅到清朝在臺灣的主權。臺灣後山的開發，就是始自同治十三年（1874）日本琅𤩝之役，清廷為了先發制人，始議開發後山。翰林院侍講張佩綸具摺時已指出，「臺灣野番可使生，生番可使熟，早宜綏來開拓，以廣粃蠓。道光年間，閩浙督臣劉韻珂曾上其策，格於部議，使當日綢繆未雨，何至有日本之事哉[34]！」辦理臺灣等處海防大臣沈葆楨具摺奏稱，「臣等曩為海防孔亟，一面撫番，一面開路，以絕彼族覬覦之心，以消目前肘腋之患[35]。」臺灣後山的開發，就是因外患而促成的。福建巡撫丁日昌查勘臺灣北路後山後，具摺奏稱，「我之所以撫番者，原以杜洋人覬覦之端，若不大舉創辦，收入版圖，萬一洋人復重利餌番，曰吾取地於番也，非取地於中國也，我復何說之辭？故為目前計，得番地，不足以為益；不得番地，不足以為損。為大局計，得番地則可永斷葛藤，不得番地，則恐難息窺伺[36]。」開發後山，就是取地於番，為大局計，得番地，始能杜絕列強覬覦之端。

34　《月摺檔》，光緒三年十月初二日，翰林院侍講張佩綸奏摺抄件。

35　《沈葆楨傳包》（臺北，國立故宮博物院典藏清代國史館檔），李殿林纂輯，沈葆楨奏稿。

36　《月摺檔》，光緒二年十二月二十二日，福建巡撫丁日昌奏摺抄件。

臺灣後山，南起恆春、八瑤灣，北至蘇澳，約六、七百餘里，番社林立，約計數百社。劉銘傳具摺指出，「臺灣生番，橫亙南北七百餘里，盡佔腹心之地，與民地處處毗連，每年戕殺生命至千餘人之多，匪盜藉番地以出沒，聚眾搶刦，土豪藉防番以斂費養勇抗官，號令不能行，賦稅不能清。從前官斯土者，相率苟安，生番殺人，坐視不問。臣忝膺斯土，握領重兵，紳民稟報生番殺人，不能置之不問。全臺如人之一身，生番橫亙南北四路，聲氣不通，譬如人之血脈不通，呼吸不靈，百病叢生，且內患不除，何以禦外[37]。」想要打通後山，必須開路撫番。

同光年間，臺灣後山的開發，分為北中南三路展開，都是以開路方式，逐漸開通後山的。在清代前期，閩粵流動人口扮演了重要的角色。同光時期，官兵尤其是淮軍扮演了重要的角色。南路自社寮至卑南為止。共紮振宇四營，綏靖軍一營，由總兵官張其光、同知袁聞柝主持，自同治十三年（1874）九月間越崑崙坳而東。同年十月初七日，官兵至諸也葛社。十月二十日，抵卑南，計程數十里。總兵官張其光別開射寮一路，其工程分為兩處：一自山前盆其湖開至鹿力社界，計二十餘里；一自山後大烏口開至春望巖；計三十餘里，即在春望巖搭蓋草寮，分兵扼守，並逐段開通，直過卑南。

北路自蘇澳至新城，共十三營半，水師一營，由提督羅大春主持，自同治十三年（1874）九月十八日起程，九月二十五日，至大濁水溪，過大清水溪、大魯閣。十月十三日，抵新城。十月十四日，至岐萊、花蓮港之北，北路是後山橫

37 《月摺檔》，光緒十二年五月初八日，臺灣巡撫劉銘傳奏摺抄件。

走秀姑巒、加禮宛之道。自蘇澳至新城計山路二萬七千餘丈，自新城至花蓮港計平路九千餘丈，合計二百里，沿途建築碉堡，分佈勇營捍衛。中路自牛輾轆至璞石閣為止，共紮二營半，由南澳鎮總兵吳光亮主持，自同治十三年（1874）五月初九日起至八月初八日止，所開之路包括鐵門洞、八月關、八母坑、架扎、雙峰仞、粗樹腳、大崙溪底、雅托等處，共計七十九里，沿途設立塘坊卡所十處，由副將吳光忠等各率所部填紮。後山中路以璞石閣、水尾為適中之地，北可控制岐萊、秀姑巒，南可聯絡卑南。

督辦福建船政候補京堂署理福建巡撫吳贊誠，由陸路查勘卑南等處情形。光緒三年（1877）五月十二日，吳贊誠自恆春縣城東北行，過射麻、里萬、里得、八瑤、阿眉等社，路旁都是水田，民番雜居耕作。出八瑤灣後北至知本社。其中巴郎衛一處，地段較寬，由土人林讚承墾，漸成村落。途經大烏萬、諸也葛、大貓貍、知本四大溪，於同年五月二十八日行抵卑南。吳贊誠具摺指出，卑南周圍百餘里，有八個番社，八個番庄，一個民庄，由綏靖均一營分紮各處。自大坡以南，除阿眉社原住民自種田地外，還有客民陳雲清、吳加炳、潘元琴等開墾已成的熟田。當地平埔族雖不習耕，但向來都有捕鹿、牧牛的場所，其中卑南寮就是各平埔族游牧的公地。在璞石閣一帶，也有民庄，粵閩雜居，意即粵籍和閩籍移民的錯處村落[38]。

官兵開發後山，工程浩大，十分艱辛。尤其是後山疫氣盛行，幾乎是十勇九病。沈葆楨具摺時已指出，淮軍將領，「披

38 《月摺檔》，光緒三年七月二十八日，督辦福建船政候補京堂吳贊誠奏摺抄件。

荊斬棘之勞，炎瘴毒霧之酷，驀山越澗之奇險，含沙射影之難防，其艱苦更非血戰中原者比[39]。」他又說：「各將士披荊斬棘，冒瘴衝煙，顛踣於懸崖荒谷之中，血戰於毒標飛丸之下[40]。」可謂危苦萬狀。福建巡撫丁日昌具摺指出，南路恆春縣所轄下十八社番情，較之鳳山縣所轄上十八社，雖稍馴順，「惟生番無論長幼，俱配槍刀，槍係土造，雖用火繩，頗有準頭，而擦磨滑亮，光可鑑人，較之營兵所用舊式火鎗，幾勝數倍，而且如番目所帶係新武士乃得後膛洋鎗[41]。」後山各社生番恃險抗拒官兵。據福建巡撫丁日昌指出，「臺灣南北中三路，類皆鳥道羊腸，生番時常截殺，故每開一路，必駐數營之兵以守之[42]。」據臺灣道夏獻綸等稟報，「後山加禮遠及加禮宛番眾中通豆欄、木瓜各番，夜則暗攻營壘，日則伺殺軍民。」福建巡撫丁日昌具摺時亦稱，豆欄社乘機殺人，並將首級賣給木瓜等社。獅頭等社生番戕害遊擊王開俊、總兵官張其光所部哨官把總謝受業等。

淮軍提督唐定奎等分路進剿各社生番，光緒元年（1875）三月十七日，唐定奎計畫進剿南路竹坑等社，由統帶武毅左軍提督張光亮出竹坑山前為中路，管帶左軍左營游擊陳有元，管帶右營游擊何迪義等為左右兩路，管帶武毅親兵副將總兵章高元等由竹坑山後進攻，以拊其背，並斷其外援。兵勇步步為營，因無磚石，所以購買麻袋數萬個，攜帶前進，遇敵即就地囊括立壁。當兵勇途經草叢時，番眾突起。兵勇使用連珠陣法，且戰且進，攻佔番寮，見有大堆骷髏，都是

---

39 《月摺檔》，光緒元年五月十一日，沈葆楨等奏摺抄件。
40 《月摺檔》，光緒元年正月十六日，沈葆楨奏摺抄件。
41 《月摺檔》，光緒三年二月二十七日，丁日昌奏摺抄件。
42 《月摺檔》，光緒三年二月二十七日，丁日昌奏摺抄件。

陣亡士卒及民人骨骸。兵勇乘勝進軍內外獅頭等社，首先攻破龜紋社所屬本武社，焚其草寮五、六十所。四月十六日，兵勇中左右三路併力合圍內獅頭社，戰況激烈，自卯至巳，統計斬殺「悍番」六、七十名，轟傷二百餘名，奪獲槍刀三百餘件，搜查草寮，抄出福靖左營旗幟十餘面，握礮十桿，番槍百餘桿，刀斧千餘柄，火藥百餘斤，鴟芋數百石，髮辮二十餘條，焚燬草寮二百餘間。同日，官兵三路進攻外獅頭社，自卯至辰，連破五卡，至巳時攻克外獅頭社，焚燬草寮一百餘間。進剿內外獅頭社期間，陣亡淮勇十二名，受傷四十餘名[43]。福建巡撫丁日昌曾率同臺灣府候補道周懋琦等巡查南路，由鳳山經枋寮、刺桐腳。這裡就是淮軍進剿獅頭社時駐軍之處，統計淮軍困於瘴疫，病死於此地的人數，包括官弁九十餘人，兵勇三千餘人。丁日昌等一行，隨後轉赴柴城、恆春、瑯嶠。這裡就是同治十三年（1874）日軍紮營之地，淮軍在這裡歿於瘴疫的，也有一千餘人。當丁日昌到北路後山蘇澳巡查時，據稟總兵張陞階新帶兩營在蘇澳駐紮，不及月餘，病者已二百餘人，死者十餘人。總兵宋桂染疫病故，提督彭楚漢、羅大春、總兵吳光亮等先後患病，其兵勇喪亡者不下二、三千人。蘇澳地區的生番，亦極猖獗，當勇丁赴市買米回至蘇澳五里亭時，竟被生番狙殺九名[44]。當北路後山加禮宛社生番分路圍攻鵲子舖營堡時，副將陳得勝，接仗受傷，參將楊玉貴力戰陣亡。閩浙總督何璟具摺時已指出，「加禮宛半係熟番，向與附近之十六股庄農民暨農兵營鄰近，雖中藏叵測，尚未至顯然攻殺，此次據稱因營勇買米口角起釁

43 《月摺檔》，光緒元年五月十一日，沈葆楨等奏摺抄件。
44 《月摺檔》，光緒二年十二月二十二日，丁日昌奏摺抄件。

[45]。」同光時期的族群衝突，最顯著的特徵是原住民與兵勇的衝突案件屢見不鮮。開發後山，固然費重瘴深，兵勇非病即死，但若棄之不顧，則恐為外國所佔，後患更深。因此，臺灣後山的開發，實有它不得已的苦衷。

有清一代，臺灣移墾社會的形成及土地的開發，都與臺灣的地理特徵，有著密切的關係。臺灣位於清朝東南方，孤懸於外海，與閩粵內地一衣帶水。臺灣中央山脈縱貫南北，將全島劃分為東西兩部份，形成不對稱的條狀層次結構，形狀如魚，首尾薄削，西部為前山，面向閩粵內地，很像魚腹，膏腴肥沃；東部為後山，為山脈所阻隔，好似魚脊。因地理位置的便利，早期渡海來臺的內地漢人，主要是從福建泉州府屬廈門出海，對渡臺灣南部鹿耳門。清廷領有臺灣後，臺灣府隸屬福建省。乾隆年間，永德奏准開設鹿仔港，對渡蚶江。福康安等奏准開設淡水八里坌，對渡福州府屬五虎門南臺。鹿耳門、鹿仔港、八里坌等港口，都在西部海岸，對臺灣西部前山的開發，產生了重要的作用。

閩粵兩省地狹人稠，是清代人口壓迫最嚴重的地區，同時也是人口外流最為頻繁的兩個省分。閩粵流動人口渡海入臺後，篳路藍褸，墾殖荒陬，經過先民的慘澹經營，於是提供內地漢人一個適宜安居和落地生根的海外樂土。臺灣從康熙二十三年（1684）歸入清朝版圖至光緒二十一年（1895）割讓於日本止，僅二百年的開發史，開墾耕地面積卻達八百五十萬畝，人口激增至三百七十餘萬，行政建置擴展為一省三府，一直隸州，四廳，十一縣，臺灣開發成果的顯著，與閩粵人口的流動，臺灣地理的特徵，清廷政策的調整，都有

45 《月摺檔》，何璟等奏摺抄件。

十分密切的關係。但因臺灣孤懸外海，其人文景觀卻自成一區，在社會、經濟方面的發展，都經歷過非常顯著的變化，同時建立了十分複雜的土地制度及租佃關係，而形成臺灣獨有的特點。

清代臺灣的土地開發，大致可以分為前後兩個階段。從康熙二十三年（1684）清廷領有臺灣至同治十二年（1873），計一百九十年為前期，是第一個階段，閩粵移民紛紛東渡臺灣，偷渡盛行，絡繹不絕，開發的土地，主要在臺灣西部前山平原荒埔，拓墾方向，先由府城、臺灣縣向北、向南拓墾，在康熙、雍正年間，南路鳳山，北部諸羅等地，都成了拓墾重心。乾隆初年以來，彰化平原也成了拓墾重心。乾隆末年，由於淡水八里坌的開設口岸，對臺灣北路或淡水廳的開發，產生了促進的作用，嘉慶、道光年間以來，淡水廳遂成為新的拓墾重心。這一時期的移墾社會，最顯著的特徵，是族群結構的多元化，原住民社會因生態環境及文化背景的認知差異，被區分為內山生界未歸化的生番，生界已歸化的化番，以及平埔熟番。至於來自閩粵地區的流寓人口，多分佈於前山地區，採取祖籍居地的地緣關係，依附於相同祖籍的同鄉村落，而形成了泉州庄、漳州庄、廣東客家庄。由於清廷的消極治臺政策，各族群之間，出現了嚴重的矛盾及尖銳的對立。清廷為抒解人口壓力，而獎勵墾荒，准許私人開墾，並佔有土地。但同時又頒佈渡臺禁令，嚴禁偷渡，不准攜眷過臺。並禁止內地移民進入番社越界墾拓荒埔。閩粵移民不顧禁令紛紛爭墾番界，抽藤弔鹿，或向熟番租地耕種，甚至任意侵佔。原住民為保護生存空間而不惜訴諸武力，番漢衝突案件，遂層出不窮，反映地方官對禁止漢人越界私墾及保護番社的缺乏公信力。番漢衝突案件同時也反映清代臺灣土地制度的不夠健全，豪強富戶任意私墾，欺隱偷開的情形，極為普遍，各移墾集團之間，同鄉的意識，相當強烈，彼此常有互相欺凌，以大吃小的現象。無論是番漢衝突，或是泉漳械鬥及閩粵械鬥，多有顯著的分類意識。但閩粵移民與原住民的族群衝突，主要是起於內地人口流動所造成的社會衝突現象，並非種族岐視。同光時期，由於列強的加緊侵略，爭奪在華利權，清廷為救亡圖存，開始重視邊防，並先後展開各項新政措施，建設海防，移民實邊。朝野也都注意到臺灣的重要戰略地位，其治臺政策也開始大幅度的調整，於是沈葆楨等人在臺灣積極開發後山，伐山開道。他們認為開山而不先撫番，則開山無從下手。欲撫番而不先開山，則撫番仍屬空談。欲開山撫番，則必須增派營勇，募丁屯墾，能戰而後能守，能守而後能耕。因此，臺灣後山的開發，以及族群的衝突，勇丁都扮演了重要的角色。由於後山的開發，開始打開後山封閉的原住民社會，加速他們的內地化，消除番害，以便推動海防建設，即所謂開山而後臺灣安，內安而後可言海防建設，清廷治臺政策的調整，雖然是外鑠的，但就穩定東南局勢，保全臺灣而言，清廷治臺政策的大幅調整，臺灣後山的積極開發，確實具有時代的意義。有清一代，臺灣社會經濟的變遷，確實不能忽視臺灣族群關係問題及土地開發的過程。

清代社會經濟變遷與秘密會黨的發展

——臺灣、廣西、雲南、貴州地區的比較研究

清代民間的秘密組織，因其生態環境、組織形態、思想信仰及社會功能，彼此不同，各有其特殊條件，為了研究上的方便，將秘密社會劃分為秘密宗教和秘密會黨兩個範疇，是有其必要的。在人類文化史上，宗教信仰佔了相當重要的地位。任何形式的宗教信仰，都是在適應個人及社會的需要。人類在求生存的過程中，經常遭遇到各種困難和挫折，當人類的知識或經驗不能控制處境及機遇的時候，就出現宗教信仰。傳統中國社會的宗教信仰，大致可以分為二大類：一類是祖先崇拜；一類是多神崇拜，把祖先和泛神崇拜結合起來，就是中國傳統宗教信仰的一大特色[1]。所謂秘密宗教，就是雜揉儒釋道的思想而產生的各種民間宗教，雖然是建立在小傳統的一種社會制度，但也具備宗教的本質，有其超越的意義。各教派藉教義信仰，師徒輾轉傳授，以建立縱的統屬關係。其共同宗旨，主要在勸人燒香誦經，導人行善，求生淨土，其思想觀念，與佛教的教義最相切近。各教派多傳授坐功運氣，為村民療治時疾，其修真養性的方式，與道教頗相近似。

1　文崇一撰〈中國傳統價值的穩定與變遷〉，《中央研究院民族學研究所集刊》，第 333 期（臺北，中央研究院民族學研究所，民國 61 年春），頁 295。

各教派也具有宗教福利的性質，養生送死各種儀式，多由各教派主持，在地方上扮演了重要的角色，具有生存、整合與認知的功能。但因各教派未經立法，並未得到官方的認可，其組織與活動都是不合法的，對官方而言，各教派都是一種秘密性質的不合法宗教團體，所以遭到官方的取締。

秘密會黨是由民間異姓結拜組織發展而來的秘密團體，其成員以兄弟相稱，藉盟誓維持橫的散漫關係。中外史家對這種異姓結拜組織，或稱為秘密會社，或稱為秘密幫會，或稱為秘密結社，或稱為秘密會黨，頗不一致。王爾敏教授撰〈秘密宗教與秘密會社之生態環境及社會功能〉一文指出研究中國秘密社會史，必須分別秘密宗教與秘密會社兩個範疇，各求獨立鑽研與探討，文中略謂：「秘密社會為大共名，即總稱，包括秘密宗教與秘密會社兩大範圍，而秘密會社與總稱之秘密社會用字相差甚微，易致混亂，但為循其沿用名稱，亦無從更改[2]。」誠如所言，秘密會社與總稱的秘密社會，其區分實欠明晰，差異不大，易致混亂，使用秘密會社時，顯不出異姓結拜組織的特殊性質，而且秘密會社亦非最早沿用的名稱。劉聯珂先生著《幫會三百年革命史》一書敘述洪門、天地會、三合會、清門、理門的傳說，將「幫」與「會」混而為一[3]。其實，「幫」與「會」的性質不同，是兩種不同性質的組織。「會」是指會黨，「幫」是指地緣性結合的行業組織，浙商紹興幫、寧波幫的成功，就是將社會性的組合有

---

2 王爾敏撰〈秘密宗教與秘密會社之生態環境及社會功能〉，《中央研究院近代史研究所集刊》，第10期（臺北，中央研究院近代史研究所，民國70年7月），頁35。

3 劉聯珂著《幫會三百年革命史》（臺北，古亭書屋，民國64年5月），頁1-216。

效地應用於商業上的結果[4]。「幫」可作量詞解，含有「伙」，或「群」的意思，是由船幫而得名。在中國沿海的海盜社會裏，有鳳尾幫、水澳幫等名稱。青幫、紅幫則是以信仰羅祖教的漕運糧船水手為主體的秘密組織，都是由糧船幫而得名。各幫水手因籍貫不同，地域觀念異常濃厚，彼此之間，往往因利害衝突而引發激烈的械鬥，其宗教色彩雖較淡薄，而其械鬥性質，又跡近會黨，然而青、紅幫俱非天地會分化出來的組織，也不是哥老會的旁支。由於清代中葉以來，漕運積弊日深，青、紅幫的勢力日益興盛，凡投充水手者，如欲立足於糧船，必須加入青、紅幫，其成員十分複雜，包括短縴、游幫、走私販毒的不法商人等，動輒滋生事端，目無法紀，形成嚴重的社會問題[5]。因此，「幫」與「會」不可混為一談。至於結社一詞，久為中外史家所習用，但結社的內容，包括秘密教派與秘密會黨，並非專指會黨而言，日本學者所稱秘密結社，相當於秘密社會的總稱，例如宮原民平著《支那の秘密結社》一書所討論的內容包括白蓮會、天理教、三合會、哥老會等，教與會統稱為秘密結社[6]。秦寶琦撰〈從檔案史料看天地會的起源〉文中亦謂「白蓮教屬宗教性秘密結社，宋元以來就已存在[7]。」秘密結社包含教與會兩個範疇。黃玉齋撰〈洪門天地會發源於臺灣〉一文指出洪門天地會誕

---

4 李國祁著《中國現代化的區域研究：閩浙臺地區（1860-1916）》（臺北，中央研究院近代史研究所，民國 71 年 5 月），頁 386。

5 莊吉發撰〈清代紅幫源流考〉，《漢學研究》，第一卷，第一期（民國 72 年 6 月），頁 107。

6 宮原民平撰〈支那の秘密結社〉，《東洋講座》，第四輯（日本，東洋研究會，大正 13 年 4 月），頁 2-81。

7 秦寶琦撰〈從檔案史料看天地會的起源〉，《歷史檔案》，第二期（民國 71 年），頁 93。

生於三百多年前，是一個反清復明的秘密結社[8]。結社一詞，或指教與會而言，或僅限於會黨而言，並不一致，而且其含義甚廣，使用結社字樣時，易與文人集會相提並論。明末天啓年間，太倉人張溥等初結應社，崇禎時，又集合南北文社中人於吳縣，繼東林講學，稱為復社，以取興復絕學之義。此外有文人互相唱和的各種詩社，如臺灣的東吟社、鍾毓詩社、潛園吟社、崇正詩社、竹梅吟社、斐亭吟社、荔譜吟社、浪吟詩社、牡丹詩社等[9]，使用秘密結社字樣時，既易與文人結社相提並論，又常與秘密宗教混為一談，以致對異姓結拜組織產生誤解。因此，就研究盛行於南方的各會黨而言，使用秘密結社字樣，其不妥當，實顯而易見。

在清代官書及地方大吏奏摺中常見「結會樹黨」字樣，由異姓結拜組織發展而來的秘密團體，使用秘密會黨一詞，較為妥當，既符合歷史發展，亦能充分凸顯民間異姓結拜組織的特殊性質。乾隆二十九年（1764）十月，福建巡撫定長具摺奏稱：

> 臣自抵任以來，留心訪察，知閩省各屬向有結會樹黨之惡習，凡里巷無賴匪徒，逞強好鬥，恐孤立無助，輒陰結黨與，輾轉招引，創立會名，或陽托奉神，陰記物色，多則數十人，少亦不下一二十人。有以年次結為兄弟者，亦有恐干例禁而並無兄弟名色者，要其本意，皆圖遇事互相幫助，以強凌弱，以眾暴寡，而被侮之人，計圖報復，亦即邀結匪人，另立會名，彼

8 黃玉齋撰〈洪門天地會發源於臺灣〉，《臺灣文獻》，第二一卷，第四期，頁 17。

9 周宗賢著《臺灣民間結社的本質與機能》（臺北，河洛圖書出版社，民國 67 年 2 月），頁 67。

> 此樹敵，城鄉效尤。更間有不肖兵役潛行入夥，倚藉衙門聲勢，里鄰保甲，莫敢舉首，小則魚肉鄉民，大則逞兇械鬥，抗官拒捕，因此而起，是結會樹黨之惡習，誠為一切奸宄不法之根源[10]。

同年十一月，刑部議覆福建巡撫定長奏摺後增訂律例，並寫進大清律例內，其增訂條文內有「閩省民人除歃血訂盟焚表結拜弟兄仍照定例擬以絞候，其有抗官拒捕持械格鬥等情，無論人數多寡，審實各按本罪分別首從，擬以斬絞外，若有結會樹黨，陰作記認，魚肉鄉民，凌弱暴寡者，亦不論人數多寡，審實將為首者照兇惡棍徒例發雲南、貴州、兩廣極邊烟瘴充軍，為從減一等」等字樣[11]。以年次結拜弟兄，結會樹黨，創立會名，所以稱為會黨。會黨一詞，在清代末葉，使用更為普遍。國父孫中山先生倡導革命之初，國內風氣未開，所以從結合會黨入手，使會黨志士在國民革命史上扮演了重要的角色。光緒二十六年（1900），庚子惠州之役起事以後，會黨字樣多見於當時的報章雜誌。同年九月二十一日，《清議報》刊載惠州軍務云：「念二日，馬軍門部下武弁區某親帶介字營勇欲往平潭防堵，詎被會黨聞知，即就蔗林埋伏鎗手。未幾，介勇經臨，會黨從林中發鎗攻擊，介勇傷斃甚眾，驚惶逃走[12]。」同年十月初一日，《清議報》轉載香港西字報所

10 《宮中檔乾隆朝奏摺》，第 22 輯（臺北，國立故宮博物院，民國 73 年 2 月），頁 804。乾隆二十九年十月初八日，福建巡撫定長奏摺。

11 《欽定大清會典事例》（臺北，中文書局，民國 52 年 1 月），卷七七九，頁 14。

12 梁啓超、馮鏡如編《清議報》（臺北，成文出版社，民國 56 年 5 月），第六十三冊，頁 7。光緒二十六年九月二十一日，惠州章務。

刊〈廣東歸善縣來札〉一函，文中有「某等並非團匪，乃大政治家、大會黨耳，即所謂義興會、天地會、三合會也」等字樣[13]，由此可知天地會、三合會等，都是光緒年間的大會黨。會黨一詞，沿用久遠，為求符合歷史發展，並充分說明異姓結拜組織的特性，使用秘密會黨字樣，確實較為恰當。但因清初已制訂刑律，查禁異姓結拜弟兄，所以各會黨的倡立，都與清廷律例相牴觸，各會黨的組織與活動，都是不合法的，同樣遭到官方的取締。

關於秘密會黨的起源問題，眾說紛紜，莫衷一是，一直尚未得到較有說服力的解答，一方面固然是由於檔案的缺乏所致，另一方面也是由於學者對秘密會黨產生的社會經濟背景，未作進一步的研究，以致對秘密會黨的起源問題，仍然囿於單純時間的考證，自然很難得到一致的意見。社會變遷是社會行為變化的過程，包括社會組織、社會關係、行為模式以及社會風氣或習尚的改變[14]。人口的變動，包括人口的增減、人口的組合及人口的移動，都是社會變遷的主要因素。清朝從十七世紀末葉到十八世紀末葉這一長期的休養生息，其人口從一億五千萬增加到三億多，至少增長了一倍。據統計從乾隆四十四年（1779）到道光三十年（1850）前後七十二年之間，全國人口已達四億三千萬左右，增長了百分之五十六[15]。人口移動是人類對環境中的社會經濟及人口壓力的一

13 《清議報》，第六十四冊，頁 7。光緒二十六年十月初一日，惠州略紀。

14 張鏡予撰〈社會變遷〉，收錄於謝徵孚主編《二十世紀之科學—社會學》（臺北，正中書局，民國 71 年 3 月），頁 338。

15 Denis Twitchett and John K. Fairbank: The Cambridge History of China. Volume 10, Late Ch'ing. 1800-1911. Part I, p.108.

種反應，可以引起社會結構的重大改變。隨著人口的成長，無地貧民的人數與日俱增，許多人便從人口稠密的地區遷出，有更多的荒地被開墾出來。有清一代的許多社會現象，也許可以用人口的變動來加以說明。血緣與地緣是中國傳統社會最常見的群體認同法則，宗族是以血緣作聯繫的社會組織，各族姓之間，常因生活利益上的衝突而引起械鬥，大姓強橫，欺壓小姓，於是激起各小姓的自由結合。在移墾社會裏，缺乏血緣的整合條件，以祖籍為聚落形成的主要基礎，就是移墾社會的特質[16]。臺灣與閩粵，一衣帶水，地曠人稀，可以容納內地過剩的人口。廣西的幾條河谷地帶是十八世紀以來廣東省東部客家及湖廣南部人民移居的地區，雲南、貴州與川、楚、粵接壤，可供開墾的荒地更多，都是屬於開發中的邊陲地區，人口流動性大，人口組合複雜，地緣意識濃厚，土地競爭激烈，社會不穩定性十分明顯，不易促成宗族組織的發展，社會團體的組成，並非建立在血緣關係之上，而是基於對祖籍的認同，住居社區的組合，宗教信仰儀式的參與，以及對共同目標或利益的追求[17]。秘密會黨的產生，主要是在閩粵人口密集已開發區域聚族而居的核心地區及地廣人稀開發中區域地緣意識較濃厚的邊陲地區。在新開發的移墾社會中，結盟拜會的風氣尤其盛行，秘密會黨的起源及其發展，都與國內移民及社會結構有密切的關係。本文撰寫的旨趣，即在就現存檔案，透過移墾社會的社會結構、族群關

16 王崧興撰〈論地緣與血緣—濁水大肚兩溪流域漢人之墾殖與聚落〉，收錄於李亦園、喬健合編《中國的民族、社會與文化》（臺北，食貨出版社，民國 70 年 10 月），頁 27。

17 黃樹民撰〈從早期大甲地區的開拓看臺灣漢人社會組織的發展〉，收錄於李亦園、喬健合編《中國的民族、社會與文化》，頁 36。

係及人群認同意識的探討，以比較臺灣、廣西、雲南、貴州地區秘密會黨的起源及其發展。

移墾社會的形成

秘密會黨的起源及其發展，與社會經濟背景有非常密切的關係。許倬雲撰〈傳統中國社會經濟史的若干特性〉一文已指出由先秦開始，中國已有在核心區與邊陲區的不同發展。核心區人多地狹，文化發展居於領導地位，也是政治權力的中心。邊陲區人少地廣，又往往必須與民族主流以外的人群雜居混處，其經濟發展，往往比較落後，因此，一方面可能有地方性若干程度自給自足的性質，另一方面由於經濟發展的劣勢，其資源與財力會被核心區吸取[18]。王業鍵撰〈清代經濟芻論〉（Some Reflections on the Economy of China under the Ch'ing, 1644-1911）一文將清代的中國劃分為三個區域：一為東部的「已開發區域」（the "developed area"），包括人口最多的直隸、河南、山東、山西、江蘇、浙江、安徽、江西、福建、廣東等十個省分；一為「開發中區域」（the "developing area"），包括東北、陝西、甘肅、湖北、湖南、廣西、四川、雲南、貴州和臺灣，其中東北、廣西、雲南、貴州、臺灣屬於邊地，湖北、湖南、四川、陝西、甘肅屬於內地；一為邊陲「未開發區域」（the "undeveloped area"），包括外蒙古、內蒙古、新疆、西藏及青海。在已開發區域的特性是農業資源已大為開發，人口與土地的比例甚高，手工業頗為發達。開發中區域的特性是人口與土地的比例較低，以及自然資源的不斷開發。至於未開發區域不但人口與土地

18 許倬雲撰〈傳統中國社會經濟史的若干特性〉，《食貨月刊》，復刊第十一卷，第五期，頁1。

的比例極低，而且人民經濟生活是以游牧為主。從十七世紀中葉到十九世紀中葉是中國人口迅速成長時期，由於人口增加的結果，有許多人便從人口密集的地區遷移到土地較為豐富的地區。從十八世紀下半葉至二十世紀初開發中區域的人口與耕地增加率遠比已開發區域來得快[19]。秘密會黨盛行的地區，主要是在中國南方人口密集已開發區域聚族而居的核心區及地廣人稀開發中區域地緣意識較濃厚的邊地。

社會群體是由許多的個人，在某一特定目標下結合而成的，有推動社會的力量，也有使個人再社會化的力量[20]。人群的結合，有許多不同的方式，以血緣結合的為宗族，以地緣結合的為鄰里鄉黨。在傳統漢人社會裏，越是歷史悠久而社會穩定，越傾向於以本地的地緣和宗族關係為社會群體的構成法則；越是不穩定的移民社會或邊疆社會，越傾向於以祖籍地緣或移殖性的宗族為人群認同標準[21]。由於東晉與南宋政治重心的南移，影響最大的便是北方戶口的南移，自宋以後，閩粵地區的血族宗法制已日益成長，聚族而居，其村落的地緣社會與宗族的血緣社會幾乎是完全一致的[22]。宗族是以血緣作聯繫的社會組織，由於空間上的族居，所以宗族很容易結

19 王業鍵撰〈清代經濟芻論〉（Some Reflections on the Economy of China under the Ch'ing, 1644-1911），《食貨月刊》，復刊第二卷，第十一期，頁 6。

20 文崇一講，樊亞香記〈社會文化變遷與歷史研究〉，《食貨月刊》，復刊第二卷，第十期，頁 20。

21 陳其南撰〈清代臺灣社會的結構變遷〉，《中央研究院民族學研究所集刊》，第四十九期（臺北，中央研究院民族學研究所，民國 70 年 1 月），頁 140。

22 林衡道撰〈臺灣世居民的祖籍與神明〉，（臺北，聯合報文化基金會國學文獻館主辦臺灣地區開闢史料學術座談會，民國 74 年 9 月），頁 8。

合，一呼即應。康熙中葉以來，閩粵地區人口壓力日增，人口與土地比例失調，社會逐漸呈現不穩定的現象，各族姓之間，每因戶婚地土等利益上的衝突而引起激烈的分類械鬥，大姓欺壓侵蝕小姓，泉、漳二府各屬分類械鬥的風氣尤盛。仙遊《問俗錄》述及大姓欺壓小姓的情形，文中略謂：

> 仙遊小姓畏大姓，甚於畏官，其畏之奈何？一朝之忿，呼者四應，直有劍及寢門，車及蒲胥之勢。而小姓積怨既久，乃群集小姓以與之敵。是即漳、泉之械鬥乎？曰否。彼聞官至即退，非必經旬累月，報復不止。死一人，即龜縮兔脫，不敢再進。且無鳥鎗竹銃，不過扁擔石頭而已。惟竹叉最多，俗名「出傢伙」。界連晉江、惠安一帶，聞有箋紙甲者[23]。

大姓強橫，欺壓小姓，於是激起各小姓的自由結合。江日昇編著《臺灣外記》內永曆四年（1650）載：

> 五月，詔安九甲萬禮從施郎〔琅〕招，領眾數千來歸。（禮即張耍，漳之平和小溪人。崇禎間，鄉紳肆虐，百姓苦之，眾謀結同心，以萬為姓，推耍為首。時率眾統踞二都，五月來歸[24]。

以「萬」為姓集團，就是抵抗鄉紳或大姓的一個異姓結拜組織，公推萬禮即張耍為大哥。雍正五年（1727）十一月，福建總督高其倬具摺奏稱：

> 查福建泉、漳二府民間，大姓欺凌小族，小族亦結連相抗，持械聚眾，彼此相殺，最為惡俗，臣時時飭禁

23 劉興唐撰〈福建的血族組織〉,《食貨半月刊》,第四卷,第八期(上海,新生書局,民國 25 年 9 月),頁 39。

24 江日昇著《臺灣外記》(臺北,臺灣銀行經濟研究室,民國 49 年 5 月),第一冊,頁 112。

> 嚴查。今查得同安縣大姓包家，與小姓齊家，彼此聚眾列械傷殺，署縣事知縣程運青往勸，被嚇潛回，隱匿不報，該營遊擊亦不行稟報，殊屬溺職[25]。

泉、漳二府民間，大姓凌壓小姓，每因睚眦之怨，動輒聚眾械鬥，於是出現了「以包為姓」、「以齊為姓」的異姓結拜組織。雍正七年（1729）十月，福建觀風整俗使劉師恕具摺奏稱：

> 查泉屬七縣，晉江、南安、同安最為難治，安溪、惠安次之，永春、德化又次之。其初，大姓欺壓小姓，小姓又連合眾姓為一姓以抗之。從前以包為姓，以齊為姓，近日又有以同為姓，以海為姓，以萬為姓者，現在嚴飭地方官查拏禁止[26]。

泉、漳各屬，由於宗族之間，常起衝突，異姓結拜組織，名目繁多。其沿海地方，向因防堵海寇，各家置有刀鎗器械，自行防守，沿為積習，更助長了各宗族之間的械鬥風氣。所謂「以海為姓」、「以萬為姓」、「以同為姓」、「以齊為姓」、「以包為姓」等集團，其含義不外是象徵四海皆兄弟，天下萬民，共結同心，齊心協力，包羅萬民，其用意，與晉代高僧道安法師提倡破除俗姓，以釋為氏的精神，頗相近似。化異姓為同姓，以消除各血族內部的矛盾，打破本位主義，一致對外，發揚四海皆兄弟的精神。各異姓自由結合時，多舉行歃血飲酒，跪拜天地盟誓，結拜弟兄，公推大哥的儀式，後來的秘密會黨，就是由民間異姓結拜組織發展而來的各種秘密團體。

---

25 《宮中檔》（臺北，國立故宮博物院），第79箱，320包，6450號。雍正五年十一月十七日，福建總督高其倬奏摺。

26 《宮中檔》，第76箱，30包，2268號。雍正七年十月十六日，福建觀風整俗使劉師恕奏摺。

明清時期的經濟發展，主要是外延性的成長，即以人口的增加和耕地面積的擴充成為國民生產總額的增加。在已開發區域的大城市已經停止擴展，城市的發展重心是在靠近農村的商業市鎮。由於城市人口比重下降，人口增加的壓力全部由鄉村承擔下來[27]。閩粵沿海州縣，地狹人稠，不能承擔城市過剩人口的壓力，由於食指愈眾，人口壓迫日益嚴重，為謀生計，遂紛向地曠人稀的開發中區域移徙。臺灣與閩粵內地，一衣帶水，在漢人大量移殖臺灣以前，島上已住有土著民族，人口稀少，土地膏腴，是屬於未開發區域，農業技術落後，生產力極低，又缺乏儲蓄的觀念，不願生產多餘的糧食[28]。宋、元以來，內地漢人已移居臺灣，明代嘉靖、萬曆年間（1522-1619），內地漢人渡海來臺者更多。荷蘭人佔據臺灣後，為了增加蔗糖等作物的生產，大量招徠內地漢人，據統計在荷蘭人佔據末期，臺灣漢人總數已有二萬五千戶，約有十萬餘人。鄭成功驅逐荷蘭人以後，實施寓兵於農的政策，重視開墾。在鄭氏時代的拓墾區域，雖然南至恒春，北至雞籠，惟其拓墾重心，依舊是承荷蘭人的餘緒，是在以臺南為中心一帶[29]。據統計鄭氏時代移殖臺灣的漢人增至二十萬人。由於鄭氏時代的大量開墾，正好提供了內地漢人一個適宜安居和落地生根的理想地方。清廷領有臺灣後，臺灣人口繼續成長。雍正初年，丁隨地起制度實行後，將丁銀攤入地糧內

27 趙岡撰〈中國歷史上的城市人口〉，《食貨月刊》，復刊十三卷三、四合期（臺北，食貨月刊社，民國 72 年 7 月），頁 30。

28 黃富三撰〈清代臺灣的土地問題〉，《食貨月刊》，復刊第四卷，第三期，頁 77。

29 曹永和著《臺灣早期歷史研究》（臺北，聯經出版公司，民國 70 年 7 月），頁 285。

徵收，徭役完全由土地負擔，免除了無地貧民的丁銀，取消了人頭稅，人身依附土地的關係減輕了，准許無地貧民自由遷徙[30]，清廷又積極推行墾荒政策，閩粵地區因人口壓力而向外遷徙的人數，遂與日俱增。這個時期的臺灣是屬於開發中的區域，可以容納內地過剩的人口，但閩浙內地兵民所食，多仰賴臺地米穀的接濟，限制臺郡人口的增加，就成為清廷解決內地兵民糧食的消極措施[31]。清廷議定章程，嚴禁內地漢人無照偷渡臺灣。鎮守南澳總兵官張天駿具摺奏稱：「臺灣地土雖廣，而出米是有定數，況漳、泉等郡，咸為取資，若查拿稍懈，則偷渡愈眾，不但奸頑莫辨，有擾地方，且慮聚食人多，臺地米貴，所係匪細，是以奉旨嚴禁[32]。」臺地人多米貴，直接受到影響的是閩浙民生問題。閩浙總督喀爾吉善進一步指出「臺郡生聚日眾，恐有人滿之患，若不及早限制，不特於臺郡民番生計日蹙，更於內地各郡接濟無資，偷渡一事，實為臺郡第一要務[33]。」無照私渡，例禁綦嚴，但官渡必經官府給照，胥役兵丁勒索錢文，私渡便於官渡，其費亦省，閩粵人民為解決生計問題，遂絡繹渡臺就食。凡欲過臺者，多由船戶包攬，每人索取水腳銀二兩至八兩不等，候有一二百人時，乃將大船停泊於澳口外，乘夜用小船或舢板將偷渡

30 莊吉發著《清世宗與賦役制度的改革》（臺北，學生書局，民國74年11月），頁14。

31 莊吉發撰〈清世宗禁止偷渡臺灣的原因〉，《食貨月刊》，復刊第十三卷，七、八合期，頁21。

32 《宮中檔》第76箱，132包，3435號。雍正十三年五月二十八日，南澳總兵官張天駿奏摺。

33 《軍機處檔・月摺包》（臺北，國立故宮博物院），第2772箱，19包，2735號。乾隆十三年七月初五日，閩浙總督喀爾吉善奏摺錄副。

民人載出外海，再登大船東渡。因偷渡盛行，臺郡人口成長更加迅速，雍正十年（1732）五月，據廣東巡撫鄂彌達奏稱，閩粵漢人在臺灣立業者，多至數十萬人[34]。乾隆年間（1736-1795），臺灣府各縣廳的戶口，已經編定保甲，其民番實數亦另款具報。乾隆二十八年（1763）十二月，巡察臺灣給事中永慶指出「臺地自開臺以來，多係閩廣人民寄居，迄今百餘年，生息蕃衍，占籍陸拾餘萬，番民歸化者柒拾餘社[35]。」是年，據福建巡撫定長奏報臺灣府屬實在土著流寓及社番男婦大小丁口共六六六、〇四〇名口[36]。嗣後由於臺灣本郡人口的自然增殖，以及內地移民與日俱增，臺灣人口成長更加迅速，至光緒二十年（1894）中日甲午戰前，臺灣人口增至二、五五〇、〇〇〇人[37]。從康熙二十二年（1683）清廷領有臺灣至光緒二十年（1894）共二一二年之間，臺灣人口由二〇〇、〇〇〇人增至二、五五〇、〇〇〇人，平均增加為十一倍強[38]。

西南邊陲的廣西、雲南、貴州，也是開發中區域，地廣人稀，可以容納鄰近已開發區域的過剩人口。廣西與廣東、湖南、貴州接壤，境內有三大江，構成水路交通網。其中漓

---

34 《明清史料》（臺北，中央研究院歷史語言研究所，民國 47 年 4 月），戊編，第二本，頁 107。

35 《宮中檔乾隆朝奏摺》，第二十輯，頁 63。乾隆二十八年十二月十五日，巡察臺灣給事中永慶奏摺。

36 《宮中檔乾隆朝奏摺》，第十九輯，頁 488。乾隆二十八年十一月初三日，福建巡撫定長奏摺。

37 伊能嘉矩著《臺灣文化志》（日本東京，刀江書院，昭和 40 年 8 月），中卷，頁 241。

38 陳紹馨著《臺灣的人口變遷與社會變遷》（臺北，聯經出版公司，民國 70 年），頁 380。

江由湖南零陵縣入廣西全州境，經桂林、平樂等府；左江由鎮南關外入境，經太平、南寧、潯州等府；右江由黔粵交界合流，經慶遠、柳州、潯州等府，三江俱總滙於梧州大河，以達廣東，合計三江水程約三千餘里，廣東、湖南、貴州等省商賈貨船，往來絡繹。移殖廣西的外省人口，以廣東、湖南為最多，福建較少。廣東地狹人稠，人口壓力日增，是米貴的主要原因。雍正四年（1726）五月，兩廣總督孔毓珣具摺時已指出「廣東素稱魚米之鄉，然生齒繁庶，家鮮積蓄，一歲兩次收成，僅足日食，而潮州一府，界連福建，田少人多，即遇豐歲，米價猶貴於他郡[39]。」同年七月，孔毓珣奏報廣東米價，每石一兩一二錢不等，潮州一府，每石一兩五六錢不等，較他府稍貴，而同時的廣西米價，每石自七錢至八九錢不等，貴賤懸殊[40]。生齒繁庶，食指眾多，是廣東米貴的主要原因，此外廣東普遍的稻田轉作，也是不可忽視的原因。廣東地狹人稠，其市場取向的農村經濟，對農業結構影響極大，農民選擇種植收入較大的作物，使稻米的生產量銳減，以致米少不敷民食。雍正五年（1727）四月，署廣東巡撫常賚奏摺抄錄諭旨一道，略謂：

> 閩廣兩省督撫常稱本省產米甚少，不足以敷民食，總督高其倬亦曾具奏，巡撫楊文乾則云廣東所產之米，即年歲豐收，亦僅足半年之食。朕思本省之米，不足供本省之食，在歉歲則有之，若云每歲如此，即豐收亦然，恐無此理，或田疇荒廢，未盡地力，或耕耘怠

39 《宮中檔雍正朝奏摺》，第六輯（民國67年4月），頁73。雍正四年五月二十八日，兩廣總督孔毓珣奏摺。

40 《宮中檔雍正朝奏摺》，第六輯，頁347。雍正四年七月二十二日，兩廣總督孔毓珣奏摺。

惰，未用人功，或奸民希圖重價，私賣海洋，三者均未可定。昨曾面諭九卿，今廣西巡撫韓良輔奏稱，廣東地廣人稠，專仰給於廣西之米，在廣東本處之人，惟知貪財重利，將地土多種龍眼、甘蔗、烟葉、青靛之屬，以致民富而米少。廣西地瘠人稀，豈能以所產供鄰省多人之販運等語，此奏與朕前旨相符，可知閩廣民食之不敷有由來矣[41]。

廣東地土不種稻米，選擇種植收入較大的龍眼、甘蔗、烟葉、青靛等作物，以致稻米產量減少，其民食不得不藉廣西米穀接濟，廣東饑民就食廣西者尤夥。湖南與廣西水路交通便利，湖南人口流入廣西者亦夥。廣西巡撫循例於每年年終須將各府州縣戶口增減數目，彙報朝廷，茲就現存清代《宮中檔》等資料，將乾隆年間廣西戶口列表於後：

清代乾隆年間廣西省戶口一覽表

年分	戶　數	大口		小口		合　計
		男　丁	婦　女	男　口	女　口	
15	940,071	1,441,027	1,325,279	505,780	445,279	3,717,365
16	941,043	1,444,729	1,328,090	511,219	449,405	3,733,443
17	942,041	1,448,631	1,330,993	517,025	453,540	3,750,189
18	943,020	1,452,595	1,333,895	523,024	457,702	3,767,216
20	945,121	1,460,882	1,339,883	535,078	466,358	3,802,201
21	946,179	1,466,274	1,343,508	543,201	472,732	3,825,715
28	954,675	1,507,209	1,370,119	602,205	517,729	3,997,262
29	955,913	1,513,262	1,373,853	610,655	524,284	3,022,054
30	957,104	1,519,274	1,377,947	618,292	530,281	4,045,794
32	1,104,519	1,722,412	1,570,619	768,238	644,907	4,706,176

41 《宮中檔雍正朝奏摺》，第八輯（民國 67 年 6 月），頁 25。雍正五年四月十三日，署廣東巡撫常賚奏摺。

年分	戶　數	大　口		小　口		合　計
		男　丁	婦　女	男　口	女　口	
33	1,105,712	1,729,009	1,575,053	776,218	650,544	4,730,824
38	1,111,558	1,760,107	1,595,196	809,661	671,492	4,836,456
42	1,209,844	1,952,857	1,712,591	999,220	808,489	5,473,157
43	1,212,093	1,979,297	1,734,916	1,021,489	826,136	5,561,847
46	1,219,568	2,060,783	1,804,007	1,093,311	886,029	5,844,130
47	1,222,197	2,087,514	1,826,376	1,117,424	907,282	5,938,596
48	1,224,992	2,113,664	1,849,442	1,141,808	928,842	6,033,756
52	1,235,892					6,375,838
53	1,238,650					6,453,340
54	1,241,471					6,530,495

資料來源：《宮中檔》廣西巡撫奏摺。

乾隆十五年分（1750），廣西臨桂等五十四州縣戶口共九四〇、〇七一戶，大小男女合計三、七一七、三六五人，乾隆五十四年分（1789），戶數增為一、二四一、四七一戶，大小男女增為六、五三〇、四九五人，從乾隆十五年至五十四年，共四十年間，人口增加為一倍強。自咸豐初年太平軍起事後，地方久遭破壞，戶口遷辦靡常，難於查報，光緒十四年分（1888），據廣西巡撫馬丕瑤奏報廣西通省各州縣實在戶數為一、二三五、六四九戶，較乾隆五十四年分減少五、八二二戶，大小男丁共四、〇九四、六三九人，婦女共三、四一四、〇八七人，合計七、五〇八、七二六人，較乾隆五十四年分增加七九八、二三一人[42]。

貴州、雲南為苗疆地區，界連廣西、湖南、四川等省，所有漢人，俱係外來流寓及貿易之人，包括湖廣、兩廣、江

42 《宮中檔光緒朝奏摺》，第五輯（民國62年10月），頁537。光緒十六年八月二十日，廣西巡撫馬丕瑤奏摺。

西、四川等省的漢人。其中湖南辰州、永順、沅州、靖州與貴州連界，在貴州境內各山到處產蕨，湖南窮民每於秋成農隙時，攜妻帶子，結伴到貴州境內各山挖淘蕨粉，除佐民食外，即以所餘賣易銀錢。雲南礦產蘊藏豐富，外省貧民進入雲南採礦者尤夥，以致戶口頻增。所有在雲南、貴州定居的漢人及納糧徵賦的熟苗，例應查報戶口，茲就乾隆年間雲南、貴州巡撫彙報的民數列表於後。貴州省與廣西、湖南、四川壤地毗連，外省流寓者首先進入貴州，所以貴州人口較雲南為多，乾隆十五年分（1750），貴州通省人口數為三、一三四、一〇七人，乾隆五十四年分（1789），增為五、一二五、二五五人，增加不及一倍。乾隆十五年分，雲南通省人口數為一、九六七、八三七人，乾隆五十四年分增為二、八五六、七一九人，增加亦不及一倍，人口成長速度較緩慢。

清代乾隆年間雲南、貴州二省戶口一覽表

省分／年分	貴州		雲南	
	戶數	人口數	戶數	人口數
15	611,929	3,134,107	367,363	1,967,837
16	615,298	3,166,662	368,632	1,974,031
17	619,605	3,195,653	369,813	1,980,631
18	629,825	3,248,955	371,284	1,987,427
19	633,893	3,273,343	372,922	1,994,198
20	637,744	3,301,692	374,672	2,000,772
21	639,278	3,315,491	376,442	2,007,349
27	653,686	3,411,148	399,567	2,088,746
28	654,866	3,417,865	402,569	2,099,417
29	656,029	3,424,207	405,932	2,110,510
30	657,012	3,430,086	409,478	2,125,597
31	658,099	3,441,656		
32	659,182	3,446,908	412,915	2,148,597

省分 年分	貴州		雲南	
	戶數	人口數	戶數	人口數
33			420,389	2,162,324
37	668,895	3,477,601		
38	670,097	3,481,657		2,239,586
41	1,023,096	5,003,177		
42	1,030,394	5,013,908		2,547,308
43	1,032,592	5,021,598		2,566,224
45	1,038,510	5,041,251		
46	1,041,491	5,054,179		2,626,492
47	1,043,311	5,061,530		2,648,170
48	1,045,440	5,069,016		2,673,149
51				2,755,527
52	1,055,378	5,113,954		2,787,656
53	1,056,381	5,118,391		
54	1,058,027	5,125,255		2,856,719

資料來源：《宮中檔》雲南、貴州巡撫奏摺。

閩粵內地早期移民渡海來臺後，除開田耕食外，或從事貿易，或充當雇工，亦有飄蕩寄居全無行業的羅漢腳。其耕田農人大致可以分為二類：一類是自墾田土自承種的自耕農；一類是承耕他人田土的佃戶。各佃戶之中也不相同，有承耕田數甚多且年久者，亦有承種甚少且年淺者，田數多寡不等，年分久暫亦有別，亦即有大佃戶與小佃戶的分別。開田耕食的墾戶，起初俱於春時來耕，秋成回籍，隻身往返，習以為常。後來由於海禁漸嚴，海盜猖獗，來去不便，其在臺立有產業者，既不願拋棄田園，遂就地居住，漸成聚落。所開田園，以甲計算，每田一甲，大約相當內地的十一畝，分為上中下三則取租。巡臺御史赫碩色曾指出渡臺漢人在臺郡城內者居少數，散處者居多數，成家者少，單丁獨漢者居多，其有田地者稱為業主，召募流民種地研糖者稱為佃丁，又叫雇工，內地民人渡臺餬口者，大致不出此二途[43]。閩粵先民渡海來臺後，披荊斬棘，墾殖荒陬，使臺灣逐漸形成一個移墾社會，同時建立了相當複雜的社會經濟關係。臺灣人口的增加與耕地面積的擴充是齊頭並進的，臺灣南部，因其地理位置恰與福建泉、漳二府相對，所以當泉、漳二府漢人移殖臺灣之初，即先在臺灣南部立足。由於土地氣候的差異，臺灣與閩粵內地之間，形成了密切的區域分工關係，臺灣南部適宜種植米糖，而成為早期的經濟重心。其後由於南部本身人口的自然增殖，以及內地移民的不斷湧進，戶口日增，開發殆盡，拓墾方向逐漸北移[44]。康熙中葉，在諸羅一帶的移墾人口，與日俱增，雍正初年，諸羅一帶已成為拓墾重心，同時向中部拓墾的人口亦成長迅速，耕地面積日益擴充，乾隆中葉，彰化平原已成為新的拓墾重心。同時，北部平原可種植稻米，山區可生產茶和樟腦，臺灣北部積極開發，同、光年間臺灣對外開放通商後，茶和樟腦的出口與日俱增，遂促成臺灣經濟重心的北移。

明清之際，臺灣的開發，提供了內地漢人避難和落地生根的海外樂土，而廣西、雲南、貴州地區，則因南明抗清及吳三桂反清運動，而遭受重大的破壞，康熙中葉以來，廣西、雲南、貴州地區的社會秩序逐漸恢復，人口日增。雍正二年（1724）閏四月，廣西提督韓良輔在署理廣西巡撫任內，鑒於廣西土曠人稀，人口日益增盛，而地畝不加墾闢，為籌民

43 《宮中檔雍正朝奏摺》，第十一輯（民國 67 年 9 日），頁 124。雍正六年八月十八日，巡臺御史赫碩色奏摺。

44 林滿紅撰〈貿易與清末臺灣的經濟社會變遷〉，《食貨月刊》，復刊第九卷，第四期，頁 20。

食，具摺奏請招徠墾闢荒地，以盡地力[45]。自雍正六年（1728）起至雍正十一年（1733），廣西共開墾過舊荒老荒水旱民屯各項共四、五八五、六〇〇餘畝，另官員生俊里民捐貲實墾共田六七、六〇〇餘畝。廣西除荒地可大量開墾外，也盛產礦砂，例如梧州府屬蒼梧縣境芋莢山，桂林府屬臨桂縣境大小江源、陽朔、義寧、恭城等縣的蓮花石、南丹土州，賀縣境內蕉山等處，或產銅鉛，或產錫銀，礦砂豐富，外省貧民往往成群結隊潛往廣西各礦山挖掘礦砂，富戶出貲以圖利，貧民賴傭工以度日。外省流民進入廣西後，生聚力作，漸成聚落。雲南、貴州地區，因「苗性愚而易惑」，與內地不同，所以嚴禁漢人擅入苗地。雍正初年以來，先後改土歸流，積極推行墾荒政策。在清世宗所頒諭旨已指出：「朕念開墾一事於民最為有益，雲南現有開墾事例，務須實心奉行，即各省中如能將荒地開墾成熟，則將來民因其利，多有依賴，若聽其荒蕪不治，民鮮耕種之田，野多草萊之地，殊負朕愛民之心，甚為可惜也[46]！」由於清廷飭令墾荒，雲南、貴州遂成為邊陲開發中區域，湖南、四川、廣東、江西等省窮人多往雲南、貴州開墾。在威寧府西北一四〇里的稻田壩，東西計十里，南北計十五里，地土平沃，有小河三道，可資灌溉，水田可種稻米，山坡可種麥蕎，因此，貴州威寧總兵石禮哈奏請招徠開墾。同時在稻田壩西北二十里的八仙海子，亦奏請招民開墾，以上二處可開水田二萬六千餘畝。黎平府八萬古州，南通廣西柳州、羅城、荔波地方，北至湖南靖州，經奏准開

---

45 《宮中檔雍正朝奏摺》，第二輯（民國 66 年 12 月），頁 582。雍正二年閏四月十七日，署理廣西巡撫韓良輔奏摺。

46 《宮中檔雍正朝奏摺》，第九輯（民國 67 年 7 月），頁 54。雍正五年九月二十六日，雲南巡撫朱綱奏摺。

墾後，廣東、湖南等省移殖雲南、貴州者，遂絡繹不絕。

血緣關係是最基本、最直接的社會整合準則，閩粵地區就是以血緣為聯繫聚族而居的社會。臺灣在行政區劃上雖然屬於福建省，但因臺灣孤懸海外，其人文景觀卻自成一區。閩粵早期移民來臺後，因其祖籍不同，所以其文化特徵，亦有顯著差異。臺灣社會是屬於移墾型的結構，故其所引起的社會問題，與閩粵內地頗不相同。閩粵先民渡海來臺後，缺乏以血緣作為聚落組成的條件，多採取祖籍居地的地緣關係，依附於來自同一祖籍的同姓或異姓村落，而形成了所謂地緣村落，同鄉的人遷到同鄉所居住的地方，並與同鄉的人共同組成村落，各村落之間，則以集資建廟，並經由鄉土祭神的供奉及儀式的舉行，連結成為一體[47]。基於祖籍的不同地緣，益以習俗、語言等文化特質的差異，早期移殖臺灣的漢人，依其來臺先後，大致可以分為泉州庄、漳州庄及廣東客家庄三個人群，以地緣為分界，都具有強烈的鄉土觀念。廣東饑民就食廣西後，廣西巡撫即設法安插，並照保甲之例，將各饑民每十家設一甲長，滿百家再設一總甲。廣東、湖南等省人民移殖廣西後，星散居住，以地緣為分界，各成村落。據兩廣總督孔毓珣指出「各鄉村有十餘家為一村者，有五六家或兩三家為一村者，相隔遙遠，難於聯屬[48]。」外省移民進入雲南、貴州地區後，亦以地緣為分界，各成聚落。貴州巡撫毛文銓具摺時亦稱「貴州一省，多屬江西、湖廣、四川與

47　許嘉明撰〈彰化平原福老客的地域組織〉，《中央研究院民族學研究所集刊》，第三六期（臺北，中央研究院民族學研究所，民國 64 年 2 月），頁 187。

48　《宮中檔雍正朝奏摺》，第三輯（民國 67 年 1 月），頁 645。雍正二年十二月二十二日，兩廣總督孔毓珣奏摺。

本地人民參錯而居，彼此嫉妬，不肯相容[49]。」湖廣、四川、廣東、江西、福建等省人民移殖廣西、雲南、貴州後，逐漸形成地緣村落，其地緣性的結合強於血緣性的結合，同鄉意識很強烈，其優點是視同鄉如骨肉，疾病相扶，患難相助，而缺點則在於移墾不同人群各有畛域，褊狹的地域觀念異常濃厚，各分氣類，各移墾集團之間，因移殖時間先後不同，彼此常有互相凌壓的現象，時常呈現尖銳的對立，巨室豪族勢力強大，往往有以大吃小的事件。明清時期，臺灣、廣西、雲南、貴州都是開發中的邊陲地帶，富於移墾社會的特徵，社會流動性和不穩定性，十分明顯，人口壓力日增，並因人口的迅速成長，男女的比例懸殊，男多於女，精壯者多於倚賴性者，單身男丁、流民或游離分子的比例亦高，動輒走險輕生，遂因人口壓力而引起社會失調，移墾社會的長期不安，社會組織的不夠健全，社會治安欠佳，各村落或人群尚未趨於整合，社會問題相對增加，分類械鬪，或土客械鬪案件，層出疊見，結盟拜會的風氣，方興未艾，會黨林立，如雨後春筍，都是早期移墾社會中常見的現象。

秘密會黨的分佈

探討秘密會黨的起源及其發展，不能忽略其創生態環境[50]，分類械鬪，或土客械鬪是地緣意識尖銳化的結果，秘密會黨多見於地緣意識濃厚的移墾社會。因此，分類械鬪與秘密會黨就是早期移墾社會的產物。排比清代臺灣、廣西、雲南、貴州查辦結盟拜會案件後，可以發現開發中區域的秘密會

49 《宮中檔雍正朝奏摺》，第三輯，頁 623。雍正二年十二月十八日，貴州巡撫毛文銓奏摺。

50 王爾敏撰〈秘密宗教與秘密會社之生態環境及社會功能〉，《中央研究院近代史研究所集刊》，第十期，頁 35。

黨，其出現與移民拓墾方向大致是齊頭並進的。茲就現存檔案、官書所見秘密會黨名稱，依其出現先後列表於下：

清代臺灣、廣西、雲南、貴州秘密會黨一覽表

年　　月	臺　　灣		廣　　西		雲南、貴州		備註
	會名	地點	會名	地點	會名	地點	
雍正 6 年(1728)3 月	子龍會						
雍正 7 年(1729)	父母會	諸羅縣					
乾隆 37 年(1772)1 月	小刀會	彰化縣					
乾隆 38 年(1773)	小刀會	彰化縣					共三起
乾隆 39 年(1774)	小刀會	彰化縣					
乾隆 40 年(1775)	小刀會	彰化縣					共二起
乾隆 44 年(1779)	小刀會	彰化縣					
乾隆 45 年(1780)9 月	小刀會	彰化縣					
乾隆 46 年(1781)11 月	小刀會	彰化縣					
乾隆 49 年(1784)3 月	天地會	彰化縣					
乾隆 51 年(1786)6 月	添弟會	諸羅縣					
乾隆 51 年(1786)6 月	雷公會	諸羅縣					
乾隆 51 年(1786)8 月	天地會	彰化縣					
乾隆 55 年(1790)7 月	天地會	諸羅縣					
乾隆 56 年(1791)2 月	天地會	彰化縣					
乾隆 57 年(1792)	天地會	彰化縣					
乾隆 59 年(1794)	小刀會	鳳山縣					
乾隆 60 年(1795)	天地會	鳳山縣					
嘉慶 2 年(1797〉	小刀會	淡水廳					
嘉慶 3 年(1797)	小刀會	嘉義縣					
嘉慶 5 年(1800)	小刀會	嘉義縣					
嘉慶 6 年(1801)11 月	小刀會	嘉義縣					
嘉慶 7 年(1802)2 月	小刀會						
嘉慶 12 年(1807)3 月			天地會	平樂縣			
嘉慶 12 年(1807)5 月			天地會	上林縣			
嘉慶 12 年(1807)8 月			天地會	向武土州			

年月	臺灣		廣西		雲南、貴州		備註
	會名	地點	會名	地點	會名	地點	
嘉慶13年(1808)1月			天地會	來賓縣			
嘉慶13年(1808)2月			天地會	來賓縣			
嘉慶13年(1808)2月			天地會	上林縣			
嘉慶13年(1808〉3月			天地會	平樂縣			
嘉慶13年(1808)3月			天地會	來賓縣			
嘉慶13年(1808)4月			天地會	來賓縣			
嘉慶13年(1808)4月			天地會	藤縣			
嘉慶13年(1808)5月			天地會	上林縣			
嘉慶13年(1808)5月			天地會	來賓縣			
嘉慶13年(1808)7月			天地會	來賓縣			
嘉慶13年(1808)7月			天地會	平南縣			
嘉慶13年(1808)8月			天地會	平南縣			
嘉慶13年(1808)8月			天地會	容縣			
嘉慶13年(1808)12月			天地會	岑溪縣			
嘉慶16年(1811)10月			添弟會	融縣			
嘉慶17年(1812)					添弟會	師宗縣	
嘉慶18年(1813)					添弟會	寶寧縣	
嘉慶18年(1813)			添弟會	富川縣			
嘉慶19年(1814)			良民會	南寧府			
嘉慶20年(1815)3月			添弟會	融縣			
嘉慶20年(1815〉10月			忠義會	恭城縣			
嘉慶20年(1815〉11月			添弟會	遷江縣			
嘉慶21年(1816)2月					添弟會	文山縣	
嘉慶21年(1816)3月			添弟會	蒼梧縣			
嘉慶21年(1816)5月					添弟會	興義府	
嘉慶21年(1816)6月			添弟會	融縣			
嘉慶21年(1816)8月					孝義會	古州廳	又名邊錢會
道光1年(1821)2月			老人會				
道光6年(1826)4月	兄弟會	貓裏					又名同年會

年　　月	臺　　灣		廣　　西		雲南、貴州		備註
	會名	地點	會名	地點	會名	地點	
道光 10 年(1830)					添弟會	寶寧縣	
道光 11 年(1831)1 月					三合會	開泰縣	
道光 12 年(1832)					添弟會	寶寧縣	
道光 15 年(1835)6 月					添弟會	古州廳	
道光 15 年(1835)6 月					邊錢會	黎平府	
道光 15 年(1835)閏 6 月					添弟會	黎平府	
道光 15 年(1835)閏 6 月					邊錢會	黎平府	
道光 15 年(1835)8 月					添弟會	黎平府	
道光 17 年(1837)9 月					添弟會	鎮雄州	
道光 20 年(1840〉10 月					老人會	大定府	
道光 24 年(1844)			拜上帝會	桂平縣			
道光 27 年(1847)8 月			棒棒會	全州			
道光 27 年(1847〉10 月			天地會	平樂縣			
道光 27 年(1847)10 月			靶子會	全州			
道光 28 年(1848)			天地會	鎮安府			
道光 30 年(1850)6 月			天地會	貴縣			
道光 30 年(1850)7 月			三合會	太平府			
道光 30 年(1850)8 月			三合會	龍州			
道光 30 年(1850)8 月	小刀會	彰化縣					
道光 30 年(1850)11 月			天地會	信宜縣			
咸豐 2 年(1852)8 月			孝義會	全州			
咸豐 3 年(1853)	小刀會	臺灣縣					
咸豐 3 年(1853)	小刀會	鳳山縣					
咸豐 4 年(1854)	小刀會	淡水廳					
咸豐 4 年(1854)			天地會	容縣			
咸豐 4 年(1854)			天地會	貴縣			
咸豐 4 年(1854)			天地會	灌陽縣			
咸豐 5 年(1855)9 月			天地會	鎮安廳			
咸豐 7 年(1857)2 月			天地會	北流縣			
咸豐 7 年(1857)6 月			三合會	貴縣			

年　　月	臺　　灣		廣　　西		雲南、貴州		備註
	會名	地點	會名	地點	會名	地點	
同治 5 年(1866)9 月					哥老會		
同治 6 年(1867〉	太子會	彰化縣					
同治 6 年(1867〉	銃會	嘉義縣					
同治 6 年(1867)	白旂會	彰化縣					
光緒 1 年(1875)			三合會	潯、梧			
光緒 5 年(1879)10 月					哥老會	貴陽府	
光緒 6 年(1880)6 月					哥老會	普安縣	
光緒 8 年(1882)12 月					哥老會	興義府	
光緒 17 年(1891)			哥老會				
光緒 19 年(1893)5 月			哥老會	永安州			
光緒 23 年(1897)3 月			哥老會	興安縣			
光緒 23 年(1897)5 月			哥老會	全州			
光緒 28 年(1902)8 月					哥老會	羅斛廳	
光緒年間(1875-1908)			三點會				

資料來源：《宮中檔》、《軍機處檔》、實錄等。

如上表所列，雍正年間，臺灣已破獲秘密會黨，廣西在嘉慶中葉始破獲秘密會黨，雲南、貴州在嘉慶末葉始破獲秘密會黨，顯然與人口流動及移殖拓墾社會的形成有極密切的關係。明末清初，內地漢人渡海來臺後，由於人口成長迅速，耕地面積擴充亦極迅速，很快就形成臺灣的移墾社會，而同時期的廣西、雲南、貴州則兵事方殷，地方殘破，土曠人稀，尚未形成移墾社會的形態，人口壓力不大。據《臺灣省通志》、《鳳山縣志》、《彰化縣志》、《淡水廳志》等書的記載，在清代治臺的二一二年（1683-1894）期間，臺灣發生大規模的分類械鬪共三八次，其中康熙朝一次，在鳳山縣；雍正朝一次，在鳳山縣；乾隆朝三次，在彰化縣及淡水廳；嘉慶朝八次，二次在彰化縣，六次在淡水廳，道光朝十一次，七次在淡水廳，此外彰化縣二次，鳳山縣、噶瑪蘭各一次；咸豐朝七次，都在淡水廳；同治朝五次，二次在淡水廳，三次在噶瑪蘭；光緒朝二次，分別發生在新竹縣及安平縣[51]。康熙年間的拓墾重心是在臺灣南部，朱一貴結盟起事的地點也在鳳山縣；雍正朝的結會案件共二起，其中子龍會的地點待查，父母會在諸羅縣境內，諸羅一帶就是當時的拓墾重心。乾隆年間，彰化成為拓墾重心，乾隆朝秘密會黨案件共十六起，其中小刀會、天地會計十一起在彰化縣，添弟會、雷公會等三起在諸羅縣，小刀會、天地會各一起在鳳山縣；嘉慶朝會黨案件五起，淡水廳已出現小刀會；道光年間，屬於淡水廳的貓裏即苗栗破獲兄弟會。同光年間，由於經濟發展，對外貿易緩和人口壓力，行政區劃重新調整，教育工作使褊狹的地域觀念逐漸消失，地方治安日臻良好，臺灣社會漸趨整合，分類械鬥案件亦漸減少，結盟拜會的風氣並不盛行，秘密會黨已不多見。由各地方案件發生的次數及地點，可以了解臺灣分類械鬥及秘密會黨的創生發展，與臺灣移墾社會的形成及拓墾重心的轉移是齊頭並進的。雍正年間，推行墾荒政策，不遺餘力，廣西、雲南、貴州人口頻增，耕地面積擴充日益加廣，乾隆年間，外省流入人口更多，嘉慶中葉以降，廣西會黨開始被官方查獲，平樂縣、上林縣、向武土州、來賓縣、藤縣、平南縣、容縣、岑溪縣等地先後查獲天地會多起，融縣、富川縣、遷江縣、蒼梧縣查獲添弟會，南寧府查獲良民會，恭城縣查獲忠義會。從嘉慶中葉起，雲南、貴州師宗縣、寶寧縣、文山縣、興義府始破獲添弟會，古州廳破獲孝義會。道

51 黃秀政撰〈清代臺灣的分類械鬥事件〉，《臺北文獻》，直字第四九、五十期合刊（民國 68 年 12 月），頁 365。

光年間，臺灣只查獲兄弟會及小刀會，廣西除老人會外，桂平縣創立拜上帝會，平樂縣、鎮安府、貴縣、信宜縣查獲天地會，全州查獲棒棒會、靶子會，太平府、龍州查獲三合會。雲南、貴州寶寧縣、古州廳、黎平府、鎮雄州查獲添弟會，開泰縣查獲三合會，黎平府查獲邊錢會，大定府查獲老人會。咸豐年間，廣西天地會及三合會十分活躍。同光年間，廣西、雲南、貴州除查獲三合會、三點會外，主要為哥老會，廣西永安州、興安縣、全州查獲哥老會，雲南、貴州貴陽府、普安縣、興義府、羅斛廳查獲哥老會。簡言之，臺灣會黨出現較早，從雍正年間起，臺灣會黨，名目繁多，廣西從嘉慶中葉起始出現會黨，雲南、貴州從嘉慶末年起始出現會黨，光緒年間，臺灣會黨已罕見，而廣西、雲南、貴州會黨仍甚活躍。

早期移殖臺灣的內地漢人，以泉州人來臺較早，人數也最多，漳州人來臺較晚，人數不及泉州人，廣東客家人來臺最晚，人數也最少，臺灣會黨的籍貫分佈，一方面與地緣有關，另一方面與來臺先後有關。渡海來臺傳授天地會的嚴烟，其籍貫為福建漳州府平和縣人，向來賣布為生。乾隆四十七年（1782），廣東人陳彪至福建平和縣行醫，並招人加入天地會，嚴烟隨同入會。次年，嚴烟渡海來臺，在彰化地方開設布店，時時引人入會。乾隆四十九年（1784），嚴烟在溪底阿密里庄遇見林爽文，彼此認識，林爽文要求加入天地會[52]。林爽文所領導的天地會，其主要成員的原籍多隸福建漳州府各縣，茲據國立故宮博物院典藏《宮中檔》、《軍機處檔》及第

52 《天地會》，第一冊（北京，第一歷史檔案館等合編，1980 年 11 月），頁 110。

一歷史檔案館現存《臺灣檔》等資料，將乾隆末年臺灣天地會成員的籍貫分佈列表於下：

清代乾隆年間臺灣天地會籍貫分佈表

姓　名	原　籍	在臺居地	入會年分	職　稱
嚴　烟	福建漳州府平和縣	彰化	乾隆 47 年	
林爽文	福建漳州府平和縣	大里杙	乾隆 49 年	盟主大元帥
林　繞	福建漳州府平和縣	大里杙	乾隆 51 年	耆老
林　領	福建泉州府同安縣	大肚溪	乾隆 51 年	大都督
林水返	福建漳州府平和縣	田中央	乾隆 51 年	副元帥
林　漢	福建泉州府同安縣	鳳山	乾隆 52 年	輔國左將軍
林　舊	福建漳州府平和縣	大墩	乾隆 51 年	總先鋒
林　全	福建漳州府平和縣	彰化		總曹帥府
林　九	福建漳州府平和縣	彰化	乾隆 51 年	鎮北將軍
林　扇	福建漳州府平和縣	大墩	乾隆 51 年	鎮北將軍
林　楓	福建漳州府平和縣	尖厝園	乾隆 52 年	九門提督
林　駕	福建廈門	茄老庄	乾隆 51 年	右衛大將軍
林　達	福建漳州府南靖縣	諸羅	乾隆 52 年	宣略將軍
林小文	臺灣淡水廳	新庄	乾隆 51 年	元帥
林　茂	福建漳州府平和縣		乾隆 51 年	建武監軍
林　侯	福建漳州府南靖縣	大里杙	乾隆 52 年	管糧官
林　良	福建漳州府平和縣		乾隆 51 年	後衛將軍
何有志	福建漳州府平和縣	大肚溪	乾隆 51 年	右都督
何　泰	福建漳州府平和縣	大排竹		中路總提督
何　洪	福建漳州府平和縣	彰化	乾隆 51 年	武勝將軍
何光義	福建漳州府平和縣	楠仔仙	乾隆 52 年	順天副元帥
王　茶	福建泉州府同安縣	葫蘆墩	乾隆 51 年	遊巡將軍
王什方	福建漳州府龍溪縣	鳳山	乾隆 52 年	副先鋒
李春風	福建漳州府詔安縣	彰化	乾隆 52 年	順勇將軍
李　斌	福建漳州府詔安縣	貓盂寮庄	乾隆 51 年	掃北將軍
吳　領	福建漳州府漳浦縣	彰化	乾隆 52 年	股頭
柯　春	福建漳州府龍溪縣	大排竹	乾隆 51 年	鎮國大將軍

姓　名	原　籍	在臺居地	入會年分	職　稱
莊大田	福建漳州府平和縣	篤家莊	乾隆 51 年	輔國大元帥
莊大韮	福建漳州府龍溪縣	鳳山	乾隆 51 年	開南大將軍
莊大九	福建漳州府平和縣	鳳山	乾隆 52 年	護國元帥
陳　傳	福建漳州府海澄縣	南投	乾隆 52 年	安南大將軍
陳　梅	福建泉州府南安縣	笨港	乾隆 52 年	軍師
陳　牙	福建漳州府海澄縣	鳳山	乾隆 52 年	開南左先鋒
陳　榜	福建漳州府漳浦縣	彰化	乾隆 51 年	
陳秀英	福建泉州府晉江縣	諸羅	乾隆 51 年	中南總統大元帥
陳天送	福建泉州府晉江縣	彰化	乾隆 51 年	巡查察院
陳　舉	福建漳州府龍溪縣	鳳山		洪號大將軍
陳寧光	福建漳州府龍溪縣	布袋尾庄	乾隆 52 年	護駕大將軍
陳　元	福建漳州府平和縣		乾隆 52 年	遊擊將軍
陳　闖	福建漳州府詔安縣	諸羅	乾隆 52 年	北路先鋒
陳　商	福建漳州府漳浦縣	諸羅	乾隆 52 年	水陸將軍
陳　泮	福建漳州府漳浦縣	虎仔坑	乾隆 51 年	征南大都督
許光來	福建泉州府同安縣	鳳山	乾隆 52 年	副主帥
許　尚	福建泉州府同安縣	大武壠	乾隆 52 年	靖海侯
涂　龍	福建漳州府詔安縣	諸羅		左監軍
涂　虎	福建漳州府詔安縣	大康榔	乾隆 52 年	遊擊將軍
張益光	福建泉州府同安縣	鳳山	乾隆 51 年	招討使
張　回	福建泉州府同安縣	彰化	乾隆 52 年	
郭　鑾	福建泉州府同安縣	北投	乾隆 51 年	護國將軍
郭漢生	福建漳州府龍溪縣	彰化	乾隆 51 年	輔信將軍
郭　丕	福建漳州府漳浦縣	大肚社	乾隆 51 年	
黃　潘	臺灣			金吾將軍
黃　成	福建泉州府同安縣	下淡水	乾隆 52 年	副主帥
黃　富	福建泉州府同安縣	北投	乾隆 52 年	護國將軍
簡添德	福建漳州府南靖縣	阿里港	乾隆 52 年	總參軍
高文麟	福建漳州府龍溪縣	彰化	乾隆 52 年	管海口總爺
楊振國	福建漳州府漳浦縣	彰化	乾隆 51 年	副元帥
楊　軒	福建漳州府龍溪縣		乾隆 51 年	辦理軍務

姓　名	原　籍	在臺居地	入會年分	職　稱
楊　章	臺灣	諸羅	乾隆 51 年	管隊
朱　開	福建漳州府平和縣	彰化	乾隆 51 年	
賴　達	福建漳州府平和縣	獺楚埔庄	乾隆 51 年	保駕大將軍
賴　樹	福建漳州府平和縣	新庄	乾隆 51 年	北路大將軍
蔡　福	福建漳州府平和縣	諸羅	乾陸 51 年	軍務總督
蔡　綱	福建漳州府南靖縣	淡水廳	乾隆 51 年	把總
謝　檜	福建漳州府龍溪縣	石落潭	乾隆 52 年	都督將軍
鄭　記	福建漳州府晉安縣	阿里港	乾隆 51 年	總先鋒
葉　娥	福建泉州府同安縣	水底寮	乾隆 52 年	洪號右將軍
蘇　敬	福建汀州府永定縣	牛罵頭	乾隆 52 年	左都督
蘇　良	福建泉州府同安縣	竹頭崎	乾隆 52 年	征西將軍
蘇　普	福建泉州府同安縣	諸羅	乾隆 51 年	存城千總
蔡　挺	福建漳州府南靖縣		乾隆 52 年	信義將軍
劉　升	福建漳州府龍溪縣	茄老角庄	乾隆 51 年	盟主副先鋒
劉志賢	福建泉州府惠安縣	彰化	乾隆 51 年	
劉　三	福建泉州府南安縣		乾隆 52 年	忠武將軍
劉　笑	福建漳州府南靖縣	猫霧捒	乾隆 51 年	英武將軍
張　文	福建漳州府長泰縣	刺桐腳庄	乾隆 51 年	
鍾　祥	福建汀州府武平縣	碑仔頭	乾隆 51 年	
陳　樵	福建漳州府漳浦縣	大肚山	乾隆 51 年	
林天球	廣東饒平縣	彰化	乾隆 51 年	
劉　實	廣東饒平縣	彰化		
林　萬	福建漳州府龍溪縣	彰化	乾隆 51 年	
張　標	福建漳州府	南投	乾隆 55 年	會首

資料來源：國立故宮博物院《宮中檔》、《軍機處檔》、第一歷史檔案館《臺灣檔》。

就上表所列天地會主要成員共八二人，原籍隸福建省者計七七人，約佔九三・九七%，籍隸廣東省者僅二人，其餘在臺灣者三人。在籍隸福建省的七七人內，其原籍隸漳州府者計五六人，約佔七三・○七%，隸泉州府者計十八人，約佔二三・〇七%。乾隆末年臺灣天地會就是以福建漳州人為基礎的異姓結拜組織。當林爽文起事以後，有少數泉州人被裹脅而加入天地會。當籍隸泉州的林領、陳梅等被解送京師後，軍機大臣連夜熬訊。軍機大臣詰問林領等云：「你們既是泉州人，向來泉州與漳州既不和睦，現在做賊的，又漳州的人多，你們就該幫同義民殺賊，為何反入了林爽文賊伙呢？」據陳梅供稱：「我雖係泉州人，原住在笨港，算命起課度日。上年六月，林爽文來攻笨港，燒毀村庄，將我家屬收禁，我所以從了他們入伙。後來林爽文又封我做軍師是實[53]。」在前表籍隸泉州的十八人，有多數是被裹脅入伙的。臺灣小刀會的主要成員亦多為漳州人，例如彰化小刀會首領林阿騫就是大里杙林爽文的同族，且居住於其隣村。鄭光彩，原籍漳州府龍溪縣，在乾隆五十九年（1794）五月結拜小刀會。戴潮春，又名戴萬生，其原籍也是漳州府龍溪縣，移居臺灣彰化四張犁，同治元年（1862）三月，戴潮春倡立添弟會。由廣東客家移民所倡立的臺灣會黨，並不多見。道光六年（1826）四月，臺灣彰化廣東庄被閩人焚搶，淡水廳所屬各廣東庄憤圖報復，閩粵分類械鬥規模擴大。因廣東庄勢孤力單，銅鑼灣廣東庄客家巫巧三等人為強化組織，於是結拜兄弟會，又名同年會。

嘉慶年間，廣西天地會分佈的地點如岑溪、容縣、藤縣、平南、來賓、向武土州、上林、平樂等縣，多接近廣東，各股天地會的倡立者及重要成員，多籍隸廣東，其籍隸福建者甚屬罕見。嘉慶十一年（1806）四月，廣東南海縣人周宗勝前往廣西上林縣傭工度日，次年五月初八日，周宗勝與李桂

53 《天地會（一）》，頁 399。

相商結拜天地會，共糾邀陳老等三十人，同年五月十三日，眾人齊至縣境東山嶺關帝廟內結拜天地會，公推李桂為大哥，周宗勝為二哥，按照會名，將會員分為天、地兩號，李桂管「天號」，周宗勝管「地號」，每號各十五人。嘉慶十二年（1807）三月，廣東人楊開泰等三人在廣西平樂縣隴家嶺結拜天地會，共九十餘人。同年七月，廣東始興縣生員林瓊宴前往廣西向武土州，以堪輿為業。八月初二日，林瓊宴在向武土州把荷墟地方會遇福建汀州府上杭縣人游德，各道貧苦，起意糾邀劉英才等八人結拜天地會，以便歛錢使用。鍾亞茂，籍隸廣東南海縣，在廣西上林、宜山一帶幫工度日，嘉慶十三年（1808）二月，鍾亞茂等十九人在上林縣劉老玉店屋後園結拜天地會。南海縣人顏超於嘉慶三年（1798）赴廣西貴縣尋覓生理。南海縣人顏亞貴寄居廣西貴縣，販馬為生。嘉慶十三年（1808）二月，顏亞貴往來賓縣樟木墟，遇見顏超，同店居住，因彼此是同姓同鄉，交談投契，各道貧苦，顏超告以藏有桃園歌本，並商謀邀人拜會，以便遇事幫助，可保家財。同年四月十二日，共二十三人在來賓縣那錢村後古廟內結拜天地會。此外，顏超又與來賓縣生員蔣聲隽、武生范友蘭、民人李文達父子等另結天地會，傳授桃園歌。古致昇，籍隸廣東，在廣西平南縣賣藥營生。嘉慶十三年（1808）二月間，古致昇在平南縣丹竹墟地方會遇同鄉蘇顯名，談及賣藥利微，並時常被人欺侮，欲另謀生理。蘇顯名即告以糾人結拜天地會，既可歛錢使用，又可搶劫財物，凡遇爭鬥，得有幫助，於是傳授結拜儀式，用紅布書寫「江洪汨淇溙」等字，稱為腰憑，使會內人相遇，便知互相照應。蘇顯名返回廣東原籍後，古致昇仍以賣藥為生，同時邀人入會。同年四月十七日夜間，共卅三人，在藤縣古得埇山僻古廟內結拜天地會[54]。

廣西除了與廣東毗連外，又與湖南接壤，湖南人徙居廣西後，亦結盟拜會。全州、恭城等地，接近湖南，嘉慶年間查獲的忠義會，道光末年查辦的棒棒會，都是由湖南人倡立的會黨。李泳懷籍隸湖南衡陽，在廣西恭城縣貿易營生。嘉慶二十年（1815）十月，李泳懷與來自廣東佛山鎮的民人梁老三談及孤身無靠，起意邀人結拜忠義會。李世得籍隸湖南新化，寄居廣西全州大梅頭莊塘，平日率同全家茹素邀福，與湖南新寧人雷再浩是戚好，往返素密。道光二十七年（1847）八月，雷再浩與李世得等商謀以患難相顧為名，糾眾拜會，分立青紅兩會，青會茹素，紅會葷食，統稱棒棒會，眾達二千餘人，遍及新寧、全州兩處。當雷再浩起事失敗後，其餘黨李沅發改立靶子會。光緒年間，哥老會從貴州、湖南流入廣西後，蔓延甚速。貴州人全若賓是哥老會的會員，與湖南零陵縣人蔣德標熟識，曾給與飄布。光緒十九年（1893）五月，蔣德標移居廣西永安州，因日用缺乏，起意放飄斂錢，倣照全若賓所給飄布式樣，潛刻「天臺金龍山」印板，用布刷印多張，自充正龍頭，以永安州人覃因詳為副龍頭，莫溢山為新副，陳金萬為第三排當家[55]。雲南人海雲峰曾入哥老會，廣西興安縣人唐燕亭聽從海雲峯糾邀，加入哥老會，被分派為坐堂，給與飄布一〇〇張，飄布上印有「天圓山忠孝堂紅旗」字樣。

---

54 《宮中檔》第2724箱，74包，12134號。嘉慶十三年十月初四日，廣西巡撫恩長奏摺。

55 《軍機處檔·月摺包》，第2729箱，40包，130223號。光緒十九年十二月十三日，廣西巡撫張聯桂奏摺錄副。

雲南、貴州為苗疆新闢地區，沿邊各屬與川楚粵毗連，在雲南、貴州查獲的各種秘密會黨，其首領及重要成員，多為廣東、廣西人，此外有籍隸福建、四川、湖南者。嘉慶十七年（1802），有廣東人林閏才等在雲南師宗縣寶寧地方邀人興立添弟會。廣東曲江縣人楊憨頭曾拜廣東高要縣人王姓為師，加入添弟會。嘉慶二十年（1815）十月，楊憨頭移居雲南開化府文山縣新寨塘，與文山縣人楊贊熟識，一同居住。楊憨頭素性兇悍，村民常受欺凌，每逢年節，均致送食品。楊憨頭見村民易於欺壓，起意糾眾拜會，次年二月二十八日夜間，共二十七人在鄧七家後園空地擺設香案，寫立五祖牌位，結拜添弟會，每人各出銀一兩，或出錢米，多寡不等，共推楊憨頭為大爺，朱仕榮為先生。因恐紅布腰憑易於遺失，規定將髮辮向左邊繞去挽住，為會中記號。嚴老三、嚴老五籍隸福建，麥青籍隸廣東，均在貴州興義府寄住，彼此熟識。嘉慶十九年（1814）十一月，麥青前往廣西百色地方販賣雜貨，路遇福建人黃焦敬，兩人偕行，黃焦敬告以從前曾得有添弟會書本，若出外貿易，遭人搶劫，照書內所載手勢口號行動，對方知是同會，便可保全無事，麥青抄寫會書一本，携回貴州。嘉慶二十一年（1816）五月，嚴老五與麥青在嚴老三家相遇，言及生意平常，嚴老三稔知結拜添弟會，可以恃眾搶劫，先後糾邀九十二人，各出錢一二百至五六百文不等，於是月二十五、二十六日分兩次結拜添弟會，因嚴老三為人明白，眾人推為先生，稱嚴老五、麥青為大爺[56]。道光十年（1830）十二月，雲南寶寧縣人平四赴廣西百色地方貿易，

56　《軍機處檔・月摺包》，第2751箱，10包，49066號。嘉慶二十一年八月初六日，貴州巡撫文寧奏摺錄副。

有廣西人劉阿大傳授添弟會。平四因生意折本，返回雲南原籍，邀得黃亞岡等卅八人結拜添弟會[57]。道光十一年（1831）正月間，貴州開泰縣人馬紹湯在懷遠古宜地方會遇廣東船戶吳老二，談及廣東舊有添弟會，改名三合會，並傳授結會儀式。馬紹湯返回開泰縣後，邀得馬正邦等卅二人結拜三合會。徐玉潰籍隸黎平府，寄居古州廳，道光十五年（1835）二月，徐玉潰出外貿易，途遇廣東人曾大名，結伴同行，曾大名告以在原籍抄有添弟會書本，可以結會斂錢。同年六月，徐玉潰邀得蔣老二等人結拜添弟會。王大任、儲尚志等人籍隸黎平府，道光十五年（1835）二月，王大任、儲尚志結伴赴廣西貿易，搭坐梁亞崑船隻，在舟中閑談，梁亞崑傳授添弟會口號詩句及結拜儀式。王大任等因生理折本，各自回家，閏六月，王大任因貧難度，起意結拜添弟會。同年八月，儲尚志亦因貧難度，邀得二十四人結拜添弟會。至於貴州的哥老會，是由四川流入的。光緒初年，貴州巡撫林肇元具摺時指出「臣初從軍，由湘而鄂，尚未聞此，由鄂而川，則確見此，繼而入黔，黔染川習，亦復有此[58]。」除四川外，哥老會亦由湖南流入，光緒年間，廣西、雲南、貴州哥老會的勢力方興未艾。

秘密會黨的性質

有清一代，秘密會黨名目繁多，其性質並不盡相同，因生態環境不同，各會黨仍有其差異性。各會黨的名稱固然不同，其宗旨及性質亦不一致，有的是民間互助團體，有的是

57 《清宣宗皇帝實錄》，卷二一四，頁 20。道光十二年六月丙申，據阮元奏。

58 《軍機處檔・月摺包》，第 2735 箱，9 包，121135 號。光緒八年一月二十一日，貴州巡撫林肇元奏摺。

自衛組織，有的是分類械鬥或土客械鬥團體，有的是竊盜集團，有加以分類的必要。在早期移墾社會的村落生活當中，彼此之間常有互助合作的需要，為了滿足各種社會需要，於是就有許多民間互助團體的產生。基於社會需要而產生的地方社會共同體，在下層社會中歷歷可見，這種為了滿足社會需要而自動成立的民間互助組織，即所謂民間互助團體。早期移殖到臺灣的內地漢人，同鄉觀念很濃厚，村鄰中的婚喪喜慶，彼此熱心相助，疾病相扶，成為移墾社會的共同習俗。《諸羅縣志》記載諸羅地方的社會習俗云：

> 土著既鮮，流寓者無朞功強近之親，同鄉如骨肉矣。疾病相扶，死喪相助，棺斂埋葬，鄰里皆躬親之。貧無歸則集眾捐囊襄事，雖慳者亦畏譏議。詩云：「凡民有喪，匍匐救之。」此風較內地猶厚[59]。

疾病相扶，死喪相助，就是地緣村落中守望相助的精神表現。福建省大吏在臺灣最早查禁的秘密會黨，叫做父母會。雍正四年（1726）五月初五日，諸羅縣民人蔡蔭等十三人在蓮池潭地方拜把結盟，以蔡蔭為大哥。雍正六年（1728）三月十八日，是註生娘娘生日，蔡蔭等二十人又在村民蕭養家結拜父母會，仍推蔡蔭為大哥，以石意為尾弟。諸羅縣民湯完，住在離縣城八十里的茇仔林地方。雍正六年（1728）一月十二日，縣民陳斌等二十三人在湯完家歃血盟誓，結拜父母會，各人以針刺血，滴酒立誓，公推湯完為大哥，以朱寶為尾弟，蔡祖為尾二，每人入會時，各出銀一兩。當蔡祖等被捕後供稱：「雍正六年正月十二日，陳斌在湯完家起意招人結父母

59　周鍾瑄著《諸羅縣志》（臺北，國防研究院，民國 57 年 10 月），卷八，頁 141。

會，每人出銀一兩拜盟，如有父母老了，彼此幫助[60]。」由此可知諸羅縣境內所查禁的父母會，就是屬於一種民間互助團體，會中某一成員的父母身故時，全體會員互助喪葬費用，具有保險的性質[61]。《臺灣舊慣習俗信仰》一書已指出父母會的性質，原書略謂：

> 所謂父母會，就是各會員父母去世時，以父母資助喪葬費用為目的而組成。他們雖說祭祀神佛，其實等於利用神佛，和現在的人壽保險相差無幾。類似父母會的還有孝子會、孝友會、長生會、兄弟會等，名稱雖然不同，但組織幾乎相同。就是當幾十個人創立父母會時，先各自捐出一定的金額，用其利息作為祭祀神佛之用。又各會員分別指定其尊族中的一人，當此人死亡時，各會員再捐款作為喪葬費，如此其會員資格就算消滅，一直到所指定的尊族全部死亡才解散，不過這種父母會現在已經很少[62]。

父母會成立的宗旨就是為了父母年老身故而預籌喪葬費用，也就是會中各成員父母去世時，以資助喪葬費用為目的而組成。但孝子會、兄弟會等會黨，其成立的宗旨或目的，並不相同，不可混為一談。現存《上諭檔》記載乾隆四十九年（1784）漳州府民間立有孝子會名目[63]，但在臺灣未曾查獲孝子會。臺

60 《宮中檔雍正朝奏摺》，第十一輯（民國 67 年 9 月），頁 67。雍正六年八月十日，福建總督高其倬奏摺。

61 陳紹馨著《臺灣的人口變遷與社會變遷》，頁 505。

62 高賢治、馮作民編譯《臺灣舊慣習俗信仰》（臺北，眾文圖書公司，民國 73 年 1 月），頁 55。

63 《上諭檔》，方本，乾隆五十三年夏季上（臺北，國立故宮博物院），頁 197。乾隆五十三年四月二十七日，上諭。

灣父母會結會時，舉行歃血盟誓的儀式，就其組織而言，是屬於異姓結拜組織，但因其結會的目的是為了會中父母身故籌措喪葬費用，以滿足社會的需要，所以在分類上是屬於地方性的民間互助團體，這種互助團體的存在，是早期移墾社會中常見的現象。道光二十年（1840）十月，貴州大定府白蟒硐人汪攏片因張老四之母病故，無力殮埋，於是邀同陳水蟲等二十七人結拜老人會，幫助張老四銀錢包穀，以資喪葬。後來汪攏片又另邀人結會，以便遇事相幫，不致被人欺悔。同年十月，共邀四十六人結拜，公推汪攏片為大哥，汪攏片派陳小蟲等十二人為二哥，陳二纏等十二人為三哥，張老四等十人為四哥，張老三等九人為五哥，許小么等二人為么大，羅大幗等二人為滿大，如遇事出力，則么大、滿大昇為五哥，其餘皆以次遞昇，倘臨事退縮，亦以次遞降，悉聽汪攏片號令。汪攏片寫立黑大王神牌，用竹竿作架，懸刀三把，將雞血滴入酒內，由眾人分飲，俱從刀下鑽過，向神牌磕頭，對眾盟誓[64]。雍正年間臺灣諸羅縣查禁的父母會，與道光年間貴州大定府查禁的老人會，在組織形式上都是異姓結拜團體，在分類上而言，則屬於地方性的民間互助團體，具有正面的社會功能。

臺灣彰化地方，番漢雜處，又多僻徑荒山，犯罪後易於藏匿，故多設汛兵，以便彈壓番民。但營伍廢弛，兵丁貪黷牟利，結夥肆虐，欺壓人民，兵民糾紛案件，屢見不鮮，乾隆年間彰化小刀會就是兵民糾紛期間的自衛組織。乾隆三十七年（1772）正月間，大墩（臺中市）街民林達因賣檳榔，

64　《宮中檔》，第 2719 箱，24 包，3729 號。道光二十一年七月二十四日，貴州巡撫賀長齡奏摺。

被汛兵強買毆辱，林達即邀同林六等十八人結會，相約如遇營兵欺侮，各帶小刀幫護，故稱小刀會[65]。次年，彰化縣民林阿騫邀約黃添等六人結拜小刀會，相約各備小刀防身，如遇營兵及外人欺侮時，即各執小刀幫護。乾隆四十五年（1780）七月二十九日，興化營兵丁洪標等七名，齊抵彰化濘田地方，公祭遠年平番陣亡兵丁。因舊時設祭處所被縣民楊振文蓋造房屋，兵丁洪標等即在楊振文門首擺列祭物。楊振文率眾攔阻，兵民彼此毆鬥，兵丁鄭高受傷後，回營携取鳥鎗施放，誤傷販賣菓物的街民林水左腿肚，林水赴縣城控告。兵丁鄭高等被革糧逐伍後，挾林水赴縣城控告之嫌，屢次騷擾林水等人。是年九月，林水邀得孫番等四人結拜小刀會，亦相約如遇營兵欺凌，彼此帶刀幫護[66]。福建漳州府龍溪縣人吳成，充當漳州鎮左營兵丁，派撥彰化縣城守汛，與同伍兵丁張文貴合夥開張估衣店。乾隆四十六年（1781）十一月十五日，兵丁黃文水向吳成索欠爭鬧，小刀會首領林文韜與堂叔林庇出勸，因袒護黃文水，吳成忿恨，於同日夜晚邀約同伍兵丁楊祐等人携帶鳥鎗，往林庇店尋仇報復，搗毀店舖，後來又將林文韜擒入營盤，剜瞎林文韜右眼。福建水師提督黃仕簡赴臺灣查辦彰化小刀會案件後指出「彰邑城內，兵民雜處，兵悍民強，各不相下，由來已久，而小本經濟之人，歷被營兵短價勒買，遂各聯同類，藉以抵制[67]。」多羅質郡王永瑢等

65 《軍機處檔・月摺包》，第2776箱，140包，33206號。乾隆四十八年六月二十六日，福建水師提督黃仕簡等奏摺錄副。

66 《宮中檔》，第2741箱，189包，46876號。乾隆四十八年十二月十八日，孫番供詞。

67 《宮中檔》，第2741箱，181包，44722號。乾隆四十八年四月二十九日，福建水師提督黃仕簡奏摺。

議覆小刀會滋事原因時亦云：「查臺灣一府，地居海中，番民雜處，是以多設兵丁，以資彈壓，乃兵丁等反結夥肆橫，凌辱民人，強買強賣，打毀房屋，甚至放鎗兇鬥，以致該處居民，畏其強暴，相約結會，各持小刀，計圖抵制，是十餘年來，小刀會之舉，皆係兵丁激成[68]。」營兵肆虐，欺壓善良，居民為抵制營兵，遂相約結拜小刀會。因此，彰化小刀會就是一種自衛性質的秘密會黨。

在早期移墾社會中，治安基礎尚未建立，公權力薄弱，在偏遠地帶，往往處於無政府狀態，民間為自求解決糾紛，動輒聚眾械鬥，乾隆年間，臺灣諸羅縣查辦的添弟會與雷公會就是屬於一種械鬥團體。諸羅縣九芎林地方有捐職州同楊文麟收養的長子楊光勳與親生子楊媽世兄弟二人因爭奪家產，彼此不睦。楊文麟溺愛楊媽世，而將楊光勳析居相隔數里外的石溜班地方，每年分給定數的銀穀。楊光勳因銀穀不敷花用，時常爭鬧。乾隆五十一年（1786）六月，楊光勳糾眾到養父楊文麟臥室搬取財物，被楊媽世率眾逐散，楊光勳更加懷恨，自是年七月初一日起先後邀得七十五人，結拜添弟會，每人給與番銀二圓，每番銀一圓折算紋銀七錢，合計銀一兩四錢，並允諾於秋收搶割楊文麟田園稻穀事成後，另行分潤。楊媽世聞知楊光勳結拜添弟會後，亦陸續邀得二十四人，結拜雷公會，每人給與制錢五百文。楊媽世以楊光勳忤逆不孝，必被雷擊斃，所以取名雷公會。楊光勳結拜添弟會，意欲弟兄日添，則爭鬥必勝，所以取名添弟會，其目的是「因被伊義父楊文麟析居，心懷不忿，楊文麟田園較廣，

68 《軍機處檔・月摺包》，第 2776 箱，140 包，33320 號。乾隆四十八年七月一日，多羅質郡王永瑢奏摺錄副。

冀圖糾眾搶割，兼備鬥毆[69]。」楊媽世結拜雷公會的目的是「聞知楊光勳結會之事，因離城較遠，且田穀將熟，告官禁阻，恐致無及，隨亦就近結會，以備抵禦[70]。」楊光勳與楊媽世對公權力不信任，各自結會，添弟會顧名思義就是一種異姓結拜團體，雷公會也是相應添弟會而產生的異姓結拜團體，俱導因於家庭內部的財物糾紛。因此，就添弟會與雷公會的性質而言，都是異姓結拜組織，惟就其分類而言，則屬於同籍同姓而鬥的械鬥團體。

彰化一帶的早期村落，泉、漳二府移民分庄而居，其中大里杙、過溝子、三塊厝都是漳州庄，而快官庄、鹿仔港、番仔溝則為泉州庄。乾隆四十七年（1782）八月，泉、漳民人因賭毆鬥，泉人廖老被漳人黃添之子黃璇毆斃，泉人報復，黃添見泉人眾多，即邀約漳州庄內大里杙林姓率眾攻打鹿仔港、番仔溝等庄，分類械鬥規模擴大。在泉、漳大規模分類械鬥期間，大里杙林姓族大丁多，扮演了重要的角色，被官方指為起事首惡，成為官方懲治的主要對象。漳州府平和縣人嚴烟，與林爽文同鄉，乾隆四十八年（1783），嚴烟渡海來臺，在彰化開張布店，並傳授天地會。據嚴烟供稱：

> 天地會名目，因人生以天地為本，不過是敬天地的意思。要入這會的緣故，原為有婚姻喪葬事情，可以資助錢財；與人打架，可以相幫出力；若遇搶劫，一聞同教暗號，便不相犯；將來傳教與人，又可得人酬謝，所以願入這會者甚多[71]。

69 《宮中檔》，第2774箱，198包，48881號。乾隆五十一年九月十八日，李永祺奏摺。

70 《明清史料》，戊編，第三本，頁228。

71 《天地會（一）》，頁111。乾隆五十三年六月十六日，審訊嚴烟供臺灣天地會的宗旨，主要是在於內部成員的互助問題。加入天地會後，弟兄彼此照顧，患難相助，平時在家可免他人偷竊，有事外出可免搶劫，加入天地會後，大樹可以遮蔭，享有片面的現實利益，在開發中的早期移墾社會中，社會組織不健全，治安不佳，且公權力薄弱，成立會黨就是企圖自我解決困難的一條途徑，具有負面的社會功能。乾隆四十九年（1784）三月，林爽文聞知天地會人多勢眾，便於糾搶，即要求入會。乾隆五十一年（1786），添弟會與雷公會因爭產械鬥殺害把總陳和，地方兵役嚴拏要犯，各要犯紛紛逃匿大里杙庄內，地方官查辦過激，牽連天地會，兵役肆虐，藉端索詐，焚燬民房，人心不服，大里杙天地會為求自保，遂邀約各漳州庄共同抗拒官兵，是年十一月二十七日夜間攻佔大墩營盤，次日夜間，又攻破彰化縣城，終於走上變亂之途。秦寶琦等撰〈試論天地會〉一文指出從大量材料證明，天地會在它開始活動的相當一段時間裏，根本就沒有提出過「反清復明」口號，過去一般都認為「反清復明」是天地會自始至終所用的一個政治口號，這是不符合歷史事實的。「反清復明」並非天地會在初創時就存在的，而是經過了一個逐步明確和發展的過程，陶成章先生等人所說天地會是明朝遺臣為了「反清復明」而創立的說法是難以成立的[72]。至於「鄭成功為天地會創始人之說則更難令人折服，無論檔案史料，還是天地會秘密文件內有關天地會創立的傳說中，皆無鄭成功創立天地會的內容，在有關鄭成功本人的大量文獻資料中，也無一處

詞筆錄。

72 秦寶琦、劉美珍撰〈試論天地會〉，《清史研究集》（北京，1980年11月），第一輯，頁158。

提到他曾創立天地會一事[73]。」臺灣天地會是始自乾隆四十八年（1783），由福建傳入，因泉、漳分類械鬥規模的擴大而興盛。因此，就臺灣天地會的性質而言，是由異姓結拜組織發展而來的秘密會黨，就其分類而言，則屬於泉、漳分類械鬥的械鬥團體。

廣西、雲南、貴州地區，土客械鬥案件，層出不窮，各種自衛性質的秘密會黨往往就是一種械鬥團體。王開機籍隸貴州開泰縣，寄居古州廳地方，嘉慶二十一年（1816）七月，王開機起意邀人結拜弟兄，先後糾得二十四人，各出錢二三百文不等。同年八月初九日五更時分齊至古州廳屬塵頭嶺顧幗華家中結拜，望空焚香，砍香盟誓。王開機專主會事，將同夥姓名年庚寫立盟單，會中議立條款，凡在會之人，不許自相欺凌，遇有事故，共相資助，若遇危急，彼此相顧，不許畏縮。若犯會中條款，重則捆縛投溺河內，輕則砍去手指腳趾，若傳喚不到，公議處治，因係義氣之事，稱為孝義會。並將銅錢三枚砍為六半，用五色絲線纏紮，設立坐令、平令、行令三項名目，以劉東海、鍾學仁掌坐令，各執半邊錢為據，倘有違犯會規，即告知掌坐令者，號召傳人，掌平令者定斷處治，掌行令者奔走通信。王開機因會中號令，以半邊錢為據，又稱為邊錢會，劉東海素能拳棒，負責教習拳棒，聞連貴最有膂力，稱為大五，負責約束會眾，並經管銀錢，鍾學仁、胡潮英二人年輕善走，稱為大滿、小滿，負責探聽信息。據王開機等供稱邊錢會歃血盟誓，原欲「誘賭竊劫，逞兇訛

73 秦寶琦撰〈從檔案史料看天地會的起源〉，《歷史檔案》，1982 年第二期（北京，第一歷史檔案館，1982 年 5 月），頁 95。

詐，欺壓苗民[74]。」雲南、貴州地區，漢苗雜處，土客衝突事件，時有所聞，貴州邊錢會就是由移居苗疆的漢民所倡立的械鬥團體。

早期渡海來臺的內地漢人，以閩人來臺較早，人數眾多，廣東客家來臺較晚，人數較少，閩粵分類械鬥案件，層見疊出。道光六年（1826）四月，彰化縣廣東庄被閩人焚搶，淡水廳所屬各廣東庄憤圖報復，閩粵移民又引發大規模的分類械鬥。廣東庄因勢孤力單，為強化團隊精神，銅鑼灣廣東庄巫巧三等人起意結拜兄弟會，又名同年會，議明與人爭鬥，同心協力，互相幫助，並勾連中港溪上游三灣內山生番助鬥。兄弟會的性質也是一種異姓結拜組織，會中以兄弟相稱，就會黨名稱而言，兄弟會最具備異姓結拜組織的特徵，兄弟會倡立的原因是由於廣東庄屢受閩人欺侮，所以聚眾拜會，同心協力，冀圖報復，兄弟會既為閩粵分類械鬥的產物，所以就其分類而言，兄弟會就是屬於廣東庄倡立的械鬥團體。

秘密會黨的社會侵蝕

劫奪他人的財物，是一種不道德的行為，但在盜賊充斥的社會裏，劫奪行為，司空見慣，彼此模仿，積漸成為一種社會風氣。嘉道年間以來，由於兩廣官吏控制意志的鬆弛，大吏諱言會盜，以致會黨蔓延，盜匪猖獗，天地會遂由拜會而劫掠，在兩廣進行社會侵蝕作用[75]。由於廣西、雲南、貴州天地會與土盜游匪的勾結合流，由勒索劫奪村民，進而攻掠城鎮，廣西、雲南、貴州社會受天地會及其他會黨侵蝕的現

74　《軍機處檔・月摺包》，第 2751 箱，15 包，49970 號。嘉慶二十一年十二月十三日，貴州巡撫文寧奏摺錄副。

75　陸寶千著《論晚清兩廣的天地會政權》（臺北，中央研究院近代史研究所，民國 64 年 5 月），頁 149。

象，極其嚴重。嘉慶十三年（1808）五月，廣東南海縣人周宗勝與李桂等人在廣西上林縣結拜天地會，以便「凡遇行劫打降，得有幫助。」會中共有三十人，同年六月十一日，李桂與周宗勝起意行劫宜山縣思練堡莫驕家財物，由陳老二等二十八人劫得馬匹、衣物、銅錫器皿，李桂與周宗勝兩人坐地分贓[76]。廣東南海縣人鍾亞茂，移居廣西後，在上林、宜山一帶幫工度日，與宜山縣懷遠鎮承辦官硝的宋青熟識。嘉慶九年（1804）七月，鍾亞茂和同姓不同宗的鍾和超商議，欲向宋青私買硝觔轉售圖利，宋青不允，彼此爭吵，宋青將鍾和超拏送縣衙枷責，鍾和超因此挾恨，冀圖報復。嘉慶十三年（1808）二月，鍾和超糾邀十九人在上林縣地方結拜天地會，言明「遇事彼此幫助，免致被人欺侮，並可搶劫財物分用。」同年六月，鍾和超等二十六人至宋青家行劫銀兩分用。古致昇籍隸廣東，嘉慶十三年（1808）四月，古致昇邀得三十三人在廣西藤縣結拜天地會。同年五月，會員黃德桂在縣境和平墟閒走，瞥見縣民何鳳儀等兌收穀價銀兩，探明即將於次日開船回家，即糾邀會中弟兄謝有亮等十三人上船打開衣箱，搜取銀兩衣物分用。同年八月，廣西桂平縣人蘇光等三十六人在平南縣結拜天地會，會中公推黎漢章為大哥，蘇光為師傅。九月間，黎漢章與蘇光商議製備檔牌船槳行劫客船，約定於十月至平南河下行劫，但在前一日即被拏獲。

廣西良民會是一種訛詐斂錢的秘密會黨，嘉慶十八年（1813）十二月，廣西南寧府人汪定湖等結盟拜會。次年四月，汪定湖又與吳舉糾邀二十人拜會斂錢。南寧府土忠州生

---

76 《宮中檔》，第 2724 箱，66 包，10004 號。嘉慶十三年二月十八日，廣西巡撫恩長奏摺。

員吳中聘聞有拜會之事，起意藉告狀為由，歛錢漁利，恐村民不肯附和，商謀興立良民會，編造良民與匪類二冊，赴各村歛錢，凡肯出錢者，列入良民簿內，不肯出錢者，即列入匪類簿內。有村民何鸞因不肯出錢，而將其子列入匪類簿內，後經送給財物，始行除去，其餘未經出錢之人，俱列入匪類簿內，填列各村頭人姓名，携往南寧府首告。同年七月，良民會的會員盧居安因失竊衫褲，疑為未經出錢的村民楊振儒所竊去，於是往拏解府審訊。八月內，良民會內隆振安亦因衣物被竊，疑為未經出錢的民人黃庭進盜去，邀眾往拏，經南寧府審明，並無為匪之事，廣西巡撫慶保具摺時指出吳中聘所稱良民會實係匪黨，而其所指匪類，實係良民[77]。所謂良民會，就是歛錢訛詐欺壓善良的犯罪團體。

廣西界連湖南、廣東、貴州等省，陸路則深林密箐，山嶺崎嶇；水路則汊港繁多，四通八達，外省游民多往廣西謀生。道光元年（1821）二月，兩廣總督阮元具摺時指出：

> 查粵西民情，本屬淳樸，因該省與廣東、湖南、雲南等省連界，外省游民多來種地，良莠不齊，以致引誘結拜添弟等會，遂有鄉民因勢孤力弱，被誘入會，希圖遇事幫護，又或有殷實之戶，恐被搶劫，從而結拜弟兄，以衛身家。其初，該匪等不過誆騙歛錢，沿襲百餘年前舊破書本，設立會簿、腰憑，傳授口號，或稱大哥，或稱師傅，或知天地會罪重，改稱老人等會名號，每起或一二十人，或數十人不等，並無數百人同結一會之案，間有一人而結拜二、三會者，夥黨漸

77 《軍機處檔・月摺包》，第 2751 箱，13 包，49562 號。嘉慶二十一年九月二十四日，廣西巡撫慶保奏摺錄副。

> 多，旋即恃眾劫掠，又復勾結書役兵丁，同入會內，冀其包庇，俾免破獲，其意僅在得財花用，尚無謀為不法情事，但惑誘良民，糾眾劫擾，實為地方大害[78]。

外省游民流入廣西者日眾，盜賊益夥，推其所致，實因民窮。為糾眾劫掠，遂爭相結盟拜會，但老人會並非由天地會改名而來。兩廣總督阮元從嘉慶二十二年（1817）冬間到任以後，即飭各屬嚴拏會黨，三年之間，先後拏獲會盜兩項彙併審辦者共一千五百餘名。不僅天地會糾眾劫掠，其他各會黨亦與土盜游匪勾連劫擾。光緒十七年（1891）六月初六日，清廷所頒諭旨已指出「各省哥老會匪，最為地方之害，此等匪徒，行蹤詭秘，與游勇地痞暗相勾結，動輒糾黨煽亂。」[79]會黨與游勇盜匪勾結後，其勢益盛，更是滋蔓難圖。

廣西頻年裁汰邊防，游勇日眾，會黨、盜匪、游勇遂成為廣西社會的亂源。光緒二十八年（1902）七月，山東道監察御史關榕祚具摺指出廣西的亂源，其原摺略謂：

> 夫粵西之亂，游勇也，土匪也，會匪也。游勇之患，釀於提督蘇元春，臣固已屢言之；土匪大半皆是貧民，為饑寒所迫；會匪亦分三類：光緒初年，三合會始在潯梧一帶結盟，然未嘗滋事；十七年，始有哥老會入境，臣回京供職，道出梧州，即聞拏獲數人正法；三點會則起於近年，明火劫搶，皆其黨類，此三者互相依倚，聲勢遂壯，聞近來迫脅日多，幾於各府州縣皆是，勦辦之法，大要解散土會匪，以孤游勇之勢，痛

---

78 《宮中檔》第2726箱，1包，13號。道光元年二月二日，兩廣總督阮元奏摺。

79 《光緒朝東華錄》，第六冊，頁3084。光緒十八年三月丙申，據松椿等奏。

勦游勇，以寒土會匪之心，兩策而已矣[80]。

會黨與散兵游勇及土盜各匪合流後，其勢愈盛，其害愈烈。兩廣總督陶模曾指出游勇的禍害，略謂「廣西遊匪，本係關外散勇，始僅在邊地搶掠，近年各處匪類，陸續歸附，黨羽日眾，遂與內地會土各匪狼狽勾結，擾及腹裏州縣，滇黔同受其害[81]。」提督蘇元春督邊防二十五營，計一二、五〇〇餘人，扣尅軍餉，縱兵為匪，捉人勒贖，搶掠過客，打村劫市。當岑春煊督師廣西時，已洞悉蘇元春所部邊軍，「即勇即匪」，「積年游匪，脅從拜會，糾邀搶劫，遍地皆賊[82]。」游勇以土匪為巢穴，土匪以游勇為護符，會黨與土匪、游勇的合流，更擴大了廣西、雲南、貴州地方的亂源。光緒二十九年（1903）四月十二日，寄信上諭已指出「粵匪羽翼日廣，有會而匪者，兵而匪者，商而匪者，官而匪者，與黔滇接壤各地，幾於無人不匪[83]。」光緒年間，刑部通飭各省所獲會盜案件，如實係距省城寫遠，解犯堪虞時，就近解歸各道府覆審稟候督撫批飭就地正法，彙案具奏，免其解送省城。茲將光緒十九、二十七、二十九、三十三等年貴州各府廳州縣就地正法會盜案件及人數，列表於下。

80 《軍機處檔・月摺包》，第 2755 箱，91 包，148041 號。光緒二十八年七月十五日，山東道監察御史關榕祚奏摺。

81 《軍機處檔・月摺包》，第 2736 箱，84 包，144839 號。光緒二十七年九月十五日，兩廣總督陶模奏摺。

82 《光緒朝東華錄》，第十冊，頁 5455。光緒三十二年一月己卯，據岑春煊奏。

83 《光緒朝東華錄》，第九冊，頁 5041。光緒二十九年四月十二日，寄信上諭。

貴州各府廳州縣會盜各案一覽表

地　區	光緒十九年		光緒二十七年		光緒二十九年		光緒三十三年	
	案　件	人　數	案　件	人　數	案　件	人　數	案　件	人　數
遵義府	5	8	6	15	2	8	42	94
黔西州	1	4	1	4	3	10	16	40
龍泉縣	1	1					1	2
古州廳	2	4					1	2
水城廳	1	1	1	4				
湄潭縣	1	2						
普安廳	4	5						
普安縣	1	5						
興義府	2	3	1	3	1	3		
興義縣	1	1						
貞豐州	1	2						
都匀府	2	4	4	8	6	18	2	2
鎮遠府	2	4	3	10	7	18	5	8
臺拱廳	1	2						
羅斛廳	1	4						
貴筑縣	1	5					3	4
貴陽府	2	3					1	2
普定縣	3	17	3	3	1	4		
郎岱廳	1	3					1	5
永寧州	2	5	3	5				
鎮寧州	2	9	1	2	1	3		
清鎮縣	2	4			1	2	1	4
歸化廳	1	2						
思南府			1	3	1	2		
思州府			1	1	1	1	1	1
定番州			1	1	1	4	1	1
開州			1	5			2	6
銅仁府			1	1			5	6
貴東道			2	4				
石阡府			2	10	1	4		
大定府			2	4			1	4

地　區	光緒十九年		光緒二十七年		光緒二十九年		光緒三十三年	
	案　件	人　數	案　件	人　數	案　件	人　數	案　件	人　數
餘慶縣			1	2			2	4
甕安縣			2	3	1	1	2	4
清平縣			1	2				
畢節縣					1	3	1	5
黎平府					2	2	1	3
荔波縣					1	4		
修文縣					2	6	11	22
安平縣							1	5
麻哈州							1	6
平越州							1	2
天柱縣							1	1
松桃直隸州							1	2
正安州							1	4
綏陽縣							1	2
安番州							1	1
合計	40	98	38	90	33	93	108	231

資料來源：《軍機處檔・月摺包》奏摺錄副。

光緒十九年（1893）分，貴州省各屬詳報拏獲會黨強劫就地正法共四十案，總計先後就地正法人犯共九十八名，據貴州巡撫崧蕃奏摺附呈「黔省就地正法各犯案由清單」所列案犯，包括：遵義府及遵義縣五案，計八名；黔西州一案，計四名；龍泉縣一案，計一名；古州廳二案，計四名；水城廳一案，計一名；湄潭縣一案，計二名；普安廳四案，計五名；普安縣一案，計五名；興義府二案，計三名；興義縣一案，計一名；貞豐州一案，計二名；都勻府二案，計四名；鎮遠府二案，計四名；臺拱廳一案，計二名：羅斛廳一案，計四名；

貴筑縣一案，計五名；貴陽府二案，計三名；普定縣三案，計十七名；郎岱廳一案，計三名；永寧州二案，計五名；鎮寧州二案，計九名；清鎮縣二案，計四名；歸化廳一案，計二名[84]。光緒二十七年（1901）分，貴州各屬拏獲會黨糾夥強劫就地正法案犯，共三十八案，計九十名[85]。光緒二十九年（1903）分，共三十三案，計九十三名。光緒三十三年（1907）分，共一〇八案，計二三一名。據上列案件人數，可知光緒十九、二十七、二十九、三十三年分，貴州各屬內會黨強劫正法案件最頻繁的地帶，是在遵義府，合計五十五起，共一二五人，其次是黔西州，合計二十一案，共五十八人，再次為鎮遠府，合計十七案，共四十人，又再次為都勻府，合計十四案，共三十二人。

光緒年間，廣西巡撫將各屬會盜就地正法案件彙製表冊，呈報軍機處。茲據現存光緒三十三年、三十四年分會盜就地正法人犯表冊，列表於下：

84 《軍機處檔・月摺包》，第 2729 箱，46 包，131935 號。光緒二十年三月二十五日，貴州巡撫崧蕃奏摺錄副。

85 《軍機處檔・月摺包》，第 2755 箱，91 包，147755 號。光緒二十八年四月二十五日，貴州巡撫鄧華照奏摺錄副。

廣西各府廳州縣劫擄拜會就地正法人犯統計表

地區	光緒三十三年								光緒三十四年			
	三月	四月	五月	六月	十月	十一月	十二月	合計	七月	八月	九月	合計
桂林府									1			1
中渡廳			1				2	3	1			1
興安縣				2				2				
永福縣						1	2	3		1		1
灌陽縣						3		3				
平樂府									5	2	7	14
平樂縣					5		1	6				
			1					1				
永安州	9		64	14				87				
										1		1
恭城縣							2	2				
富川縣		3						3				
賀縣	15					4	1	20				
											2	2
荔浦縣	1			1				2				
昭平縣	4	2	9				8	23				
		4			2			6	2			2
修仁縣		2						2				
						2		2				

地區	光緒三十三年								光緒三十四年			
	三月	四月	五月	六月	十月	十一月	十二月	合計	七月	八月	九月	合計
信都廳						2	4	6				
										1		1
梧州府	2	4		1				7	3	1	4	8
	17						1	18	13	2		15
蒼梧縣	2	4		5				11				
		1	4		3			8				
藤縣	55	16	7		4		9	91				
			3					3				
容縣		33				6	3	42				
		13						13				
岑溪縣	5			1				6				
懷集縣	1	6	5	3				29		1		1
			6				14	6				
鬱林直隸州	25	11	13	13	11	47	25	145	67	16	70	153
				5				5	17			17
博白縣		11			15	12	20	58				
			7	5				12				
北流縣	17	4	8	4	4	13	44	94				
陸川縣	4	5	14	5	9		16	53				
		5						5				
興業縣			2	1		6	3	12	3			3
			15				3	18				
柳州府	3	3			4			10	2	4		6
馬平縣	4				7			11				
雒容縣				2		3	1	6				

地區	光緒三十三年								光緒三十四年			
	三月	四月	五月	六月	十月	十一月	十二月	合計	七月	八月	九月	合計
羅城縣					1	2		3				
柳州									16	3		19
來賓縣	9	6			7			22				
柳城縣			4			1		5				
融縣			2		3		1	6				
象州		2	1			4	5	12				
						3	1	4				
慶遠府		3		1		3	5	12			1	1
	4						1	5				
宜山縣						3		3				
	4		2			1		7				
思恩縣	2	8						10				
河池州	11	1		1			2	15			1	1
					1		27	28				
東蘭州												
安化廳			1					1				
思恩府	6	8						14	2		11	13
武緣縣	1	1	5					7	2	9		11
賓州	16	6	2	7	4	6		41		3		3

地區	光緒三十三年								光緒三十四年			
	三月	四月	五月	六月	十月	十一月	十二月	合計	七月	八月	九月	合計
遷江縣	11		3	4		3		21				
上林縣	1	5	2				3	11				
那馬廳							1	1				
潯州府	6	17	31	10	52	9	19	117	80	18	33	131
桂平縣	15							15				
	4							4				
平南縣	16	4	22	16	12	5	32	107				
		2	12					14				
武宜縣					1		2	3				
貴縣	11				12	5	16	44				
	12	14		9				35				
南寧府		2		8				10	9	32	2	43
宣化縣	2		1		5			8	12			12
新寧州	5	2		2		2	1	12		1		1
永淳縣	3			1			1	5				
隆安縣	3							3			1	1
横州	4	2	12	3			6	24				
	6							9				
上思直隸廳					1			1				

地區	光緒三十三年								光緒三十四年			
	三月	四月	五月	六月	十月	十一月	十二月	合計	七月	八月	九月	合計
太平府				3			1	4		1		1
龍州廳					3	2	11	5		6		6
						3		14				
崇善縣		1						1				
養利州									1			1
寧明州							5	5	2			2
凌雲縣		2					2	4				
西林縣	1				4	2	1	8			6	6
西隆州		2						2				
鎮安府		1	1					2				
天保縣			1			6	1	8				
奉議州	6	2	3	10			2	23				
			1					1				
百色直隸廳	7	17	1	5			3	33	2	1		3
恩隆縣	7	7	2	1		3	3	23		3		3
合計	337	242	268	143	145	160	311	1606	253	106	138	497

資料來源：軍機處存《廣西各府廳州縣辦匪表冊》。

現存軍機處光緒三十三年（1907）分《廣西各府廳州縣辦匪表冊》，含三、四、五、六、十、十一、十二等月分，包括劫擄及拜會兩項就地正法人犯，共計一、六〇六人，其中三月分人犯最多，計三三七人，約佔總人犯 21%，其次為十二月分，計三一一人，約佔總人犯 19%，平均每月犯案人數為二二九人。在各月分中合計兩項人犯最多的地區是鬱林直隸州，計一五〇人，其次是平南縣，計一二一人，潯州府計一一七人，北流縣九十四人，藤縣九十四人，永安州八十七人。在各人犯總數內書明拜會字樣的人犯，共計二一八人，約佔總人犯 14%。會黨分佈最多的地區是貴縣，計三十五人，其次河池州二十八人，興業縣、梧州府各十八人，平南縣、龍州廳各十四人，容縣十三人，博白縣十二人，南寧府十人，橫州九人，宜山縣七人，蒼梧縣八人，懷集縣六人，慶遠府五人，桂平縣四人，藤縣三人，修仁縣二人，平樂縣、崇善縣、奉議州各一人。光緒三十四年（1908）分表冊，含七、八、九三個月分劫擄及拜會兩項人犯，共計四九七人，其中七月分人犯最多，計二五三人，約佔總人犯五十一%，其次為九月分，計一三八人，約占二十八%，八月分計一〇六人，約佔二十一%，平均每月犯罪人數為一六六人。在各月分中合計兩項人犯較多地區是鬱林直隸州，共一七〇人，潯州府一三一人，南寧府四十三人，宣化府二十四人，梧州府二十三人，柳州府十九人，思恩府十三人。在各人犯總數內，各月分拜會人犯共四十七人，約佔總人犯九%。在劫擄人犯內雖未書明結會或拜臺字樣，但必含有會黨在內，在表冊內詳錄電文，開列犯罪事實，如光緒三十三年（1907）三月初四日電，梧州府拏解何四等六名，供認拜會劫擄得贓。三月初八日電，桂平縣兵練拏解江日安等四名，供認聽糾拜會，迭劫得贓，並斃事主。同日電，宜山縣兵練拏獲黃五等四名，供認拜會劫殺過客。三月十一日電，梧州府緝獲潘樹源等八名，供認拜會窩夥搶劫接濟引線。三月十八日電，梧州府緝獲范子辰等三名，供認跟幫拜會，迭劫得贓。同日電，慶遠府緝獲賈羨卿等四名，供認跟幫焚掠，並拜會得贓。四月初一日電，貴縣緝獲李福清等三名，供認入會充幫，傷斃事主，迭劫得贓。四月初八日電，陸川縣緝獲謝亞丁三等五名，供認拜會迭劫得贓。四月十三日電，昭平縣兵練拏獲張七等四名，供認拜會迭劫得贓，殺斃事主。四月十四日電，平南縣緝獲許四興一名，供認拜會夥劫。四月二十日電，貴縣緝獲潘特恆等六名，供認入會充幫，迭劫得贓。四月二十七日電，貴縣緝獲陳二等三名，供認入會充幫，傷斃事生，迭劫得贓。蒼梧縣拏獲陳佐奇一名，供認跟幫拜會，夥劫得贓。四月三十日，平南縣緝獲王廷繼一名，供認拜會，殺斃更夫得贓，其餘年月電文俱載明各犯拜會夥劫打單焚搶拉生擄人勒贖等項罪情，因此，光緒年間廣西各屬會黨多屬於竊盜集團，亦即所謂犯罪團體，對廣西社會進行嚴重的侵蝕作用。光緒三十三年（1907）五月初九日電文中記述廣西興業縣會黨頭目劉晚等率領會員五十餘人，與兵練作戰，殺傷多人，會當使用各種西方新式武器，被官方搜獲的武器包括單響鍼鎗一枝，九響鍼鎗四枝，吉鎗三枝，短鎗三枝，由於會黨採購新式洋鎗，更助長了廣西會黨的勢焰。

秘密會黨的應生團體

當某一原生團體進行活動時，其影響所及，往往能刺激另一應生團體的出現[86]。清代臺灣義民組織就是受秘密會黨刺激而產生的應生團體。乾隆五十一年（1786）十一月，林爽文以天地會為基礎，攻陷彰化縣城，正式起事，聲勢浩大。但天地會遭到義民的強烈反制，終於使林爽文走上最後的悲劇下場。義民與會黨是臺灣分類械鬥期間的對立團體，義民就是天地會的應生團體，而成為抗拒天地會的主要力量。當林爽文起事以後，漳州庄移民紛紛被邀加入天地會，南北兩路會黨如響斯應，小刀會、添弟會、雷公會與天地會形成了聯合陣線，加入反抗政權的行列。但由於臺灣番漢、閩粵、漳泉多種對立團體的存在，而產生了與會黨勢不兩立的敵對力量，以廣東庄、泉州庄為基礎的移民，形成了廣大的義民團體。清廷善於利用這一股強大的力量，嘉獎義民，屢飭地方官查明優賞，「如係務農經商生理者，即酌免交納賦稅。若係首先倡義紳衿，未有頂帶者，即開列名單，奏明酌予職銜，以示優異。」清高宗以廣東、泉州民人急公嚮義，故賞給匾額，令大學士福康安遵照鈎摹，徧行頒賜，以旌義勇。同時為了將漳州移民從天地會中分化出來，清高宗復諭令將臺郡所屬各縣廳應徵地丁錢糧悉行蠲免，以示「一體加恩，普施惠澤」之至意。

臺灣天地會因分類械鬥規模擴大，由地方性的泉、漳衝突，釀成反抗政權的叛亂，對移墾社會產生重大的侵蝕作用，廣東庄、泉州庄多遭焚搶，受到嚴重的破壞，廣東庄、泉州庄移民為保境安民，充分發揮了地緣村落守望相助的精神，以抗拒天地會的入境騷擾。大學士福康安具摺時指出南路山豬毛廣東庄是東港上游，粵民一百餘庄，分為港東、港西兩

86 《論晚清兩廣的天地會政權》，頁 233。

里，因康熙年間平定朱一貴，號為懷忠里，在適中之地建蓋忠義亭一座，林爽文、莊大田起事後，曾遣涂達元、張載柏執旗前往招引粵民入夥，兩里粵民誓不相從，竟將會黨涂達元、張載柏兩人即時擒斬。粵民齊集忠義亭，供奉萬歲牌，決心共同堵禦會黨，挑選丁壯八千餘名，分為中左右前後及前敵六堆，按照田畝公捐糧餉，由舉人曾中立總理其事，每堆每庄各設總理事、副理事，分管義民，由劉繩祖等充任副理事。清高宗為了要獎勵義民，特頒御書褒忠匾額。各處義民，除少數由地方官衙門招募充當外，多由紳矜舖戶等招集，義民每日口糧亦多由義民首捐貲備辦。捐納四品職銜楊振文、文舉人曾大源，世居彰化，林爽文起事後，拒絕入夥，棄家返回泉州。大學士福康安在大擔門候風時，將楊振文、曾大源帶赴鹿仔港，招募義民，隨清軍進勦。諸羅縣義民首黃奠邦、鄭天球、王得祿，元長庄義民首張源懃等隨同清軍打仗，搜拏會黨，購線招降，離間會黨，並差遣義民假扮會黨，四出偵探會黨內部軍情。淡水義民首王松、高振、葉培英，東勢角義民首曾應開，熟諳內山路徑，深悉番情，奉諭前往屋鰲、獅子等社，率領各社番在要隨地方堵截會黨，林爽文失敗的主要關鍵就是自始至終都遭到義民的強烈反制，以致臺灣府城久攻不下，彰化、諸羅等處得而復失，鹿耳門、鹿仔港俱不能扼守，清軍得以順利登陸。

清軍進勦林爽文期間，廣東庄與泉州庄義民，確實扮演了非常重要的角色。當天地會黨攻破彰化縣城後，林爽文深恐各地村民充當義民，於是在天地會控制地區，通令村民在辮頂外留髮一圈，以便識認。乾隆五十一年（1786）十二月十二日，署鹿仔港守備事千總陳邦光邀約泉籍義民首林湊、林華等往救彰化縣城，林爽文聞知清軍將至，即出西門外駐剳，奪取彰化營汛鎗礮，陳邦光命義民分為左右兩翼向前攻殺，會黨敗退，前後不能相顧，其執旗指揮的天地會副元帥楊振國、協鎮高文麟、先鋒陳高、辦理水師軍務楊軒等四名俱被義民擒獲，彰化縣城遂為義民收復。陳邦光以署守備防守鹿仔港汛地，僅有汛兵五十餘名，其能收復彰化縣城，屢敗會黨，實由於該處義民首林湊等招募義民，始克蕆功。是月十三日，署都司易連帶領兵丁義民進攻新庄，守備董得魁等帶領義民五〇〇名由艋舺渡河直攻下庄，李因等督率義民五〇〇名進攻新庄境內的中港厝，監生黃朝陽督率義民六〇〇名進攻鶯歌與三峽之間的海山頭。粵庄義民邱龍四等埋伏於臺北樹林南方的彭厝庄。滬尾庄蔡才等率領義民三〇〇名，和尚洲鄭窓等率領義民六〇〇名，大坪頂黃英等率領義民四〇〇名，合攻滬尾、八里坌等處。和尚洲鄭享等率領義民五〇〇名由北投唭哩岸，孫勳等率領義民六〇〇名由上埤頭會攻八芝蘭。同月十八日，淡水同知幕友年已七十高齡的壽同春，用計退敵，親赴各庄招集義民，收復竹塹，乾隆五十二年（1787）二月十二日，清軍探知林爽文率眾聚集於諸羅縣城外二十里的大坪頂地方，命義民首黃奠邦帶領義民於是日夜間五更啓程，次日黎明抵達大坪頂，擊退會黨。諸羅縣城被天地會圍困數月之久，糧食匱乏，岌岌不保，天地會久攻不克，實得力於義民的堅守。清高宗頒諭指出「林爽文糾眾倡亂以來，提督柴大紀統兵勦捕，收復諸羅後，賊匪屢經攻擾，城內義民幫同官兵，奮力守禦，保護無虞，該處民人，急公嚮義，眾志成城，應錫嘉名，以旌斯邑[87]。」同年十

87 《清高宗純皇帝實錄》，卷一二九二，頁9。乾隆五十二年十一月

一月初三日，詔改諸羅為嘉義，取嘉獎義民之義[88]。十一月二十四日，清軍攻克天地會大本營的大里杙後，林爽文家眷藏匿於水裏社，大學士福康安即遣義民首楊振文、舉人曾大源曉諭社丁杜敷前往擒獻。乾隆五十三年（1788）一月初五日，林爽文在淡水廳境內老衢崎地方，最後被義民高振等人所擒獲，南北兩路旋即平定。

清軍平定林爽文，臺灣義民實有不世之功。當天地會要犯被擒獲後，多供出義民不肯入夥，拒絕接受林爽文的領導。林爽文在供詞中已指出天地會平海大將軍王芬等人「被鹿仔港義民殺了」。大都督林領供稱「十二月初一日，我們的家眷又被義民殺了，都逃到貓霧拺，常與義民打仗。」右都督何有志供稱「官兵沿途追殺，直趕到淡水山內老衢崎地方，四面圍住，被官兵義民及淡防廳差役將我拏來。」由天地會與義民的對立過程，可以了解天地會在臺灣的發展，與閩粵及泉、漳分類械鬥有極密切的關係，天地會的成員主要為漳籍移民，當彰化泉、漳分類械鬥規模擴大後，彼此報復，焚燬村落，大里杙為漳籍墾戶所聚居的地緣村落，丁多勢盛，林爽文為擴大力量，以抗泉州籍移民，於是加入天地會。當天地會起事後，焚搶裹脅，廣東庄、泉州庄移民為保境安民，紛紛充當義民，天地會與義民的戰鬥，就是分類械鬥的形態，廣東庄與泉州庄形成了聯合陣線，以漳籍移民為基礎的天地會，同時遭受廣東庄、泉州庄的聯合抵抗，又加上清軍的進勦，天地會的勢力終於被摧毀。因此，臺灣天地會從其倡立，

丙寅，上諭。

88 《臺灣檔》，方本。乾隆五十二年十一月初二日，更定諸羅縣擬寫縣名清單。

到林爽文等人被擒獻，整個過程裏，分類械鬥的色彩始終很濃厚。

當原生團體的活動趨於激烈時，其應生團體亦趨於活躍，並得到官方的獎勵。但當原生團體消滅時，其應生團體亦隨之衰歇，同時遭受官方的壓抑。臺灣林爽文起事之初，南北兩路會黨聲勢既盛，臺灣戍兵固然缺乏戰鬥能力，其防守城池亦未得力，所以不得不多招義民，藉助地方上的自衛力量，仰賴義民驅逐外力，保衛桑梓。地方文武大吏深信多增一千義民，即減去一千會黨，所以廣招義民，被裹脅的泉民亦紛紛投出，充當義民，義民人數與日俱增，義民作戰時，每隊各製一旗，以示進退。義民雖未經訓練，但用以防守地方維持治安，則頗為奮勇可恃，十分得力。臺灣南北兩路平定後，義民首舉人曾中立，經大學士福康安奏請賞戴花翎，教授羅前蔭協同管理義民，頗著勞績，福康安奏請按照曾中立之例賞給同知職銜，義民副理事劉繩祖、黃袞、涂超秀、周敦紀四名，最為出力，俱賞戴藍翎，義民首黃奠邦，原籍廣東，由武舉出身，打仗出力，曾賞給巴圖魯即勇士名號，福康安奏請以守備補用，清高宗加恩改授同知，張源懃、王得祿等換戴花翎。義民首葉培英等曾隨官兵在內山進勦會黨，賞給藍翎，以千總補用。臺灣義民首黃奠邦是武舉出身，其餘義民首曾中立、曾大源等也是舉人，是屬於文化群，對安定臺灣社會，貢獻卓著。乾隆五十二年（1787）十二月以後，諸羅等處先後收復，不需多人防守，福康安即下令將中路各處官給口糧的義民大量裁減。當南北兩路平定後，各處義民陸續歸庄，所有自備刀矛，俱令義民逐件繳銷，發交地方官改鑄農器，散給貧民耕種，嚴禁私造器械。除菜刀、農具外，倘若私藏弓箭、腰刀、撻刀、半截刀、鏢鎗、長矛之類，即行從重治罪。泉、漳分類械鬥時，多用旗幟號召，即使不肯助鬥的村庄，亦須豎立保庄旗一面，方免蹂躪。清軍平定南北兩路後，福康安奏請禁止義民私造旗幟，若有私造旗幟者，即照私造軍器例一體治罪。

嘉慶初年，川陝楚白蓮教亂，團練是平定教亂的主要力量。嘉慶末年以來，廣西、雲南、貴州地區，由於秘密會黨的日益盛行，團練又再度活躍起來，這種團練就是秘密會黨的應生團體。團練或由官方倡辦，或由民間急公好義的紳商自動組成，連結鄉民，自衛本土，以忠義相砥礪。團練在性質上而言，也是一種義民組織，在群盜如毛的地區，多一練丁，即少一盜匪，廣西、雲南、貴州地區，團練的回春現象，就是受秘密會黨的刺激而產生的。道光二十八年（1848），廣西按察使勞崇光在梧州倡辦團練，以十家為甲，有甲長，聚甲為團，有團長，聯團為總，有團總，富者出貲，貧者出力，各籌旗幟器械糧食[89]。咸豐年間，朱孫貽在廣西倡辦團練，其組織為：一鄉舉一團總，一都舉一團長，一團舉一團正。每團總領數團長，每團長領數團正[90]。在城內設有團練總局，公舉紳士司其事，即所謂團總，由團總擇幫辦數人，團總之下有團長、團正，其出身，或為舉人，或為貢監生員，一如臺灣義民首領，多屬於文化群。團練的基層人員稱為練丁，或團丁，其來源，或為招募的練丁，即所謂練勇，或為按戶抽丁的練丁，稱為團勇。同光年間，廣西、雲南、貴州地區，練丁與營兵並肩作戰，以擒殺會黨，官書上每見兵練、兵團、

---

89 封祝唐著《容縣志》（光緒二十三年），卷二七，頁2。
90 朱孫貽著《團練事宜》（同治二年），〈條規〉，頁16。

營團並稱的字樣。團練在清季維持地方治安，或民間自我防衛方面，確實扮演了重要的角色。由於秘密會黨的盛行，會黨與游勇、土匪的結合，原生團體的活動益趨激烈，因此，廣西、雲南、貴州地區由原生團體刺激所產生的團練，直至清末仍未自行衰歇，與臺灣義民的解散，並不相同。但義民與團練為保境安民維持社會利益所形成的勢力，確實產生了社會制裁的力量。

人口的變動，是清代社會史的顯著特點之一，人口壓力就是清代中葉以來社會動亂的根源，但也應該注意到這種動亂的火焰在新開發的邊陲地帶更易點燃[91]。其中臺灣、廣西、雲南、貴州都是屬於開發中的邊陲地帶，富於移墾社會的共同特徵，有利於秘密會黨的生存與發展。排比清代臺灣、廣西、雲南、貴州官方查辦結盟拜會案件後，可以發現秘密會黨的出現，實與國內移民及移墾社會的形成大致是齊頭並進的。明末清初，閩粵因地狹人稠，人口壓力日趨嚴重，沿海地方的漢人迫於生計，相繼渡海到一衣帶水的臺灣，披荊斬棘，墾殖荒陬，臺灣逐漸由草萊之區轉變為閩粵沿海一帶的穀倉，提供了內地漢人避難和落地生根的海外樂土，由於人口的迅速成長，耕地面積日益擴充，臺灣從清初以來就已形成了早期的移墾社會，同時建立了複雜的經濟關係。臺灣結盟拜會案件，與拓墾方向的發展，大體是並行的。康熙年間的拓墾重心在臺灣南部，朱一貴結盟起事的地點就是在南部鳳山。雍正年間的拓墾重心在諸羅一帶，臺灣父母會就是出現於諸羅縣境內。乾隆年間的拓墾重心北移至彰化平原，在這一時期所破獲的結會樹黨案件共十六起，其中小刀會及天

91 The Cambridge History of China, Volume10, Part I, p.132.

地會計十一起都發生在彰化，另外諸羅破獲添弟會、雷公會。而同一時期的廣西、雲南、貴州地區，其形成移墾社會的時間較晚，順治、康熙年間，廣西、雲南、貴州因南明抗清及吳三桂等反清運動，兵事方殷，地方殘破，人口銳減，土曠人稀，尚未形成移墾社會的形態。雍正初年以來，清廷積極推行墾荒政策，廣西、雲南、貴州的外來人口與日俱增，耕地面積擴充益廣，乾隆年間，外省流入的人口更多，逐漸形成移墾社會的形態，嘉慶中葉以來，廣西開始查獲天地會、添弟會、良民會、忠義會、老人會等秘密會黨。雲南、貴州地區形成移墾社會的時間又晚於廣西，從嘉慶末年起，雲南、貴州地區始破獲添弟會、孝義會、邊錢會等秘密會黨。光緒年間，臺灣結盟拜會的風氣，並不盛行，秘密會黨已屬罕見，而廣西、雲南、貴州地區的秘密會黨，卻方興未艾，日趨活躍，其中三合會、三點會、哥老會等秘密會黨的勢力尤其龐大。

天地會的起源時間及結會地點，中外史家異說紛紜，臺灣天地會是乾隆四十八年（1783）嚴烟從福建傳入的。後人曾依據天地會流傳的《西魯序》或《西魯敘事》等所述清帝負義焚燒少林寺劫餘五僧結拜天地會的故事，以討論天地會的起源。溫雄飛先生著《南洋華僑通史》一書認為天地會起源於臺灣，是輔佐鄭成功的陳永華所創立的，天地會的香主就是影射陳永華，萬雲龍則影射鄭成功[92]。連橫先生著《臺灣通史》〈朱一貴列傳〉謂「延平郡王入臺之後，深慮部曲之忘宗國也，自倡天地會而為之首，其義以光復為歸。延平既沒，

---

92 溫雄飛撰〈南洋華僑通史〉，蕭一山輯，《近代祕密社會史料》（臺北，文海出版社，民國 64 年 9 月），卷首，頁 10。

會章猶存。數傳之後，遍及南北，且橫渡大陸，浸淫於禹域人心，今之閩粵尤昌大焉[93]。」學者甚至根據《漢留史》一書所述鄭成功於順治十八年（1661）在臺灣開金臺山，命陳近南住四川雅州，於康熙九年（1670）開精忠山的故事，以斷言天地會起源於臺灣，再由臺灣而傳入廣東、四川[94]。就現存檔案而言，實難支持溫雄飛先生等人的說法，根據神話故事，使用影射索隱法，以推論天地會的起源，並不能反映天地會創立的真實歷史。檢查現存檔案，排比各會黨的出現時間，可以發現康熙末年朱一貴等人雖有拜把結盟的事實，但尚未立有會名。學者已指出「至於鄭成功為天地會創始人之說，則更難令人折服，無論檔案史料，還是天地會秘密文件內有關天地會創立的傳說中，皆無鄭成功創立天地會的內容，在有關鄭成功本人的大量文獻資料中，也無一處提到他曾創立天地會一事[95]。」探討秘密會黨的問題，不能忽視天地會系統以外的其他各種會黨。蕭一山先生撰〈天地會起源考〉一文認為天地會的名稱不一，普通所稱三合會、三點會都是它的別名，後來的小刀會、哥老會、青紅幫等都是它的分派，其原來總名，對外則稱天地會，對內自稱洪門[96]。陶成章先生撰〈教會源流考〉一文認為三合會、三點會、哥老會以及種種

93 連橫著《臺灣通史》（臺北，臺灣銀行經濟研究室，民國 51 年 2 月），卷三十，頁 784。

94 胡珠生撰〈天地會起源初探—兼評蔡少卿同志關於天地會的起源問題〉，《歷史學》第四期（1979），頁 72。

95 秦寶琦撰〈從檔案史料看天地會的起源〉，《歷史檔案》，1982 年，第二期，頁 95。

96 蕭一山撰〈天地會起源考〉，《近代秘密社會史料》，卷首，頁 4。

諸會，無一非天地會的支派，因明太祖年號洪武，所以叫做洪門，因指天為父，指地為母，故又名天地會[97]。後世習稱的天地會，是各種秘密會黨的通稱，不能正確說明各種會黨的真實性質。臺灣秘密會黨名稱的正式出現是始於雍正年間的父母會。在後世天地會祭五祖詩八拜儀式中的前二拜是「一拜天為父，二拜地為母」，史家遂認為父母會即因前二拜父天母地而得名。其實臺灣父母會是因入會時，每人各出銀一兩，若遇會員的父母年老身故，即資助喪葬費用，是一種民間的互助團體，並非因天地會結拜儀式而得名。在嚴烟來臺傳授天地會以前，彰化小刀會滋事案件，已層出不窮。乾隆五十九年（1794）五月，鳳山縣鄭光彩結會樹黨，因「天地會名目易于招搖，必須改換會名，掩人耳目」，所以變名小刀會，秦寶琦撰〈乾嘉年間天地會在臺灣的傳播與發展〉一文遂推斷鄭光彩所倡立的小刀會是「迄今為止史料上所見天地會系統內最早的小刀會，應作為小刀會創立之始[98]」。天地會系統內外的臺灣小刀會，是從早期到後期的發展，忽視乾隆初年的小刀會，而將鄭光彩所倡立的小刀會作為小刀會創立之始，實在很難認識整個小刀會的源流。在林爽文起事以前，臺灣添弟會先已存在，並非天地會的支派，過去以添弟會為天地會的轉音，代以同音字，以蔽官方耳目，並將添弟會列入天地會的系統內，尚待商榷。天地會系統內的添弟會是指廣西、雲南、貴州的添弟會而言，當林爽文起事以後，清高

97 陶成章撰〈教會源流考〉，《近代秘密社會史料》，卷二，頁 1-8。
98 秦寶琦撰〈乾嘉年間天地會在臺灣的傳播與發展〉，《臺灣研究國際研討會論文》（美國芝加哥，1985 年 7 月），頁 23。

宗及大學士福康安等人都將天地會與添弟會混為一談，誤解臺灣添弟會就是天地會，添弟會的名稱因而傳佈更廣，嘉慶初年，廣東添弟會曾釀成巨案，廣東移民進入廣西、雲南、貴州後，或倡立天地會，或倡立添弟會，名異實同。

在早期的移墾社會裏，缺乏以血緣作為人群組合的條件，通常是同鄉的人遷到同鄉所居住的地方，共同組成地緣村落，其優點是視同鄉如骨肉，守望相助，而缺點則在於移墾不同人群之間，各分畛域，褊狹的地域觀念異常濃厚，各分氣類。秘密會黨的籍貫分佈，與地緣有密切的關係，臺灣秘密會黨多為漳州移民所倡立，渡海來臺傳授天地會的嚴烟是漳州府平和縣人，林爽文的原籍也是平和縣，林爽文所領導的天地會，其籍隸漳州府者約佔七三・〇七%。小刀會的成員也是漳州人，倡立添弟會的戴萬生，其原籍也是漳州。至於銅鑼灣巫巧三等人所倡立的兄弟會，則為廣東客家的異姓結拜組織。廣西天地會的主要成員，多屬廣東移民，其籍隸福建者極少，至於忠義會、棒棒會、靶子會等會黨則為湖南移民所倡立，其哥老會則由貴州、湖南流入，雲南、貴州各種秘密會黨，則由川、楚、粵流入。由此可知，這些地區的秘密會黨，其倡立及傳佈，與國內移民有密切關係。各種會黨的名稱固然不同，其宗旨與性質亦不一致，有加以分類的必要。雍正年間的臺灣父母會、道光年間的貴州老人會，都是為了籌措喪葬費用而自由結合的會黨，是屬於民間互助團體，具有正面的社會功能。乾隆年間的彰化小刀會是為了抵制營兵欺侮而成立的會黨，三五成群，各結小刀會，是屬於民間的自衛組織。諸羅添弟會與雷公會是由於兄弟爭奪家產而成立的會黨，是屬於同籍同姓的械鬥組織，林爽文所領導的天地會，其初本是泉、漳分類械鬥的產物，嘉慶年間的貴州邊錢會是漢苗械鬥團體，道光年間的臺灣兄弟會是閩粵分類械鬥團體，晚清廣西天地會多為竊盜團體，良民會則為欺壓善良訛詐錢財的暴力集團，都無視於公權力，對廣西、雲南、貴州社會進行嚴重的侵蝕作用。

秘密會黨的成員，其經濟地位都較低下，除了少數耕田種地的墾戶外，大部分為家無恒產的各行業的人，包括肩挑負販、傭工度日、算命餬口等等。臺灣父母會的成員是移墾諸羅的流寓之人，小刀會的成員多為小本經濟之人，或開張小舖，或售賣檳榔，或賣米生理。添弟會、雷公會的會首為諸羅縣境的墾戶，來臺傳授天地會的嚴烟，在彰化開設布舖，加入天地會的林爽文曾趕車度日，做過縣衙捕役。廣西天地會的會首，或以堪輿為業，或幫工度日，或尋覓生理，或販馬為生，或賣藥營生，多為生計所迫的一般民眾，由於生活陷於困境，同鄉在異域相逢，多互道出外人的難於立足，每當閒談貧苦孤身無靠時，即起意邀人結拜弟兄，遇事相助，患難與共，免受外人欺侮。離鄉背井的出外人，在新環境裏，傳統社會的紐帶已被割斷，只有模倣血緣親屬結構的秘密會黨給予互助及安全的保障，各會黨強調的是對內的互濟互助，對外免受欺侮。各會黨人數，少則四五人，多不過數十人，稱會首為大哥，又有師傅名目，會員彼此以兄弟相稱。從各會黨彼此不相統屬及其宗旨、人數、組織形態加以觀察，秘密會黨並未含有濃厚的政治意識，不應過分強調反清復明的政治意味及狹隘的種族意識。赫治清撰〈略論天地會的創立宗旨〉一文認為「天地會和它的創立宗旨『反清復明』，正是當時民族矛盾和階級矛盾相互作用的產物[99]。」是值得商榷的說法，並不符合歷史事實。

人口的成長，大體上有一般趨勢，在地廣人稀的移墾社會，人口成長迅速，一旦到達當時的農業技所容許的人口密度時，就呈現飽和狀態[100]。但因臺灣與廣西、雲南、貴州的自然環境，不完全相同，其呈現的社會現象，亦有差異。同光年間，臺灣中南部，由於本身人口的自然增殖，以及內地移民的相繼湧進，戶口頻增，人口達到飽和狀態，北部地區成為後來的經濟重心，開放通商口岸後，對外貿易緩和人口壓力，行政區劃重新調整，文教工作使褊狹的地域觀念逐漸消失，社會治安亦漸改善，盜賊減少，又由於臺灣的自然環境較特殊，孤懸海外，宛如海外孤舟，較易產生同舟共濟的共識，一方面由於內地化，一方面由於土著化，使臺灣社會漸趨整合，分類械鬥事件已漸減少，結盟拜會的風氣並不盛行。廣西、雲南、貴州的自然環境，與臺灣不同，幅員遼闊，空間廣大，既與川楚粵毗連，又與越南、緬甸接壤，邊境延袤。外省流民為生計所迫如浪潮般的湧進廣西、雲南、貴州地區，有更多的荒地被開墾了出來，但在新墾的耕地上由於土地報酬遞減率的作用，農村生產率的低下，社會更加貧窮、農村的貧窮與社會犯罪行為是互為表裏的，廣西、雲南、貴州社會，群盜如毛，秘密會黨多與盜匪掛鉤，建立了謀求財

99 赫治清撰〈略論天地會的創立宗旨—兼與秦寶琦同志商榷〉，《歷史檔案》，1986 年，第二期，頁 94。

100 陳紹馨撰〈社會與人口學〉，《二十世紀之科學—社會學》，頁 307。

物的緊密聯繫，又與邊境散兵游勇互相結合。邊境游勇以內地盜匪為巢穴，土匪以游勇為護符，秘密會黨與土匪、游勇的合流，更擴大了廣西、雲南、貴州地方的動亂。各會黨多成為夥劫打單焚搶拉生擄人勒贖的竊盜集團或犯罪團體，此或許就是廣西、雲南、貴州與臺灣秘密會黨的發展過程中，最顯著的差異。

開港通商

——清代淡水海域的自然生態與經濟活動

臺灣移民社會的形成與發展，從海洋發展史的角度加以考察，可以說是明清以來，中國內地民人向海洋發展的一個事實，也是一個過程。臺灣孤懸外海，與閩粵內地，一衣帶水，內地民人渡海來臺，墾殖荒陬，或傭工貿易，而建立了海外的移民社會。

臺灣沿海港口的分佈、變遷以及海域的自然生態，都和臺灣的地理位置及其特徵有著密切的關係。福建巡撫丁日昌具摺時，曾把臺灣的地形，比喻為一條魚。他在原摺中指出，「臺灣地勢，其形如魚，首尾薄削，而中權豐隆。前山猶魚之腹，膏腴較多，後山則魚之脊也[1]。」臺灣既如魚，魚不能離開水，因此，探討臺灣海域的自然生態及其經濟活動，是有意義的。就臺灣沿海港口的分佈而言，主要分佈於前山沿海地帶，海域的經濟活動，主要也是集中於臺灣西部海面。清朝官方繪製的臺灣地圖，其圖例方位是前西後東，左北右南，是屬於圖像式的輿圖，移民的聚落，港口的分佈，主要也是集中於前山魚腹膏腴地帶。

---

1 《清宮月摺檔臺灣史料（三）》（臺北，國立故宮博物院，民國 83 年 10 月），頁 2640。光緒三年三月二十五日，福建巡撫丁日昌奏摺抄件。

閩浙總督、福建巡撫、巡臺御史、福建水師提督、臺灣鎮道，多曾實地勘查臺灣南北路的形勢，從他們進呈的奏摺等文書，有助於了解臺灣沿海港口的變遷及各處海域的經濟活動，本文僅就清代淡水廳所屬洋面及沿海港口的生態和活動，見於現存檔案資料者，進行整理，主要目的是嘗試說明臺灣拓墾重心的北移，淡水地區社會經濟的發展，都不能忽略淡水海域的經濟活動，以及八里坌海口所扮演的歷史角色。

淡水海禁時期的交通運輸

清朝初年，已經開始注意到淡水海域的生態環境。乾隆中葉繪製的《臺灣地圖》，對北臺灣的陸地和海洋，已有較為詳盡的描繪。原圖縱 46 公分，橫 667 公分，是圖像式紙本彩繪。其圖例方位是前西後東，左北右南，並附有地名圖說。以竹塹城以北的淡水洋面為例，詳繪各港口、汛地、庄社的地理位置及其地理特徵，例如：油車港，圖中標明「此港船隻不堪出入」。油車港以北，有海口汛，建有礮臺，設外委一員，兵十八名。海口汛以北為船頭港，圖中標明「船頭港係潮滿方可進港」。樹林仔庄與王公宮之間為紅毛港，圖中標明「此港潮滿七、八分，船隻方可出入」。大漢墘溪口以北為芝巴林社，從芝巴林社過溪為南崁汛，圖中標明南崁汛安設把總一員，兵五十名，南崁汛以北四十里可至八里坌營盤。原圖詳繪八里坌都司營盤、長道坑塘、煙墩塘、媽祖宮、八里坌山、觀音山的地理位置。八里坌海口有大南灣和小南灣，海口中有圭心礁，形似雞心。從海口經關渡門過和尚洲溯雷裡溪可至艋舺渡頭汛，圖中標明「安外委一員，兵二十名，東至雷裡社三里，西至港邊五里，北至拳頭母山十里。」八里坌海口北岸為滬尾庄、紅毛礮臺，以北為小圭籠塘，過石門為金包裡塘，過艋舺渡為八尺門，八尺門以北為大雞籠，從八尺門、大雞籠過獅球嶺、三貂社可至哈仔蘭。原圖標明「哈仔蘭內有三十六社，漢人貿易，由社船南風入，北風起則回。」原圖附有較詳盡的淡水洋面圖說，其內容如下：

> 由八里坌過港十五里至圭柔山社，十里至大屯社，七里至八芝遴社，五里至雞籠山，過二重山，沿山邊五十里至大海墘一帶跳石路頭，三十里至金包裡社。離社十餘里另有磺山二座：一名沙涜山；一名脱涜山，氣能通大屯山。又從横山腳二十里至支包用，三十里至新城口。觀雞籠城一帶，由新城下十里抵海墘行遇練過溪五里，又過三重山三十里抵海，又沿海邊跳石頭，有處穿石板，行至貓里山，此處不時有見海翁魚，魚能吐龍涎香。十里過木里山至八知簡山腳，十二里抵海無路，放火為號，今大雞籠汛，駕艋舺船至大雞籠城，此處番最苦，以海為田，亦有一、二耕作金包裡社。又由雞籠城住宿，次早仍過八尺門，此港昔年係紅毛船出入港，有一箭之寬，港水甚清，常見五色魚。過八尺門往南沿海跳石頭至雞籠峰，過嶺五十里至三貂山海邊，五十里至大腳山，三十里至哈仔蘭，俱是石頭路，四十里至礁轆密社，即倚東南山直抵崇爻社各社[2]。

圖說中含有淡水海域的生態環境資料。例如八尺門港，從前是紅毛船出入的港口，港有一箭之寬，港水甚清，常見五色魚。從艋舺渡至雞籠沿海，常見海翁魚，是一種鯨魚，這種魚能吐龍涎香。沿著海邊有跳石，因跳著石頭行走而得

2 《臺灣地圖》（臺北，國立故宮博物院），圖說。

名，可從八尺門沿著海邊跳石而至雞籠山。

康熙二十三年（1684），清朝領有臺灣後，准許帆船往來海峽兩岸，從事商業、漁業活動。在康熙年間，八里坌海口，已有與大陸之間的帆船貿易。清朝政府為了便於稽查船隻的出入，在臺灣沿海唯一能使用的合法口岸，僅限於鹿耳門港。在林爽文起事以前，北路淡水海面，原屬禁洋，禁止商船和漁船航行於海峽兩岸，凡有內地私往淡水洋面港澳停泊的商、漁船隻，概行查拏究逐。八里坌海口雖然是可供橫洋大船出入的優良港口，但在清廷明設口岸之前，對橫洋大船而言，淡水洋面是屬於海禁時期，八里坌海口卻是一個禁港。因臺灣北路只有沿海陸汛，並未專設水汛巡防洋面，以致內地海盜船隻多潛聚於淡水洋面，伺機搶劫偷渡船隻或臺灣沿海商漁船隻。李有用在福建水師提督任內曾具摺奏稱：

> 臺灣北路洋面，原屬禁地，內地商漁，概不許赴北路港澳收泊，貿易採捕，止准臺地小船往來鹿耳門載運貨物，並北路額設社船十隻，每年自十月為始，往來廈門貿易數次，歲底即行停止。其臺廈往來客商貨船，亦從不令赴北路貿易，惟風色不便，亦有經過北路洋面赴廈赴臺者，向來北路洋面罕有內地商漁在彼游移為匪之事[3]。

由於北路洋面屬於禁地，所以不許內地橫洋船隻航行於海峽兩岸，在颱風季節，雖因風色不便，淡水洋面間有船隻經過，但在平時，北路沿海港澳，禁止內地橫洋船收泊，不

3 《宮中檔乾隆朝奏摺》，第 4 輯（臺北，國立故宮博物院，民國 71 年 8 月），頁 442。乾隆十七年十一月二十一日，福建水師提督李有用奏摺。

許載貨貿易，採捕魚類。淡水洋面在海禁時期的合法商船，主要為艕仔船和社船。艕仔船是航行於臺灣沿海的小船，准許這種小船從北路沿海到鹿耳門往來載運貨物。閩浙總督喀爾吉善等具摺時已指出：

> 臺郡東逼崇山，西臨大洋，南北綿亙幾二千里。郡治為中權，附郭惟臺灣一縣，北為諸羅、彰化二縣，淡水一廳，南為鳳山一縣，雖處處濱海，沿邊皆有沙線阻隔，橫洋巨艦，不能直達各廳縣境，即北路有淡水一港，可通巨艦，亦離淡水廳幾二百里，且屬禁港，不許商艘往來貿易，以故南北路各廳縣所產米穀必從城鄉車運至沿海港口，再用艕仔、杉板等小船由沿邊海面運送至郡治鹿耳門內，方能配裝橫洋大船，轉運至廈，此即臺地所需之小船車工運腳，不待官運米穀為然，即民間貨物米穀，亦復如此轉運[4]。

由引文內容可知在淡水海禁時期，活躍於北路沿海的運輸小船，主要是艕仔船和杉板。臺灣北路為產米地區，各城鄉所產米穀以車輛運送至艋舺、八里坌等沿海港口，然後再用艕仔船和杉板等小船從北路沿海運至鹿耳門港配裝橫洋大船內渡廈門。社船是可以航行於海峽兩岸的合法貿易船，從康熙年間至乾隆末年，航行於海峽兩岸的社船，在淡水洋面海禁時期扮演了重要的貿易角色。據《重修臺灣府志》記載：

> 淡水舊設社船四隻，向例由淡水莊民檢舉殷實之人詳明取結，赴內地漳、泉造船給照；在廈販買布帛、煙茶、器具等貨來淡發賣，即在淡買糴米粟回棹，接濟

4 《宮中檔乾隆朝奏摺》，第 11 輯（民國 72 年 3 月），頁 79。乾隆二十年三月二十六日，閩浙總督喀爾吉善等奏摺。

漳、泉民食。雍正元年，增設社船六隻。乾隆八年，定社船十隻外，不得再有增添。每年自九月至十二月止，許其來淡一次；回棹，聽其帶米出口。其餘月分，止令赴鹿耳門貿易。九年，定臺道軍工所辦大料，由社船配運赴廈，再配商船來臺交廠，自九月至十二月止，不限次數，聽其往淡[5]。

引文內容與福建水師提督李有用奏報文字，略有出入，據李有用奏稱，乾隆年間，額設社船十隻，每年自十月至十二月底，往來淡水與廈門，貿易數次。其往來海峽兩岸的時間，無論是四個月或三個月，貿易一次或數次，但因社船的額設數目有限，所以貿易規模也不大。

林爽文起事以後，臺灣南北兩路的天地會黨相繼響應，全臺俱陷，北路難民多由八里坌海口內渡求救，或返回閩粵原籍避難。乾隆五十一年（1786）十二月初，淡水同知程峻之子程必大、北路竹塹營外委虞文光、兵丁王元浩等先後從八里坌海口出海內渡至泉州求救。據程必大供稱，林爽文起事以後，其父程峻署淡水同知，駐箚竹塹，林爽文攻陷彰化縣城後，程峻會同守備董得魁帶領兵役鄉勇，赴中港地方防禦。是年十二月初七日，會黨已至竹塹，肆行搶擄，程必大即將淡防同知關防帶出衙門，改裝潛至八里坌海口內渡求救。十二月十二日，程必大抵達泉州。因會黨聲勢浩大，兵寡不敵，守備董得魁即面諭外委虞文光帶同步兵王元浩由八里坌海口搭船到泉州求援[6]。

5 《重修臺灣府志》（臺北，臺灣銀行經濟研究室，民國 50 年 11 月），上冊，頁 90。

6 《宮中檔乾隆朝奏摺》，第 62 輯（民國 76 年 6 月），頁 630。乾隆五十一年十二月十五日，閩浙總督常青奏摺。

由於會黨眾多，駐臺兵丁寡不敵眾，亟待內地援兵進剿，署北路淡水營都司事守備易連等先後稟請內地速發大兵由五虎門徑赴八里坌海口上岸。為了採取三路並進的戰略，清軍分由鹿耳門港、鹿仔港與八里坌海口登陸。由福建五虎門至八里坌海口，水程較近，為配合三路夾擊的策略，內地兵丁於五虎門放洋後，即徑渡八里坌海口登陸進剿。福建巡撫徐嗣曾遣赴淡水哨探的千總陳玉光統帶兵船一隻，於乾隆五十二年（1787）正月十八日從八里坌海口的北岸滬尾港登岸[7]。同年正月初八日，副將徐鼎士帶兵一千五百名，在閩安放洋，因風色不順，至正月十八日始過東涌洋面，已望見淡水山頭，陡遇颶風，徐鼎士等八船收泊羅湖、鴨池等處，吳秀等十二船收泊東涌。從羅湖至八里坌海口，計程一日夜可至。福建巡撫徐嗣曾從督標、撫標、水師一營現存額兵內，挑湊一千名，派出將備管帶，亦由五虎門放洋後徑渡八里坌海口登岸，隨同徐鼎士作戰。淡水義民蔡才等聞官兵將到，即於八里坌海口北岸的滬尾地方雇覓小船，接引徐鼎士等官兵上岸。清軍進剿林爽文期間，軍需補給，亦多由八里坌海口轉輸。福康安具摺時已指出，「淡水八里坌地方海口，距五虎門水程約有六、七百里，逆匪滋事時，經臣徐嗣曾奏明派兵自五虎門放洋，直趨淡水，嗣後運往淡水之糧餉鉛藥，亦多由八里坌收口，一載以來，甚為利涉[8]。」林爽文起事以後，清軍進剿林爽文期間，無論是內地民人的返回原籍，官兵渡臺登陸上岸，軍需補給轉輸，多由八里坌海口收泊上岸，以及淡水海

---

7 《清代臺灣檔案史料全編》（北京，學苑出版社，1999 年 7 月），第四冊，頁 891。乾隆五十二年正月二十八日，閩浙總督常青奏摺。

8 《宮中檔乾隆朝奏摺》，第 68 輯（民國 76 年 12 月），頁 218。乾隆五十三年五月初九日，福康安等奏摺。

域的經濟活動，八里坌海口都扮演了極為重要的角色。

八里坌海口明設口岸與商船活動

康熙年間，臺灣北路，人口較少，淡水是產米量較大的地區，米價較低廉，商船多樂於到淡水購買米穀。八里坌海口港道寬闊，可容大船出入，是一個頗為優良的港口。從福建五虎門海口放洋前赴八里坌海口，水程較近，是海峽兩岸通航的捷徑。長期以來，淡水洋面，由於清朝政府的封禁，八里坌海口成為兩岸人民偷渡的港口。清軍平定林爽文之亂後，福康安等人籌議臺灣善後事宜時即具摺指出：

> 該處港道寬闊，可容大船出入，從前即有商船收泊該處，載運米石，管口員弁藉端需索，得受陋規之事，徒有封禁之名，毫無實濟。且淡水為產米之區，八里坌一港，又非偏僻港口僅容小船者可比，雖臺灣遠在海外，稽查奸匪，不可不嚴，而百餘年來，休養生息，販運流通，實與內地無異，小民等趨利如鶩，勢難禁遏。與其陽奉陰違，轉滋訛索，不若明設口岸，以便商民[9]。

臺灣與內地兩岸的長期通航，使臺灣與內地無異，淡水洋面的封禁，使管口員弁，陽奉陰違，轉滋訛索，與其百弊叢生，不若明設口岸，使直航合法化，以便利商民。

彰化鹿仔港對渡福建蚶江，原先也是封禁的，但因彰化平原的開發，彰化縣治的設立，為了便於兩岸的開放通航，福建巡撫覺羅永德於乾隆四十九年（1784）奏准開設口岸，船舶往來，極為便利。因此，福康安等人具摺奏請比照鹿仔

9　《宮中檔乾隆朝奏摺》，第 68 輯，頁 218。乾隆五十三年五月初九日，福康安等奏摺。

港的開設口岸，將八里坌海口對渡五虎門海口，一體准令開設，於原設巡檢一員外，新添一汛，添兵駐守，並令淡水同知下淡水營都司就近稽查，掛驗出入及載運米石數目，均照新定海口章程，一律辦理。其無照船隻及照內無名之人，仍行嚴加查察，以防偷渡。淡水的八尺門，可容小船出入，亦挑撥汛兵，一體嚴查。乾隆皇帝批覽福康安等人奏摺後，諭令閩浙總督覺羅伍拉納、福建巡撫徐嗣曾等詳加體訪，並與水師、陸路提督及臺灣鎮道等會同妥議，立定章程具奏。覺羅伍拉納等人將福康安原摺內各款體訪輿情，公同商酌後具摺奏覆，其原摺臚列詳盡，節錄一段內容如下：

> 伏查閩省渡海正口，設三處：如泉州府屬之廈門，則與鹿耳門對渡；蚶江則與鹿仔港對渡；又現在復設福州府屬之五虎門則與淡水八里坌對渡，凡商船貨物，並搭載民人出口，俱責成福防、廈防、蚶江三廳管理，會同守口汛弁驗放，迨至臺灣入口，又責成淡防、臺防、鹿港三廳會同營員稽查，其餘沿海口岸，概不許船隻私越，遇有拿獲偷渡之案，悉按照嚴例將客頭船戶保甲人等及汛口文武兵丁，分別參處治罪。又如臺灣府屬淡水之八尺門，彰化之海豐港，嘉義之虎尾，鳳山之竹仔港，可容小船出入，各處所復經添撥汛防駐守，一體稽查訪拿辦理，是立法已極為周密，況分設各口，既廣示商民以利濟之途，而偷渡之弊，仍復年辦年有者。蓋緣生齒日繁，臺灣地土膏腴，易於耕作，無業貧民，紛紛渡海，或依親傍族，覓食營生，若由官渡，則必經官為給照，難免守候稽延，而商船搭載，其價亦昂，遂有積慣船戶客頭於沿海小港私相

> 招攬，每人不過番銀二、三元即可登舟開駕，在攬載者即可因多人獲利，而私越者亦因出費既輕，行程又速，遂致圖便目前，不惜以身試法，此私渡之所以未能淨盡也，今既明設官渡，必須將給照之例，量為變通，搭載之價定以限制，庶事歸簡便，而民易樂從[10]。

閩浙總督覺羅伍拉納等首先對官渡和私渡的利弊進行檢討，他們也注意到內地民人渡海來臺謀生的人口與日俱增，以及商船和民人往來兩岸的實際需要，所以極力主張將八里坌海口明設官渡，同時嚴格執行偷渡的禁令，簡化官渡給照的手續，調整官渡搭載的船價，其目的就是為了便於兩岸的通航，所謂「事歸簡便，民易樂從」，就是一種便民措施。經覺羅伍拉納等議定，嗣後凡遇內地民人請照前赴臺灣，俱責令行保船隻開報姓名、籍貫、年貌、住址，前往臺灣何處？作何事業？逐一詳晰具結呈明各管廳員，查驗屬實，立即給予執照放行，不許胥役藉端掯勒，同時行文臺灣各廳點驗入口，並移覆其出口之處。至於搭載價錢，亦統一規定，由廈門至鹿耳門，因水程較遠，乘客每名許收番銀三元，由蚶江至鹿仔港，由南臺五虎門至八里坌海口，因水程較近，乘客每名只許收番銀二元。

淡水是產米量較大的地區，米價亦較低廉，八里坌海口明設口岸，有利於稻米的購買及運往福建內地，既可俯順輿情，又足以資內地兵民所食，確實符合經濟利益，商民稱便。乾隆五十四年（1789）十二月二十八日，覺羅伍拉納、徐嗣曾等人又議定八里坌海口對渡五虎門設口章程六條，其要點

10 《宮中檔乾隆朝奏摺》，第 74 輯（民國 77 年 6 月），頁 308。乾隆五十四年十二月初一日，閩浙總督覺羅伍拉納等奏摺。

如下：

一、守口員弁應酌定管轄，以專責成。自五虎門放洋，直趨淡水，相距水程六、七百里，所有出入船隻，應令守口員弁掛驗放行，按月造冊呈報。八里坌原設有同知、巡檢各一員，武職有淡水營都司一員，又新添一汛，足資彈壓稽查。其五虎門對渡八里坌往回船隻，歸福防同知專司查驗。閩縣所轄閩安、五虎二巡檢分隸福防同知衙門就近差遣。其武職人員由閩安縣就近管轄。

二、渡臺商民就近給照，以從民便。內地民人前赴臺灣，責成行保出結呈報；商販往來，凡有置貨貿易，不克赴原籍領照者，亦一律辦理，即令行保查明出具甘結，將在省置何貨物，攬裝何船出口，報明福防同知衙門就近給照掛驗放行，一面移明淡水同知。其自淡水內渡者，仍照臺灣定例，取其行舖認保，開明年貌及在臺在籍住址、姓名，由船戶持交管口員弁驗戳掛號，隨時放行，仍彼此按月造冊移查通報。

三、販運米石，嚴查夾帶，以杜偷漏。淡水回棹船隻，照新定章程辦理，每橫洋船一隻，准載米四百石，安邊船一隻，准載米三百石，並令海口文武衙門驗明確數，填入印照，俟回內地照數查驗，仍按月將驗放過船隻及運米石數，逐一分晰造冊，通報查核。

四、出入船隻，明定徵稅，以俾流通。五虎門進口各船應咨明管關將軍，檄飭閩安鎮口照例徵稅給單，免其駛進南臺。其由五虎門出口者，循照廈門、泉州之例，責成南臺口稽查，按則徵稅，給發紅單，由閩安鎮覆驗放行。

五、各處港口，申明禁令，以昭嚴密。責成沿海各屬及守口員弁實力查禁，其無照船隻及內無名之人，以及夾帶禁物等項，均照廈門、蚶江之例，一體查拏究處，文武官員故縱失察者，分別查參議處，其有照商船因風漂泊收岸者，驗明牌照，立即放行。

六、經書人役，核定工費，以免需索。八里坌新設口港，召募行保二名，於客民往來，責令保結；選擇海保、口差各一名，來往巡邏；經書二名，查驗貨物，填寫照票，登掛出入，及設立小船，引帶商艘，其紙張工食等費，照新定章程，每船文員衙門准收番銀五元，武職衙門准收番銀二元，以資貼補，均於口岸處所鐫刻木榜曉諭，不許額外多索，違則官參役處[11]。

以上六條章程，主要是針對八里坌海口新設港口而制定的管理事項，使商船及客民等人有所遵行。從設口章程內容可知從八里坌海口至五虎門的水程，相距六、七百里。從五虎門放洋對渡八里坌海口的往來船隻，主要是橫洋船和安邊船。從淡水回棹時，橫洋船每隻准許載米四百石，安邊船每隻准許載米三百石。陳國棟撰〈清代中葉臺灣與大陸之間的帆船貿易——以船舶為中心的數量估計〉一文指出，從官方利用商船配運兵米、眷穀的情形來說，八里坌一口分擔的「臺運」總數在道光七年（1827）以前，每年為穀一萬四千餘石。自道光八年（1828）起，因為眷穀改成折色，因此，八里坌的配額降至七千七百餘石。道光十八年（1838），姚瑩建議將彰化縣應運福州兵米折穀一千七百五十石，也交由八里坌配運，使得八里坌的配額增為九千四百五十餘石。而依道光七

11 《宮中檔乾隆朝奏摺》，第 74 輯，頁 528。乾隆五十四年十二月二十八日，閩浙總督覺羅伍拉納等奏摺。

年（1827）的規定，「五虎門船與廈船一律配運」、「廈船無論大小，配穀一百五十石」，則八里坌海口來船必須要不少於六十三艘即六十三個船次，才可以順利地完成任務。以六十三艘，每艘載重量兩千石計，共可載運一千五百萬斤左右的商品。扣除「臺運」的九千四百五十石，只剩不到一千四百萬斤的載重量，剛好可以運載年產一千四、五百萬的藍靛，沒有出口商品米穀的空間。如果考慮到米穀的出口，可以估計咸豐十年（1860）以前，出入淡水港的商船在一百艘左右[12]。姑且不論所估載運量是否精準，每年出入八里坌海口的商船多達一百艘，已足以反映淡水貿易的興盛，以及淡水海域商船活動的頻繁。

嘉慶二十五年（1820），因臺灣道查有存澳未運內地兵米眷穀六萬八千餘石，福建巡撫韓克均奏請飭令廈防、蚶江二廳專僱大號商船三十六隻，派委文武員弁及防船兵丁各帶礮械分幫前赴臺灣府的鹿耳門、鹿仔港、八里坌海口裝載穀石，運回內地，由廈防、蚶江二廳僱備小船轉運各倉交收[13]。據此可知，臺灣出口的兵米眷穀，其未運內地的六萬八千餘石，是以大號商船三十六隻運送，每隻大號商船平均運載量一千八百餘石強。航行於淡水等海面的商船，對運輸兵米眷穀確實扮演了重要的角色。但由於海盜的出沒，使商船常遭海盜劫奪。嘉慶年間，蔡牽盜船猖獗，橫行於海峽兩岸，商船多遭其害。臺灣鎮總兵官愛新泰具摺指出，嘉慶十年（1805）

12 陳國棟撰〈清代中葉臺灣與大陸之間的帆船貿易—以船舶為中心的數量估計〉，《臺灣史研究》，第一卷，第一期（臺北，中央研究院臺灣史研究所籌備處，民國 83 年 6 月），頁 86。

13 《外紀檔》（臺北，國立故宮博物院），嘉慶二十五年十月二十七日，福建巡撫韓克均奏摺抄件。

二月二十八日，蔡牽盜船由淡水竹塹洋面乘風內遁。蔡牽盜船因被內地兵船追剿甚嚴，所以屢次竄來臺灣洋面躲避，兼可截劫商船，視為利藪。同年三月二十一日，蔡牽盜船十餘隻乘夜復竄淡水滬尾地方，截劫商船數隻。三月二十九日，北路協副將金殿趕到滬尾，蔡牽海盜船連日在滬尾海口外游弋，企圖撲岸[14]。海盜石全加入朱濆幫後改姓朱，朱全即石全，他被捕後供出曾於紅目茂幫夥葉淵船上充當海盜，在淡水滬尾洋面截船行劫[15]。由於海盜猖獗，截船劫掠，常常使商船裹足不前。每當橫洋商船往來淡水洋面時，多由兵船保護航行。其中載運兵米眷穀的大號商船航行於臺灣與福建內地兩岸時，多由文武員弁及兵船配帶礮械分幫赴臺裝載穀石，運回內地。海盜肆虐，對淡水洋面商船的活動，造成了極大的威脅。兵餉，向來是由福建內地調撥兵船，並由省城派委水師鎮將大員由廈門海口配渡，到達臺灣海面後，由鹿耳門收口起運。自從八里坌海口明設口岸後，餉銀多由八里坌收口起運。據《月摺檔》記載，咸豐三年（1853），福建地區多遭太平軍攻擊，地方不靖，福建藩銀應發臺灣、澎湖各項餉銀，改由五虎門口岸配渡放洋，到淡水洋面後由八里坌海口收口起運[16]。《月摺檔》咸豐八年（1858）分記載是年福建藩庫應發臺灣各營俸餉等項共銀九萬八千八百七十一兩，經閩浙總督王懿德等奏准，由福防廳雇備商船裝載後由五虎口門放洋

14　《明清史料》（臺北，中央研究院，民國 61 年 3 月），戊編，第五本，頁 490。

15　《外紀檔》，嘉慶二十五年十二月初五日，福建巡撫韓克均奏摺抄件。

16　《月摺檔》，（臺北，國立故宮博物院），咸豐三年六月十一日，福建巡撫王懿德奏摺抄件。

徑渡八里坌海口登岸起運[17]。

兵營俸餉等項，固然多由八里坌海口上岸，官兵渡海來臺，亦多由五虎門徑渡八里坌海口。太平軍起事期間，臺灣沿海受到小刀會滋擾，為了剿捕小刀會黨，福建內地官兵鄉勇多由五虎門徑渡八里坌海口。其中泉州人呂大陞是臺灣北路協副將，他曾經在臺灣服官二十餘年，對臺灣地方情形頗為熟悉。咸豐三年（1853），呂大陞伴送琉球使臣由京師返回福州，他向督撫表示願意馳回原籍泉州雇募鄉勇五百名，帶領渡臺，並會同彰化縣紳士七品官王雲鼎就近添雇，以敷調撥，聽候臺灣鎮道差遣。為避開太平軍的襲擊，呂大陞即由五虎門配渡至淡水八里坌海口收口登岸[18]。由於八里坌海口商船兵艦往來頻繁，更加促進淡水地區社會經濟的繁榮。

淡水海域與遭風海難商漁船隻的救助

颱風或颶風，是一種熱帶氣旋，當氣旋發生後，形成旋渦，其旋渦中心附近最大風速達到每秒十七點二公尺時，這個氣旋就被稱為輕度颱風。東經一〇五度至一五〇度，北緯五度至三十度之間，包括北太平洋西部及南洋大部分地區所發生的熱帶氣旋。船舶遭遇颱風或颶風而沉沒以及船上人員物品的漂失所造成的災害，可以說是以氣象現象為直接原因而引起的氣象災害。現存檔案中含有頗多清代海難資料，遭風海難船舶，包括琉球、朝鮮、日本、呂宋等國以及清朝商哨船隻，淡水沿海常成為海難船隻人員上岸的重要地點。乾隆末年，八里坌海口明設口岸後，八里坌海口或滬尾又成為

17 《宮中檔》（臺北，國立故宮博物院），第2709箱，57包，9945號。咸豐八年十二月十七日，閩浙總督王懿德奏摺。

18 《月摺檔》，咸豐三年六月十一日，福建巡撫王懿德奏摺抄件。

琉球等國海難人內渡福建省城的重要出海港口之一。

據琉球國王咨稱，雍正二年（1724）五月內，漂流到淡水地方的琉球海難船一隻，船上有宮國目指等二十五人[19]。巡視臺灣監察御史禪濟布、丁士一奏摺敘述較詳，原摺奏明是年五月初七日，有琉球雙桅船一隻，在諸羅縣外海遭遇颶風後，漂泊至淡水八里坌長豆坑（長道坑）地方，船內有琉球人男二十七名，婦女一口，共二十八人，經救護上岸後，其原船即被風浪擊碎，漂散無存。琉球難民由淡水資送到府城後，禪濟布等人令弁員伴送廈門，交提督轉送福州省城，由督撫優恤安插[20]。

琉球馬齒山人慶留間等四人，以捕魚為業。乾隆十五年（1750）二月十二日早，慶留間等四人共駕小船出港捕魚，當天夜晚，遭遇颶風，隨波漂流，船內糧食俱盡，饑飲苦水活命。二月二十五日，漂到臺灣淡水八尺門地方，船隻被礁撞破，經社丁救援上岸，由淡水同知陳玉友資送臺灣府城，從鹿耳門配船內渡，交廈門轉送福州琉球館安插[21]。

乾隆十六年（1751）十月二十三日，琉球古米山人比屋定目指等二十二人，駕坐海船一隻，裝載糧米、草蓆等項前赴中山王府交納。同年十一月初六日，在洋遭風。至乾隆十七年（1752）二月二十六日，漂到臺灣淡水雞籠山地方被礁沖破，比屋定目指等乘坐小杉板到山邊上岸，經社丁救護，

19 《歷代寶案》，校訂本，第三冊（沖繩，沖繩縣立圖書館，1993年1月），頁581。

20 《宮中檔雍正朝奏摺》，第2輯（臺北，國立故宮博物院，民國66年12月），頁722。

21 《歷代寶案》（臺北，國立臺灣大學，民國61年6月），第五冊，頁2585。

由淡水同知資送臺灣府，轉送廈門，再送往福州琉球館安插。同年八月二十三日，琉球宮古島人當問仁也等一百一十七人，由宮古島開駕海船，欲往多良問地方。是日夜間，颶風大作，船幾覆沒，被迫砍斷船桅，任風漂流。八月二十七日，漂至淡水南崁港上岸，淡水同知捐給糧食，派員護送至臺灣府。十月初一日，分配海船二隻，由鹿耳門內渡到廈門[22]。

金城，年四十五歲。三里，年二十五歲。官平，年二十歲。三人都是琉球人，平日釣魚為生。嘉慶十三年（1808）三月初一日，金城等人在琉球絲滿地方開船後，在洋遭風。同年四月十五日，漂至臺灣淡水洋面，經淡水同知派員送往臺灣府城，然後配船到廈門轉送到福州琉球館安插[23]。

嘉慶二十年（1815）三月十三日，琉球人馬瑞慶山等十九人，奉琉球國王差委在那霸府乘坐海船一隻，開往宮古島催收年例粟麥。四月初八日，由宮古島放洋返回那霸途中，於四月初九日在洋遭風，急將桅索砍斷，丟棄粟麥，隨風漂流。四月二十四日，漂到噶瑪蘭廳烏石港口，經噶瑪蘭通判安頓撫卹，修換桅索，於八月初三日送至淡水地方，因原船窄小，難經風浪，所以淡水同知代為就地變價給領，另配商船派委員弁由八里坌海口出海，護送至蚶江登岸，轉送至福州琉球館安插[24]。

嘉慶二十二年（1817）十月十六日，琉球人內問等七人，分坐獨木小船三隻，裝載米豆，開往琉球外島變賣。次日，忽遇風浪大作。十月二十三日，獨木小船三隻隨風漂至艋舺

---

22 《歷代寶案》，第六冊，頁 3317。

23 《宮中檔》（臺北，國立故宮博物院），第 2724 箱，70 包，11370 號。嘉慶十三年六月二十九日，福建巡撫張師誠奏摺。

24 《歷代寶案》，第九冊，頁 5423。

金包里澳口，經淡水同知送至彰化縣。嘉慶二十三年（1818）二月初四日，由鹿仔港配船出口至蚶江登岸。二月十四日，由陸路護送至福州琉球館安插[25]。

琉球久米島人玉城仁屋等十四人，奉地方官差遣，駕坐差船一隻，載運糧米四十包，每包重七十五觔，火柴四千綑，前往中山王府交納。有首里那霸人仲原仁屋等二十二人附搭回籍，合計三十六人。道光十六年（1836）九月初十日，在久米島開船放洋。次日，陡遇大風，勢甚危險，即將船中糧米、火柴盡行丟棄，船隻任風漂流。九月十九日，漂至淡水洋面，船隻沖礁擊碎，玉城仁屋等人各扶板片登岸，沿山尋人求救。九月二十三日，越過大山，經抽藤庄民王丕帶往藤寮住歇，供應飯食。九月二十六日，送到噶瑪蘭廳衙門安頓，賞給飯食衣服。十一月初四日，派員護送到艋舺地方安頓。十二月二十五日，從滬尾開船。道光十七年（1837）正月初十日，抵達泉州府[26]。玉城仁屋等人從久米島洋面遭風漂流淡水經送往泉州已歷經四個月之久。

道光二十九年（1849）五月初四日，琉球人林廷棟等人開駕海船載運布疋從八重山赴中山王府交納。同年九月初九日，從中山府開船回八重山。九月十一日，駕至八重山外山平久保村內洋面，因風勢不順，不能進口，只得寄椗灣泊，船上四十一人。是日夜間四更時候，忽起暴風，吹斷舵索，船幾沈沒，急將船中茶葉、食鹽、燒酒、麻片等物盡行丟棄，船隻任風漂流。九月二十四日，漂至淡水洋面，淹斃五人，其餘三十六人幸遇內地民人救援上岸。九月二十九日，先將

---

25 《歷代寶案》，第十冊，頁 5536。
26 《歷代寶案》，第十二冊，頁 6881。

其中二十一人帶到噶瑪蘭廳，尚有十五人因足傷難行，留下照顧。至十一月初一日始送至噶瑪蘭廳衙門。後來，長安、高那二人因水土不服病故。十二月十九日，將琉球人林廷棟等三十四人派撥丁役護送起程。十二月二十三日，送到艋舺安頓。道光三十年（1850）正月二十九日，配搭小船，送到滬尾地方。二月初四日，配船內渡，初六日到廈門登岸[27]。林廷棟等人從道光二十九年（1849）九月十一日遭風漂流至淡水洋面至道光三十年（1850）二月初四日被送到廈門上岸，前後歷經五個月之久。

永東齊等十二人是琉球久米山人，咸豐元年（1851）十月初七日，奉差裝載糧米二百八十包，坐駕小海船一隻，運往那霸府交納。十月二十七日放洋，是日夜晚突遇狂風大作，折斷桅舵，急將船內糧米盡棄下海，隨風漂流。十一月初七日，漂收馬鍊洋面，沖礁擊破，永東齊等十二人一齊落水，其中比賀一人被浪淹斃，其餘十一人各扶板片漂流，經漁船救護，於十一月二十日送至艋舺安頓。咸豐二年（1852）二月二十八日，派員護送，配船內渡至蚶江登岸。喜久里等十三人是琉球久米山人，咸豐元年（1851）閏八月初七日，喜久里等人奉差裝運糧米四百八十包，開往那霸府納貢，閏八月初八日，交納事竣後，有那霸府商人真榮城等男婦十六人隨帶米、布、煙、茶等物，附搭前往久米山貿易。十二月初六日，由那霸開駕回久米山。十二月初七日，陡遇狂風，折斷桅舵，急將米、布、煙葉等盡投下海，船上除高良一名病故被丟棄海中外，其餘二十八人在船上隨風漂流。十二月十三日，漂收臺灣八尺門外洋面，沖礁擊碎，片板無存，幸遇

27 《歷代寶案》，第十三冊，頁 7804。

漁船救護上岸。十二月十七日，送至艋舺公所安頓，賞給糧食、錢文、衣物。咸豐二年（1852）二月二十六日，於滬尾配船開行。二月二十八日，至蚶江上岸，三月初七日，到福州，安插琉球館。

宮平等十一人是琉球波米喜島人，咸豐元年（1851）八月初九日，由渡名喜島開船到久米山販運米穀、煙葉、草蓆等物。上原即玉山三人是渡名喜島人，向在久米山貿易，附搭便船回籍。十二月初六日，由久米山開船返回渡名喜島途中，陡遇颶風，吹斷桅舵，急將船內米、煙等物丟棄下海，船隻隨風漂流。八月十七日，漂收噶瑪蘭洋面，經漁船救護上岸，其原船被風浪漂沒不見。八月十九日，被送至噶瑪蘭廳公所安頓。咸豐二年（1852）二月初二日，派員護送至淡水。二月初六日，到艋舺公所安頓。二月二十八日，配船內渡，由蚶江上岸，三月初七日，到福州省城[28]。

除琉球海難船外，朝鮮船隻也出現於淡水洋面。道光二十一年（1841）八月二十七日，朝鮮小漁船一隻，漂到淡水三貂港卯鼻即貓鼻外洋，原船被颶風擊碎，漁船上有朝鮮漁民共十一人，俱游水靠岸獲救，護送至臺灣府城，在存公銀內給與衣被口糧，妥為撫卹。因臺灣並無通曉朝鮮語人員，所以由鎮道派撥兵役將朝鮮難民配船護送內渡，然後護送進京，交禮部轉交朝鮮貢使領帶回國[29]。

臺灣班兵換戍，餉銀領兌，戰船出哨，商漁船隻往來頻繁，每多遭風遇難。福建臺灣鎮總兵武隆阿曾具摺奏明臺灣

---

28 《歷代寶案》，第十四冊，頁 7918。

29 《宮中檔》（臺北，國立故宮博物院），第 2719 箱，31 包，5342 號。道光二十二年二月二十七日，福建巡撫劉鴻翱奏摺。

水師營哨船例於造竣後三年小修，六年大修，九年再大修，十二年拆造。凡屆修造之期，由營派撥弁兵將哨船駕廠分別辦理。嘉慶二十四年（1819）二月初十日，艋舺營外委許鴻山管帶水兵三十二名，駕坐「波」字六號哨船赴廠大修，由滬尾出口放洋。二月十一日，哨船駛至竹塹外洋，陡遇颶風，浪湧滔天，船身顛簸。是夜三更時候，風浪更加猛烈，大桅拗折，尾樓被風刮裂，舵葉落海，船無把握，人力難施，隨風漂至芝巴里洋面，船衝沈礁，擊碎全船，礮械沉沒，弁兵落海。至二月十二、三等日，弁兵等人陸續扳扶篷板靠岸及漁船撈救者，共三十一名，漂失水兵陳連福一名[30]。

臺灣海面，既多颱風，又多季風。季風的威力，雖然不及颱風猛烈，但它的持續性較久，每年十月至第二年三月，東北季風盛吹，因其風向和信風的方向相一致，它所構成的合成風速特別強勁。每年五月至九月，西南季風盛吹，其風向和東北信風的風向相反，因此，它所形成的合成風，風力雖然較弱，但對傳統航行船舶，也往往造成海難。陳弘謀在福建巡撫任內已具摺指出，臺洋風汛，夏秋颱颶時發，倏忽變異，最為難測，冬令北風強烈，船隻多遭漂擱，一歲之中，兵船遭風漂散者，仍十居八、九[31]。由於颱颶時發，季風盛行，琉球、朝鮮及內地商哨船隻遭風造成海難者，屢見不鮮，其中漂收於淡水洋面者尤夥，海難船上的人員，或扶板片靠岸，或經漁船救護上岸，說明淡水海面漁船的活躍。在八里坌海口明設口岸之前，琉球等國遭風難民，多由淡水同知派員護

30 《外紀檔》，（臺北，國立故宮博物院），嘉慶二十四年十一月十九日，福建臺灣鎮總兵武隆阿奏摺抄件。

31 《宮中檔雍正朝奏摺》，第5輯（民國71年9月），頁289。乾隆十八年五月初八日，福建巡撫陳弘謀等奏摺。

送臺灣府城從鹿耳門配船內渡福州省城安插。乾隆末年，八里坌海口明設口岸以後，琉球等國遭風難民多送往艋舺安頓，然後由艋舺乘坐小船到滬尾配船內渡，滬尾澳口成為淡水洋面的重要出海港口之一。

滬尾開港與對外通商

清代後期，臺灣沿海港口，起了很大的變化。臺灣縣所屬的鹿耳門港，彰化縣所屬的鹿仔港，淡水廳所屬的八里坌海口，從清初以來，先後正式設立口岸，對渡福建內地，是海峽兩岸通航的出入正口，但至清代後期，各港口已是今非昔比。福建臺灣道姚瑩具摺時已指出，「鹿耳門昔稱天險，自道光二年來，已成淤廢，商船不能進入[32]。」在道光初年，鹿耳門港口已經淤塞成了廢港。

鹿耳門以北六、七里的國賽港，水口寬深，安平以南距礮臺七里為三鯤身。鹿仔港的外口是番仔挖，一水三十里，杉板可至鹿仔港，仍為商貨雲集之所。中英鴉片戰爭期間，由於列強的覬覦臺灣，為了防堵英船進港上岸，竟將各港填塞。福建臺灣鎮總兵達洪阿具摺指出，「查郡城重地，口門不可過多，其鹿耳門口與國賽港、三鯤身三處口門，用在廠不堪修葺哨船四隻，並買民船五隻，加以大小木桶數百個，裝載巨石，預備臨時填塞[33]。」由於英船在臺灣西海岸的頻繁出沒，為阻止英船入港，遂以破船巨石填塞港口，對臺灣港口的生態環境造成嚴重的破壞。

---

32 《清宮洋務始末臺灣史料（一）》（臺北，國立故宮博物院，民國 88 年 10 月），頁 30。道光二十年十二月十二日，福建臺灣鎮道姚瑩奏摺。

33 《清宮洋務始末臺灣史料（一）》，頁 79。道光二十一年十月十一日，福建臺灣鎮總兵官達洪阿等奏摺。

咸同年間，淡水八里坌海口的南岸已經淤塞，福建巡撫勒方錡奉命東渡臺灣後，即巡閱臺灣沿海港口，並將勘察情形具摺奏聞。其原奏中指出，「基隆以南約七、八十里至滬尾溪海口，其南岸名八里坌，從前船行皆傍南岸，近因沙壅，又皆依北岸行[34]。」由於滬尾溪的沙壅，使八里坌海口的南岸逐漸淤塞，大船不能靠岸停泊，所以改泊海口北岸滬尾庄海邊的港澳。

十九世中葉，西方列強為了擴張在中國的商業權益，先後發動鴉片戰爭、英法聯軍等戰爭，清朝政府在西方船堅礮利的威脅下，被迫簽訂城下之盟。咸豐八年（1858）五月，天津條約議定，除中英互派使節，內地遊歷等款外，並加開牛莊、登州、潮州、瓊州及臺灣為商埠。臺灣開港通商雖然是英國政府的宿願，但因換約問題，英、法再度啓釁，中英臺灣開港通商，遂暫時擱置。咸豐九年（1859），美國公使華若翰與兩江總督何桂清在崑山會晤，華若翰以最惠國待遇，堅持以宣示條約，先在潮州、臺灣開市，照章完納噸鈔為請。是年十月十四日，何桂清具摺請旨。十月二十一日，奉密諭「著照所請，所有潮州、臺灣兩口准咪國先行開市，並照新章完納船隻噸鈔。」並令何桂清行文各海口一體遵照辦理。同年十一月十一日，閩浙總督慶端等接奉何桂清咨文後，即與福建省會總局司道會議，並具摺奏聞。原摺指出，向來官商各船往來停泊，是以鹿耳門、鹿仔港、八里坌海口三處出入正口。其中八里坌海口內的滬尾一澳，也有商船寄椗，距

34 《清宮洋務始末臺灣史料（四）》（臺北，國立故宮博物院，民國84年8月），頁3271。光緒六年十二月初七日，福建巡撫勒方錡奏摺抄件。

離滬尾澳不遠的艋舺，都是各商販貿易之所，欲俟美國領事到臺灣後，再由地方官會同妥議交易合宜之處，先行開市徵稅，以期無礙大局。因臺灣開市在即，為免臨期貽誤，閩浙總督慶端等即先行酌定碼頭，署福建布政使裕鐸在臺灣道任內曾因巡查而親歷各海口，熟悉各港口的優劣，據裕鐸詳稱：「鹿耳門一處，迫近郡城，鹿仔港口檣帆薈萃，港道淺窄，均非商夷船隻輻輳所宜，惟查有滬尾即八里岔〔坌〕一澳，地近大洋，貿販所集，堪令開市通商，並於附近要隘設立海關，照章徵稅，以示懷柔[35]。」鹿耳門、鹿仔港雖然是海峽兩岸出入正口，但因港道淺窄，並非中外商船輻輳所宜。八里坌海口北岸滬尾澳，地近大洋，港門宏敞，是優良的港口，適宜開市通商。因中外通商，事屬創始，必須遴委幹練大員前往妥辦，經閩浙總督慶端奏請以福建候補道區天民赴淡水專駐管理，他來臺後即會同臺灣鎮道府勘定以滬尾澳為通商碼頭，於滬尾設關徵稅。

據福州關稅務司美里登向署通商大臣李鴻章申稱，臺灣關稅事務，由地方官辦理，一年收銀四、五萬兩，以洋藥而言，滬尾、雞籠、臺灣府、打狗港四處，每年進口至少有五、六千箱，即可徵收稅銀十五萬兩，或十八萬兩。倘若由外國人充當稅務司，辦理新關稅務，則每年足可收銀三十萬兩，實於清朝大有利益。美里登建議以雞籠口作淡水子口，打狗港作為臺灣府子口。因雞籠與淡水相連，打狗與臺灣府相連，故只需稅務司一員，即可辦理四口稅務，按月經費或一千兩或一千二百兩，即可敷用。李鴻章即請總理衙門移咨福州將

---

35 《宮中檔》，第 2714 箱，68 包，11469 號。咸豐九年十一月二十九日，閩浙總督慶端等奏摺。

軍等按照稅務司章程，轉飭副稅務司速往臺灣遵照辦理。閩浙總督左宗棠、福建巡撫徐宗幹等即飛飭臺灣道府妥籌速辦，並札派副稅務司渡臺會辦。

咸豐十一年（1861）六月，英國領事官郇和到臺灣勘明鹿耳門外海口淤塞，水淺潮大，洋船不能收泊，難作通商碼頭，於是議定以淡水滬尾澳口作為通商碼頭，設關徵稅。福建候補道區天民稟請福州將軍文清由閩省選派諸練關書李彤恩等赴臺辦理設關稽徵事宜，藉議章程。經核定於同治元年（1862）六月二十二日開關啓徵。福建巡撫徐宗幹認為臺灣一郡，自南至北，港口紛歧，僅滬尾一處設關開徵，稽查難周。雞籠與打狗，既有洋船停泊，應一律添設子口，均歸滬尾正口管轄，並由稅務司麥士威等前往分駐，由區天民會同臺灣道府札委候補府經歷孫綽等派關書李彤恩赴打狗口察看試辦。其中雞籠一口，於同治二年（1863）八月十九日開關啓徵。因滬尾口距離臺灣府城較遠，滬尾口常有中外交涉事件，道府勢難兼顧，亦未可專責佐雜微員。因此，福州將軍兼署閩浙總督英桂等委令福州駐防水師旗營佐領劉青藜馳往駐辦。又因區天民經福建巡撫徐宗幹派委督辦彰化進剿添弟會黨軍務，所以滬尾通商事務，另委候補知府馮孟良渡臺接辦。由於滬尾海關承辦人員實心辦理，所以對外開放通商後，數年以來，貿易興盛，商情頗佳。

海關定期奏報稅收銀數，定例三個月為一結，一年四結，每結收支數目，例應繕寫四柱清單，進呈御覽，分為舊管、新收、開除、實在四項。據福建巡撫徐宗幹奏報滬尾口自同治元年（1862）六月二十二日開關通商徵稅起至閏八月初七日屆滿第八結止，徵收洋稅銀九千八百餘兩，徵收洋藥稅銀一千一百餘兩，徵收洋船噸鈔銀四百餘兩，土貨復進口半稅銀三百餘兩，合計共徵收銀一萬一千七百餘兩。自同年閏八月初八日起至十一月十一日止第九結內徵收洋稅銀九千二百餘兩，徵收洋藥稅銀二千五百餘兩，徵收洋船噸鈔銀二百餘兩，土貨復進口半稅銀六百餘兩，合計共徵收銀一萬一千八百餘兩。同治八年（1869）二月二十日起至五月二十一日止屆滿第三十五結內徵收洋稅銀七千零六十餘兩，徵收洋藥稅銀八千六百四十餘兩，徵收洋船噸鈔銀一百六十餘兩，徵收土貨復進口半稅銀七十餘兩，合計共徵收銀一萬五千九百四十餘兩。同治十一年（1872）五月二十六起至八月二十二日屆滿第四十八結內徵收洋稅二萬六千三百餘兩，徵收洋藥稅銀六千一百二十九兩，洋船噸鈔銀四百一十八兩，土貨復進口半稅銀三十八兩有餘，合計共徵收銀三萬二千八百八十餘兩[36]。同治十二年（1873）六月初七日起連閏至八月初九日屆滿第五十二結內徵收洋稅銀二萬九千四百二十九兩餘，徵收洋藥稅銀一萬七千四百一十二兩，徵收土貨復進口半稅銀一百三十二兩餘，徵收洋商子口稅銀五百五十兩餘，合計徵收銀四萬七千五百二十餘兩[37]。滬尾口對外開放通商後，全年貿易總額，已逐年增加，可以反映滬尾口商業活動的興盛，淡水海域中外商船往來的頻繁，以及淡水地區的日趨繁榮。

滬尾等口徵收各項洋稅銀兩，開除各項支出外，其餘或提解總理衙門，或發交號商匯解部庫。總理衙門移咨閩海關徵收船鈔，酌提銀三成，按結提撥，委員解京，以應學習外

36　《軍機處檔・月摺包》，第 2745 箱，86 包，112552 號。同治十二年九月初二日，福州將軍兼管閩海關稅務文煜奏摺錄副附洋稅銀兩清單。

37　《軍機處檔・月摺包》，第 2745 箱，109 包，117665 號。同治十三年九月十三日，福州將軍兼管閩海關稅務文煜奏摺錄副附洋稅銀兩清單。

國語言文字學館薪水經費之需。臺灣海防大臣沈葆楨奏准自第五十五結起將各項洋稅銀兩儘數截留，以充臺防經費[38]。從各項洋稅銀兩的徵收及其支出，可以反映滬尾口在近代中國歷史舞臺上也扮演了重要的角色。

滬尾口開港後，除了中外商船往來絡繹外，清朝文武官員也改搭輪船渡海來臺。同治初年，彰化添弟會起事，新授臺灣道兼理學政丁曰健稟商福建巡撫徐宗幹飭挑省城兵丁四百名，派參將田如松統帶，作為前隊，於九月初四日配船放洋渡臺。因海洋風汛靡常，又恐商船未能迅速渡臺，丁曰健即督同解餉委員暨親軍人等，另覓輪船搭乘。同治二年（1863）九月初七日，丁曰健等人從羅星塔搭乘輪船。初八日，輪船駛出五虎門口，初九日，收泊滬尾口登岸，初十日，馳赴艋舺，兩岸直航，極為快速便利。丁曰健馳抵艋舺後，接見淡水同知鄭元杰等人，詢問各路軍情[39]。

中法之役期間，法國軍艦，游弋淡水洋面，封鎖臺灣沿海，為加強防衛，劉銘傳雇用德國商船從上海運送礮械到臺灣。光緒十年（1884）六月十二日，德國商船抵達滬尾海口。劉銘傳具摺指出，「其在上海運解礮械委員游學詩因中國各輪船皆憚於南下，於初九日設法商雇德商萬利輪船前來，甫於十二日抵滬尾海口。其時奴才正在滬尾令孫開華所部興工修築礮臺，見軍裝運到，即令將基隆應用之礮位、水雷等件，仍由萬利船運基隆布置，該船駛到基隆，法船兵酋堅阻不令卸載，而德商輪船，不能久耽時日，仍即由原船裝回滬尾[40]。」

38　《軍機處檔・月摺包》，第 2745 箱，16 包，123302 號。光緒八年四月二十八日，福州將軍兼管閩海關稅務穆圖善奏摺錄副附洋稅銀兩清單。

39　《月摺檔》，同治二年十一月二十二日，新授臺灣道兼理學政丁曰健奏摺抄件。

40　《清宮月摺檔臺灣史料（五）》，頁 3612。光緒十年六月十七日，運送礮械的商船，雖然是德商萬利輪，但仍受到法國軍艦的阻撓。從六月初一日起，法國軍艦陸續抵達基隆。六月十四日，又有兵船四隻駛近基隆。法軍進攻基隆，又移師進攻滬尾，先有軍艦五艘駛抵滬尾海口，據劉銘傳奏報自八月十六日起，法船又添三艘，連前共計八艘，日以大礮向滬尾礮臺猛轟，不稍間斷，使臺灣兵勇無駐足之地[41]。八月二十日，法軍陸戰隊約八百人猛撲滬尾海口，為提督孫開華等率領兵勇擊退。

法軍入侵臺灣期間，朝野紛紛建議採取阻攔法國兵船的戰略。例如布政使銜新授貴州按察使李元度於〈密陳海防事宜〉一摺引西人著《海防新論》一書奏請阻塞船路，使法兵不能靠岸登陸。其原摺指出，「攔船之法，用沈物者曰籠石，曰沈船，曰釘樁，曰浮樁。凡水不甚深，潮不甚大，河底為蛤殼爛泥者宜之，而釘樁尤妙[42]。」劉銘傳具摺時奏稱，「六月十二日，臣同提臣並臺灣道劉璈至滬尾察看礮臺地基，李彤恩扶病出見，瘦弱不堪。臣令其趕緊調養，不必請假，當委兼辦滬尾營務。六月十五日，基隆開仗以後，李彤恩稟請買船填石塞口。時值秋茶上市，英商阻擾，李彤恩同英領事往復辯論，始將口門堵塞。隔日，法船即至，英兵船告以口門封塞，隨即駛回[43]。」堵塞滬尾口門，有礙商業活動，影響進出口貿易。陰曆六月中下旬，陽曆已是八月，正值秋茶上市的旺季，滬尾海口被堵塞，商船出入不便，所以遭到英國

劉銘傳奏摺抄件。

41 《清宮月摺檔臺灣史料（五）》，頁 3857。光緒十年九月十六日，劉銘傳奏摺抄件。

42 《清宮月摺檔臺灣史料（五）》，頁 4271。光緒十一年六月十七日，貴州按察使李元度奏摺抄件。

43 《清宮月摺檔臺灣史料（五）》，頁 4090。光緒十一年二月初七日，劉銘傳奏摺。

領事的反對。但是為了抵抗法兵登陸，李彤恩、劉銘傳都堅持採取堵塞口門攔阻法船入港的戰略。《劉壯肅公事實》也記載，「滬尾海口離基隆八十里，該處僅孫開華所部三營，與李彤恩添募土勇一營，兵力單薄，危急萬分，彼族不得志於基隆，十四、二十等日，復窺滬尾，孫開華等趕將堵口石船接連沈塞，敵見口門已塞，旋駛去[44]。」所謂堵口石船，就是籠石沈船的傳統攔船策略，將廢船填石接連沈塞，使大船不能進入口門，固然是一種防禦戰略，但對海洋生態造成了嚴重的破壞作用，加速了八里坌海口的淤塞。

淡水海域的地理特徵及其活動，頗受清朝君臣的重視，從閩浙總督、福建巡撫、巡臺御史、水師提督及臺灣鎮道等文武大員的奏摺及清朝繪製的臺灣地圖等資料約略可以窺知淡水洋面海岸，港汊紛歧，八里坌海口以北的八尺門港，有一箭之寬，原為紅毛船出入的港口，乾隆年間，港水仍然甚為清澈。沿著海邊有跳石，可從八尺門沿著海邊跳石到雞籠山等地。八里坌海口以南有紅毛港、船頭港、油車港等港口，在乾隆年間，油車港因淤淺，船隻已不能出入，船頭港、紅毛港潮滿時，船隻方可出入。在乾隆末年八里坌海口明設口岸以前，淡水海域屬於禁洋，嚴禁橫洋船隻航行，內地商漁船隻，不許到淡水港澳收泊，或貿易採捕，合法航行於淡水海域的船隻，主要是社船、艕仔船、杉板。在乾隆年間，蛤仔蘭內有三十六社，漢人貿易，可用社船由淡水海面乘南風進入蛤仔蘭，北風起即返回。崇爻山為臺灣後山，山內有十二社，漢人貿易，也有社船一隻，乘南風而入，北風起則返回。社船也是禁海時期航行於海峽兩岸的合法船隻，原設社船四隻，乾隆年間已添設為十隻，可以從廈門到淡水往來貿

44 《劉壯肅公事實》（臺北，國立故宮博物院），王寅仲秋修，傳包2821之3號。

易，每年從十月至十二月，往來數次，歲底即停止，其他月分只准其赴鹿耳門貿易。清初領有臺灣，臺灣對渡內地的唯一正口為鹿耳門。淡水地區所產米穀，先以車輛運至八里坌海口，然後以艕仔船或杉板，從淡水沿海運到鹿耳門，配搭大號橫洋商船運至廈門。在淡水海禁時期，內地盜船、偷渡船隻常出沒於淡水海域。臺灣鎮總兵官愛新泰具摺時已指出，「臺灣地勢袤長，濱臨大海，自淡水滬尾起至南路之東港止，計程二千餘里，港汊紛歧，在在可以通舟，匪船乘風伺劫，或南或北，往來靡定，誠如前奉聖訓，海洋地面寬闊，不能處處有兵[45]。」因臺灣沿海多港汊，海面寬廣，不能處處有兵，以致當內地官兵追剿嚴緊時，盜船即東竄淡水等洋面躲避，並乘風伺劫商船。

乾隆年間，八里坌海口南北岸仍不失為帆船貿易時代的優良港口。八里坌海口距離福建內地五虎海口水程約六、七百里，水程較近。林爽文起事以後，臺灣避難民人及官方求援人員多由八里坌海口搭船內渡。官兵進剿會黨期間，為配合三路並進的戰略，八里坌海口也是內地官兵上岸登陸的重要港口之一，軍需補給亦多由八里坌海口收泊轉運，禁止內地船隻航行淡水洋面，不許內地商漁船隻到淡水沿海港澳收泊的消極措施，已不符合時代需要。清軍平定林爽文之亂以後，大學士福康安、閩浙總督覺羅伍拉納、福建巡撫徐嗣曾等人議定章程，將八里坌海口明設口岸，與內地五虎門對渡，使海峽兩岸可以直航，淡水所產米穀不必以艕仔船或杉板沿著淡水海岸南下運至鹿耳門配船轉運內地，可以徑由八里坌海口出海。橫洋商船及安邊船從五虎門放洋後，即徑赴八里坌海口收泊，貿易完成後，從八里坌海口回棹時，橫洋商船

45 《明清史料》，戊編，第五本，頁 490。

每隻准許載米四百石、安邊船每隻准許載米三百石，此外也配載藍靛等貨品，既可俯順輿情，又足以資內地兵民所食，商民稱便，八里坌海口明設口岸以後，每年出入的商船多達一百隻，反映淡水地區社會經濟的發展已經受到清朝政府的重視。

淡水海域及八里坌海口在國際舞臺上也扮演了重要的角色。北太平洋西部及南海等地區，由於颱颶時發，季風強勁，琉球、朝鮮及日本等國船隻，往往因遭風而造成海難，其中漂收於淡水海岸者，屢見不鮮。其海難人員多經淡水漁船救護上岸，說明淡水海岸是重要的避風口岸，同時也反映淡水海域漁撈活動的活躍，淡水沿海從事採捕撈魚以維持生計，也是重要的生產活動。在淡水海禁時期，琉球等國海難人員，多由淡水同知派員護送到臺灣府衙門安頓，從鹿耳門配船放洋內渡福州安插資送回國。八里坌海口明設口岸以後，淡水洋面漂收上岸的琉球等國海難人員，多送往艋舺安頓，然後從艋舺乘坐小船到八里坌海口配船出海，護送到福州安頓，然後資送回國。

清代後期，臺灣沿海港口，起了很大的變化。清朝政府領有臺灣後，鹿耳門是臺灣對渡福建內地的唯一正口。乾隆年間，鹿仔港、八里坌海口先後正式設立口岸。但至清代後期，各港口已今非昔比，至道光初年，鹿耳門已經淤塞成了廢港，商船已經不能出入。番仔挖是鹿仔港的外口，從外口乘坐杉板可至鹿仔港，商船也不能進出鹿仔港。咸豐年間，八里坌海口的南岸，也因沙壅淤塞，大號商船不能靠岸收泊，必須改至北岸滬尾口收泊。滬尾口地近大洋，港門寬敞，海水較深，不失為一個優良的國際通商港口。同治元年（1862），滬尾港正式對美國、英國開港通商，其稅收總額，逐年增加，滬尾港遂成了國際港，使臺灣開始走入了國際社會。總而言之，臺灣拓墾重心的北移，淡水社會經濟的發展，海峽兩岸的交通運輸，以及臺灣對外開港通商走入國際舞臺，淡水海域和八里坌海口南北岸在臺灣歷史不同的時期，都扮演了重要的角色。

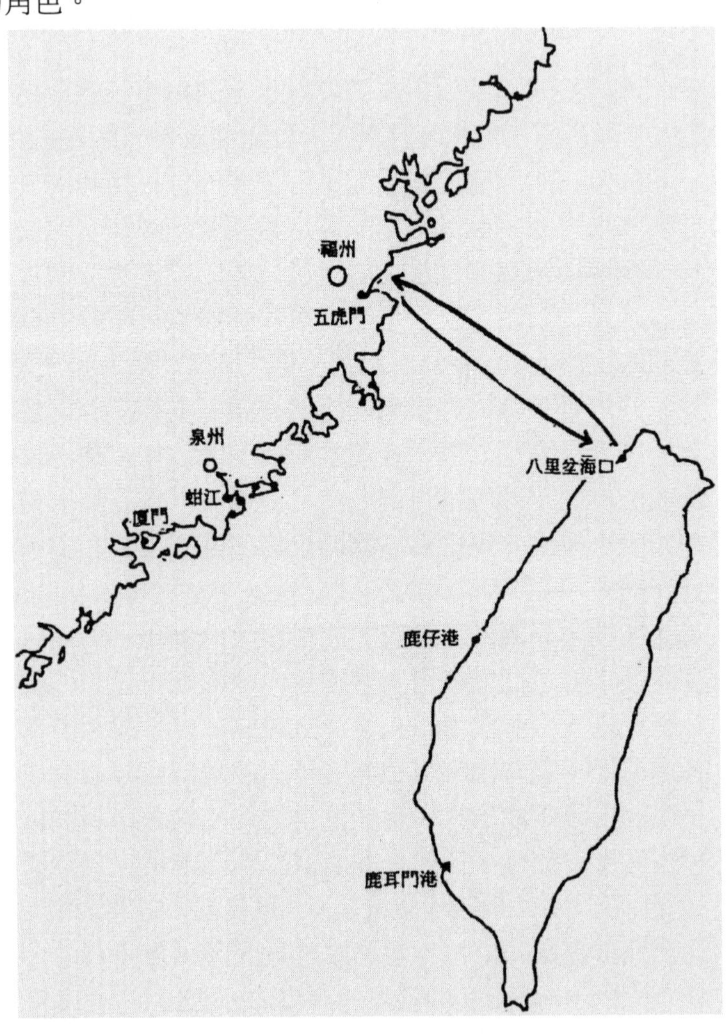

八里坌海口對渡五虎門示意圖